KB273942

놀면서
하는
재테크

게으른 당신을 위한
놀면서 하는 재테크

ⓒ 2014, 윤지경

초판 1쇄 발행 2014년 9월 3일
초판 2쇄 발행 2015년 12월 15일

지은이 윤지경
펴낸이 유정연

기획편집 최창욱 김소영 최일규 **기획홍보** 송병규 **전자책** 이정 **디자인** 신묘정 이승은
마케팅 이유섭 최현준 **제작** 임정호 **경영지원** 박승남

펴낸곳 흐름출판 **출판등록** 제313-2003-199호(2003년 5월 28일)
주소 서울시 마포구 동교로 134, 3층 (서교동 464-41)
전화 (02)325-4944 **팩스** (02)325-4945 **이메일** book@hbooks.co.kr
홈페이지 http://www.nwmedia.co.kr **블로그** blog.naver.com/nextwave7
출력·인쇄·제본 (주)현문 **용지** 월드페이퍼(주) **후가공** (주)이지앤비(특허 제10-1081185호)

ISBN 978-89-6596-129-1 13320

이 도서의 국립중앙도서관 출판시도서목록(CIP)은 e-CIP홈페이지(http://www.nl.go.kr/ecip)와 국가자료공동목록시스템
(http://www.nl.go.kr/kolisnet)에서 이용하실 수 있습니다. (CIP제어번호 : CIP2014023948)

살아가는 힘이 되는 책 흐름출판은 막히지 않고 두루 소통하는 삶의 이치를 책 속에 담겠습니다.

게으른
당신을
위한

놀면서
하는
재테크

윤지경 지음

흐름출판

돈,
사랑을 살 수는 없지만
떠나게는 할 수 있는 것

평소 동물들이 나오는 프로그램을 즐겨 본다. 한 번은 '까미'라는 강아지가 나온 적이 있다. 까미는 시장을 돌아다니다가 잠깐 자리 비울 일이 생긴 주인을 대신해 가게를 봐주기도 하고, 배달 나온 아저씨의 오토바이를 지켜주기도 하는 등 시장 내 틈새 아르바이트를 한다. 그리고 일해준 대가로 1,000원씩을 받는다. 까미가 그 1,000원을 입에 물고 동네 슈퍼로 가면, 슈퍼 주인은 그걸 받고 강아지 간식 캔 하나를 내준다. 늘 그랬던 듯 아주 익숙한 모습이다.

까미는 일을 하면 그 대가가 화폐로 환산되어 지급되고, 지급된 화폐로는 좋아하는 간식 캔을 얻을 수 있다는 경제 논리를 정확히

인지하고 있었다. 가히 자본주의 사회에 통달했다고 할 만하다.

강아지 까미만이 아니라 어린아이들조차 돈을 안다. 돈의 의미와 각각의 화폐가 지닌 값어치까지도 알고 있다. 1,000원짜리 지폐를 주었더니 "이모, 파란색 주세요"라고 말한 친구 딸내미도 있었다. 아이는 만 원으로 바꿀 수 있는 '물질'을 상상하며 그 돈을 들고 신이 나서 뛰어갔다.

모든 일이 그런 것은 아니지만 우리는 일을 하면 그에 상응하는 돈을 받고, 받은 돈으로 원하는 것을 얻을 수 있다. 그래서 돈은 자본주의 사회에서 살아가려면 꼭 필요한 것이 되었다.

때로는 돈이 마음의 무게를 표현하기도 한다. 결혼식이나 장례식에 갔을 때를 떠올려보자. 우리는 자연스럽게 그 사람과 나의 관계가 어느 정도 '깊이'인지를 생각한 다음 '시가'와 비교하여 축의금이나 조의금의 액수를 결정한다.

이렇게 우리는 돈이 물질로 대체되고 마음의 무게까지도 표현할 수 있는 사회에 살고 있다.

그렇다면 '돈으로 살 수 없는 것'도 있을까? 이 질문은 돈에 대해 온종일 생각하고 고민하는 일을 직업으로 가진 내게 항상 중요한 화두였다.

나는 주변 지인들을 포함하여 고객들, 자산가들, SNS 친구들에게 이 질문을 수시로 해보았다. 그리고 마이클 샌델의 《돈으로 살 수 없는 것들》도 읽어보았다. 이를 통해 행복, 가치, 시간, 계절의 아름다움, 사랑, 젊음, 건강, 가족, 평화, 존경심, 권력 등의 단어를 얻었다. 틀리다고 말할 순 없지만 속 시원한 답은 아니었다. 이것들 또한 돈이 있으면 가지기에 더 수월해지거나 유지하기에 더 이로운 것도 사실이니까.

그래서 나는 이 모든 것을 종합하여 돈에 대한 정의를 이렇게 하기로 했다. '돈으로 분명 사랑을 살 수는 없다. 하지만 돈이 없으면 있던 사랑이 떠나가기도 한다.'

사랑하는 사람과 좋은 것을 먹고 싶고, 좋은 곳에 가고 싶다는 마음은 누구에게나 있을 것이다. 그런데 그 마음을 단지 돈 때문에 접어야 한다면 너무 안타까운 일 아닐까. 돈 때문에 '꿈'이 가로막히는 것은 더 비극적이다. 모차르트 같은 천재적 자질을 가진 아이에게 피아노를 사줄 수 없다면 그 부모의 마음은 얼마나 비통하겠는가.

나는 적어도 돈이, 있던 사랑을 떠나게 하고 꿈을 포기하게 하는 것은 되지 않았으면 좋겠다. 그러기 위해서는 적어도 게임의 기본적인 룰은 알고 있어야 한다. 우리는 자본주의 사회에 살고 있으며 원하든 원하지 않든 머니게임에 참가하고 있기 때문이다. 룰을 제대로 모르거나 잘못 알고 있을 때 그 피해는 고스란히 플레이어인 자신의 몫이다.

'돈'에 대한 감각이 깨어나고 돈을 대하는 나의 태도와 행동에 문제가 있음을 자각한 것은 스물여덟 살 때였다. 옷장에는 스타일별로 옷들이 넘쳐났고 친구들 사이에서는 한턱 잘 내는 기분파로 통했다. 돈이 생기는 족족 써버리기 바빴던 나는 급기야 신용카드 여러 장을 돌려막기해야 하는 상황 직전까지 갔다.

그 순간 내 귓가에 경고음이 울렸다. 다름 아닌 '머니 알람'. 겉만 화려할 뿐, 열심히 일해도 점점 가난해지고 있는 나의 모습에 덜컥 불안해지기 시작했다.

나의 머니 히스토리는 머니 알람이 울리기 전과 후로 나뉜다. 알람이 울린 이후 나는 직업을 바꾸었다. 그리고 지금에 이르기까지 돈에 대하여 끊임없이 고민하고 공부하고 있다.

돈. 이게 뭐길래 사람들을 힘들게 할까. 왜 가진 자들은 더 쉽게 더 많이 가질 수 있는 걸까. 도대체 어떻게 다루어야 얽매이지 않을 수 있을까. 이런 궁금함에서 시작한 탐구가 임상실험을 거치고, 다수 고객의 사례와 자산가들을 대상으로 한 인터뷰가 더해지면서 이렇게 책으로 나오게 되었다.

나는 이 책에서 돈에 대한 올바른 인식과 마음가짐을 바탕으로, 현재 삶에 바로 적용하여 습관화하면 좋을 재테크 방법들을 소개하고자 한다. 명확한 목표를 가지고 매일 꾸준히 단련하여 머니게임에서 당당히 살아남을 수 있도록 독자들에게 매끈한 근육을 만들어주고 싶다. 얼마의 돈이 있어야 하는지에 대한 기준은 지극히 주관적이다. 이는 각자가 가지는 행복의 기준과 부자에 대한 정의에 따라 달라진다. 이번 기회에 '무조건 돈이 많을수록 좋다'는 식이 아니라

'나다운' 부자가 무엇인지도 생각해보았으면 한다.

이 책에서 제시하는 돈을 모으는 방법은 단순히 현재 유행하는 상품들을 나열해놓은 게 아니다. 어떤 상품에 어떻게 가입해야 하는지 또는 단순히 부자 되는 법을 알고자 이 책을 펴보았다면 실망할지도 모른다. 하지만 이 책에서 제시하는 액션 플랜은 지금 당장, 마음만 먹는다면 누구든지 쉽게 시작할 수 있는 핵심적인 것들이다. 제목의 '게으른 당신'이 사실은 나 자신이기 때문이다. 나는 지금도 주말이면 잠을 30시간씩 몰아서 자고 하루 종일 뒹굴뒹굴하는 것을 좋아한다. 허리도 안 아프다. 이토록 게으른 내가 바쁘게 돌아가는 대한민국에서 살아남기란 여간 힘든 일이 아니다. 그래서 내가 선택한 것은 바로 '간헐적 부지런함'!

필요는 발명의 어머니라고 하지 않던가. 게으른 내가 살아남기 위해 하는 최소한의 재테크, '놀테크'가 탄생하였다. '놀면서 하는 재테크'라고 했더니 돈이 어디서 거저 생기는 방법이 있는 줄로만 아는 이도 있었다. 그런 사람들에게는 이 말을 꼭 해주고 싶다.

"There's No Free Lunch."

미국 서부의 술집에서 술을 일정량 이상 마시는 단골들에게 점심을 공짜로 제공하던 것에서 유래한 말이다. 공짜 점심을 먹기 위해 사 마신 술값에 이미 점심 비용이 포함된 것임에도 사람들은 공짜로 한 끼를 해결했다며 뿌듯해 한다. 자신이 지불한 술값은 생각도 하지 않고 말이다. 세상에 거저 얻어지는 것은 없다. 이것을 항상 잊지 말고 '놀테크'를 일상에 적용시켜 보길 바란다.

힘든 운동을 시작하기 전에 스트레칭을 함으로써 기초 체력을 꾸준히 기른다는 마음으로 접근한다면 결국에는 원하는 바를 이루게 될 것이다. 현란한 재테크 비법이 없더라도 말이다.

이 책이 나오기까지 많은 분들의 도움이 있었다. 흐름출판 직원 여러분, 마이크임팩트의 기획의 여신 송샘 매니저님과 임직원 분들, 책 쓰기에 직간접적으로 많은 도움을 주셨던 유영만 교수님, 이임복 강사님, 서영식 강사님, 임승수 강사님, 나의 첫 머니 멘토 임준범 작가님, 잃지 않는 투자의 귀재들 드림 주식팀, HA사업부 동지 여러분, 월간 〈음식과 사람〉 김경화 기자님, 오랜 멘토 김희정 대표님, 사회에서 만난 엄마 언니 임재행 매니저님, 가슴 따뜻한 의리파 크리스티 원장님, 젠틀맨 신재호 사장님, 많은 가르침을 주셨던 첫 직장의 윤 대표님, 나의 오랜 벗들 연법걸스 멤버들, 걸스힙합 친구들, I WILL, 우먼 엑시덴탈, 헤윰 멤버들, 인도의 바우쉬와 마포아빠, 나의 요가 사부 Bikram Choudhury(Thank you, Boss~!) 국내 유일 필록싱 마스터 트레이너 우지인 대표님, 킥복싱 사부 Tommy, 문하경 프로님, 마마33기 · 어메이징 패밀리 조성희 대표님, 꿈발전소 신동일 소장님, 닮고 싶은 송경애 대표님, 이뜨랜리조트 윤광준 회장님, 조세현 교수님, 보나베띠 공덕점의 신규영 대표님, 와카모 멤버들, 전일 · JWEEN, ingstory 강남구 대표님, 조우성 변호사님, 김철진 변리사님, 유지호 상무님, 주로니 대표님, 케이김 선배님, 서용교 대표님, 김윤경 이사님, 김욱진 이사님, 날으는 돈까스의 마민하, 유쾌한 부산멤버 주리&승희 씨, BMW의 탄생을 도와준 신혜 양, 항상 많은 응원 해줬던 June.

그리고 이 책의 많은 에피소드를 채워주신 소중한 '일분의 천' 멤버들께 무한한 감사를 드린다.

마지막으로 마음에 있는 감사함 충분히 표현하지 못했던 부모님과 나이스 바디의 동생, 사랑하는 T에게 고마움을 전한다.

나는 돈이 좀 유쾌했으면 좋겠다. 돈이 있어서 삶이 더 행복해지고, 궁극에는 돈과 함께 보조를 맞춰 놀 수 있는 사람들이 내 주변, 내가 속한 사회 그리고 세상에 더 많아졌으면 하는 바람이다.

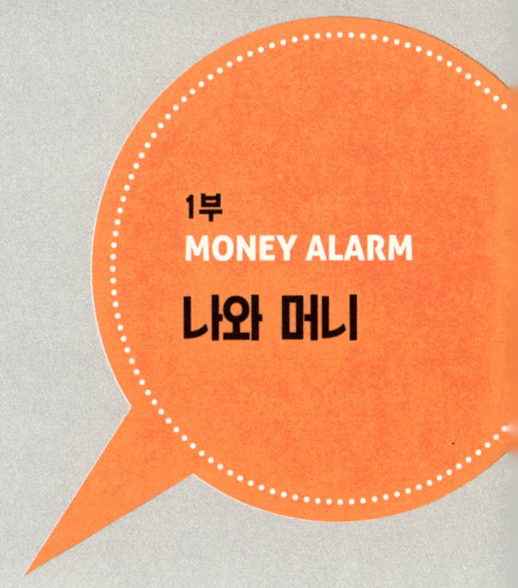

1장 머니를 키운 적이 있다

3부
MONEY ACTION PLAN

누구나 따라 하는 재테크, 기초부터 관리까지

6장 알아서 굴러가도록 시스템을 만들자

나와
머니

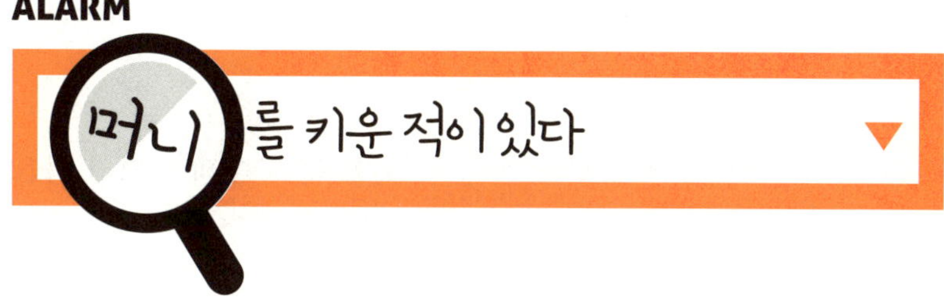

지금 나에게는
분명 문제가 있다

머니 멘토는 나를 처음 본 자리에서 이렇게 물었다.

"꿈이 뭐예요?"

순간 난감했다. '꿈'에 대해 생각해본 적이 있던가? '꿈'과 '목표'에 대한 구분도 없었던 스물여덟 살 당시의 난, 왠지 돈에 대해 대답해야 할 것 같다는 생각이 들었다.

그래서 호기롭게 대답했다.

"마흔 살, 100억이요."

아무 기준도 없었다. 그냥 서른 살에는 죽었다 깨어나도 100억을 갖고 있을 리 만무하고, 그보다 10년 후인 마흔 살 정도면 시간도 꽤 남아 있는 것 같아서 그렇게 말했을 뿐이다.

어느 날, '머니 알람money alarm'이 울렸다! 돈에 대해 갑자기 마음의 동요가 시작됐다.

사람에 따라 이런 일은 갑작스럽게 일어날 수도, 일상에서 서서히 일어날 수도 있다. 알람이 울린 직후 겪게 되는 증상으로는 급격한 우울, 신체적 기능 저하 및 무기력증 등이 있고 경제적 파산을 맞는 이들도 있다.

우리는 너나없이 매일 바쁘게 살아간다. 학교에 가거나 회사에 가고, 학업이나 업무에 쫓기고, 수많은 사람을 만나 이야기를 나누며 울고 웃고…. 인생 여정에서 각종 이벤트를 맞이하여 잘 대처하기도 하지만 때로는 심각한 위기에 빠지기도 한다.

나에게 머니 알람이 울린 것은 스물여덟 살 때였다.

당시 나는 대학 시절 내내 꿈꿨던 '하고 싶은 일'을 하고 있었기에 일하는 것이 정말로 재미있었다. 책임감도 강해서 주 7일 근무는 기본이었고, 일주일에 사흘 정도는 밤을 꼬박 새웠다. 첫차를 타고 집에 들어가 샤워만 하고 다시 사무실로 돌아가기도 부지기수였다. 그런 날, 버스 차창에 비친 내 몰골은 초췌했을망정 마음만은 뿌듯

함으로 충만했다. 좋아하는 일을 직업으로 갖고 있다는 만족감에 마치 세상을 다 가진 것처럼 행복했다.

그렇다. '일'로만 따진다면 나에게는 아무 문제가 없었다. 하지만 월급이 6개월이나 밀리자 조금씩 달라지기 시작했다. 무엇보다 생활이 힘들어졌고, 일에 대한 보상이 제대로 되지 않는다 생각하니 지쳐갔다. 급기야는 그렇게도 좋아하던 일조차 점점 싫어졌다.

그러던 중 회계 담당 직원이 갑자기 회사를 그만두는 바람에 내가 대신 회계를 맡게 되었다. 대표가 '20만 원을 더 줄 테니 엑셀을 잘 다루는 네가 회계까지 겸해서 하면 어떻겠냐'고 구슬린 것이다. 회계 인건비가 줄었으니 대표는 좋았을지도 모르지만, 이는 훗날 사장 마인드로 청춘을 바쳐 일하던 직원 한 명을 잃게 되는 결정적인 계기가 되었다. 회사 재무제표와 손익계산서를 직접 들여다보자 앞이 캄캄해졌다. 사태가 너무 심각했다. 밀린 월급이 문제가 아니었고, 재무 수치상으로는 지금 당장에라도 문을 닫아야 할 판이었다.

한번은 회사가 진행한 프로젝트에 외부 투자금이 유치되었다. 총 4억짜리 프로젝트였고 투자사 두 군데에서 2억씩 투자하기로 했다. 프로젝트가 진행되는 동안 나는 담당자로서 최선을 다했다. 프로젝트는 다행히 손해 없이 겨우 손익분기점을 넘겼지만 모든 관계자는 몸과 마음이 피폐한 상태였다. 그래서 프로젝트의 연장 여부를 결정할 때 모두 돈의 논리보다는 다친 마음의 목소리를 따르게 되었고, 그 프로젝트는 본전에서 마무리를 하기로 했다.

그런데 프로젝트가 마무리되자, 제일 먼저 투자사 두 군데에서 원금을 회수해갔다. 원금 회수가 계약 조건이었고 투자사에서 투자한 것은 투자자금에 대한 기회비용이라는 것이 그들의 주장이었다. 난 지금도 그들이 정말 투자사였는지, 대출 영업을 하는 대부업체는 아니었는지 의문이다. 몇 날 며칠 밤을 꼬박 새워가며 열심히 일하고도 반년 넘게 월급이 밀린 월급쟁이였던 나는, 그때 투자자라는 사람들의 존재에 대해 눈이 뜨였다. 나는 '몸뚱이'로 일하는데 그들은 '돈'으로 일을 했다. 그들의 존재는 스물여덟 살, 월급이 수입의 전부였던 당시 나에게 억울함을 넘어 충격이었다.

그 충격의 여파가 채 가시지 않은 어느 날, 문득 일을 하면 할수록 궁핍해지고 지쳐가는 나를 발견했다. '이대로는 안 되겠다, 나에게는 분명 문제가 있다'는 머니 알람이 내 귓가에 울리기 시작했다.

일단 한번 울리자 알람은 반복 설정을 해놓은 것처럼 계속해서 울려대기 시작했다. 나는 이렇게 궁핍한데 도대체 돈은 누가 버는 것인지, 주변 사람들은 어떻게 돈을 버는지 궁금해졌다.

그래서 '돈' 분야의 전문가를 찾아갔고, 그때 만난 전문가가 나의 '머니 멘토'가 되어주었다. 꿈이 뭐냐는 그의 질문에 나는 당돌하게도 "마흔 살, 100억이요"라고 답했고, 그는 재무계산기를 사용하여 내 눈앞에서 계산하기 시작했다.

"현재 스물여덟 살이니까 앞으로 12년이 저축 가능한 기간이네요. 수익률은 연복리 8퍼센트로 잡고, 비과세로 계산해봅시다."

'수익률, 연복리, 비과세…?'

모두 나에게는 생소한 단어들이었다. 이게 한국말인가 싶을 정도였다.

숫자들이 내 눈앞에서 어지럽게 몇 차례 휘리릭 바뀌더니, 그가 말했다.

"마흔 살에 100억을 갖고 싶다면 지금부터 한 달에 약 4,000만 원씩 저축하면 되겠네요."

잠깐! 일 년도 아니고, 한 달에 4,000만 원이라고? 연봉이 4,000만 원이 안 되는데?

그날 이후로 난 한동안 그 생각에서 벗어날 수가 없었다. 계속해서 울려대는 알람 소리 때문에 머리가 지끈거릴 정도였고, 기분은 우울하고 마음은 먹먹해져갔다. 그리고 내 앞날은 한 치 앞도 보이지 않을 정도로 깜깜하다고 느껴졌다.

고민 끝에, 내가 결정할 수 있는 것은 의외로 간단하다는 걸 알았다.

'마흔 살, 100억이라는 꿈을 포기하거나 조정하자.'

그런데 그건 내 청춘의 패기가 용납하지 않았다.

'싫어? 그렇다면 한 달에 4,000만 원씩 벌 방법을 찾아보자.'

그때 난 결심했다. '돈'에 대해 알고, 이 녀석을 내 편으로 만들겠다고. 그렇게 자본의 정글로 뛰어들기로 한 나는, 가장 먼저 직업을 바꾸었다.

머니 알람은 갑작스러운 재무적 이벤트 때문에 겪기도 하지만 지극히 평온한 일상에서 봄날 가랑비에 옷 젖듯 서서히 찾아오기도 한다. 남들 사는 대로 무난히 살고 있었고 큰 실수를 저지른 것도 아닌데, 어느 순간 돌아보니 벼랑 끝에 서 있는 자신을 발견할 수도 있다. 물론, 평생 알람이 울리지 않는 사람들도 있다. 한때 유행했던 드라마 〈시크릿 가든〉에 나온 대사처럼 '삼신할머니의 랜덤 덕에 금수저를 입에 물고 태어난 사람들', 종교적 믿음에 따라 '무소유'를 실천하는 사람들이 그러하리라. 재물에 대한 욕망의 크기가 작거나, 적은 돈으로도 충분히 만족하며 살아가는 사람들도 얼마든지 있을 수 있다. 하지만 한 번쯤은 부자들이 부러웠고 이왕이면 물질적으로 풍요로운 삶을 살고 싶어 하는 우리 '보통' 사람들은 평생에 적어도 한 번 이상은 머니 알람을 듣게 될 것이다.

나는 이 알람이 더욱 많은 사람에게, 더욱 일찍 울리기를 바란다. '돈'에 대한 자각은 스스로 하지 않으면 주위에서 아무리 이야기해 줘도 소귀에 경 읽기이기 십상인 것을 많이 보았기 때문이다.

어떤가, 당신은? 머니 알람이 울렸는가?

우리 집 머니,
산책시켜볼까?

강아지를 키운 적이 있다. 까만 닥스훈트였던 그의 이름은 '머니'. 머니를 나에게 보내준 언니는 강아지 이름을 듣더니, "머니가 너한테 착착 붙겠구나"라고 했다. 머니가 우리 집에 온 지 얼마 지나지 않아 예방접종 겸 동네 동물병원에 갔다. 이름을 등록하는데, 같은 이름의 애완동물이 30마리가 족히 넘어 깜짝 놀랐다. 요새는 동물병원이 웬만한 건물에 하나씩 있지 않은가. 그런데 내가 간 작은 동물병원에만 그렇게나 많은 머니가 있다니. 전 세계적으로는 얼마나 많은 머니가 있을까? 머니가 꼬리를 살랑살랑 흔들며 살갑게 안겨주길 바라는 마음은 다들 비슷한가 보다.

'돈', '머니'라는 단어는 사람들이 매우 자주 쓰고, 삶에도 많은 영향을 미친다. 그럼에도 예전에는 이 단어를 터부시하는 풍조가 있어서 좀처럼 입에 올리지 않았다. 하지만 돈이 착착 붙길 원한다면 자주 불러줘야 한다. 강아지 한 마리 한 마리에게 고유한 이름을 지어주듯 돈에도 각각의 목적에 맞는 이름을 붙여주어야 한다. 내 한 지인처럼 애완견 이름을 '개'라고 지어주고 그렇게 부르면 좀 우습지 않은가. 그리고 잘 대해줘야 한다. 머니가 좋아하는 간식이 어떤 것인지를 알고 있어야 하고, 잘 데리고 놀 줄 알아야 하듯이.

나는 머니와 산책하러 나가는 시간을 즐겼다. 고양이를 키울 때는 전혀 맛보지 못한 즐거움이었다. 머니한테 목줄을 채워 데리고 걷노라면 사람들의 시선이 우리 머니로 향하는 것이 느껴졌다. 하루는 동네 아저씨 한 분이 까맣고 허리가 긴 머니를 보며, "오! 리무진인데…"라는 말을 하기도 했다. 머니는 성질머리는 그렇지 않을지언정 겉보기에는 우아한 명품 강아지였다. 그래서 머니와 산책을 하노라면 나조차 콧대가 하염없이 높아지곤 했다.

하지만 그런 뿌듯함은 몇 분 가지 못했다. 머니를 향해 쏟아지는 감탄사들을 들은 척 못 들은 척 도도하게 산책을 즐기고 싶었던 바람과는 달리, 사실상 나는 여기저기 천방지축 날뛰는 머니에게 질질 끌려다니기 시작했다. 이건 내가 머니를 산책시키는 건지, 머니가 나를 훈련시키는 것인지 도통 분간이 가지 않을 정도였다. 몇 번을 그렇게 시달리다 보니 도저히 안 되겠다는 생각이 들었다. 때마침 서점에서 후지이 사토시의 《우리 개 100배 똑똑하게 키우기》라는 책을 발견했다. 사토시는 그런 모습이 주인과 강아지 간에 힘의 관계가 역전되었음을 보여주는 것이라고 했다. 즉, 내가 머니의 주인이 아니라 머니가 나의 주인인 것이다. 이런 상황에서 머니를 컨트롤하기는 불가능하다고 했는데, 실제로 그렇게 끌려다니는 동안 여러 곤란한 상황을 겪기도 했다. 다른 강아지와 시비가 붙기도 했고, 음식물을 가지고 있는 사람들에게 무작정 돌진해서 넘어질 뻔하기도 했다.

이에 대한 해결책으로 사토시는 '리더 워크'라는 방법을 소개했다. 리더 워크란 주종 관계를 역전시키는 방법으로 사람이 주인이 되어 가고 싶은 곳으로 개를 이끌고 가는 것이다. 개가 앞서지 못하게 하고 반드시 뒤에 따라오도록 하는 것인데 개가 앞으로 가려고 하면 방향을 바꾸어 반대쪽으로 가고, 개가 또 앞으로 가려고 하면 방향을 바꾸는 식이다. 즉 사람이 앞장서서 가고 싶은 대로 가는 것이다.

지금 당신과 돈의 관계에 대해서도 생각해보자. 당신은 돈의 주인인가? 아니면, 돈에게 주도권을 빼앗겨 질질 끌려다니는 하인인가? 만약 돈에게 끌려다니고 있다고 판단된다면, 하루라도 빨리 리더 워크를 시도해보자. 당신의 돈을 스스로 통제한다는 것, 돈이 당신의 통제 범위 내에 있다는 것은 그만큼 당신이 돈에 대해 잘 알고 잘 다룰 수 있음을 뜻한다. 돈보다 당신의 '존재가치'가 뒤로 처지는 것을 방지하려면 원하는 목표점과 방향을 당신이 결정해서 리드해야 한다. 한때 열풍이던 '10억 만들기'는 돈이 주도권을 쥔 전형적인 현상이다. 당신이 먼저 가고 싶은 곳으로 향해라. 예를 들면 이렇다. 가족과 안락하고 행복한 생활을 누리기 위해 집을 사야겠다는 결심을 했고, 그 집을 구매하기 위한 수단이 10억 원의 돈이 되어야 한다는 얘기다. 그렇지 않고 단순히 10억 원을 설정하고 돈 모으기를 시작한다면 돈에 이리저리 끌려다니다가 지칠 수도 있고 그 과정에서 곤란에 빠질 수도 있다.

강아지를 키워보면 강아지도 좋아하는 사람과 무시하는 사람을 스스로 구분한다는 것을 쉽게 알 수 있다. 우리 머니도 자기가 좋아하고 잘 대해주는 사람한테는 엄청 귀여운 표정으로 다가가 부비적거린다. 심지어는 배까지 뒤집어 보이며 그 사람한테 완전히 달라붙는다. 하지만 머니를 무시하거나 싫어하는 사람한테는 사납게 짖어대며 공격적인 자세를 취해 아예 접근도 못 하게 한다. 돈을 대하는 당신의 태도가 머니를 당신 편으로도, 적으로도 만들 수 있다.

다루는 사람의 태도에 따라 돈이 붙기도 하고 떠나가기도 한다는 것을 뼈저리게 느낀 일이 있다. 평소 나는 피트니스센터에 가면 탈의실에서 옷을 갈아입고 락커 키를 탈의실 서랍 안에 아무렇게나 던져놓고 운동을 하곤 했다. 키를 들고 운동하는 것이 귀찮아서였다. 그런데 평소 내가 그런다는 사실을 알았는지 아니면 그날 우연히 봐서 일이 생겼는지는 모르겠지만, 지갑 안에 있던 현금이 몽땅 사라졌다. 억울하기는 했지만 키를 잘 관리하지 못한 내 책임이었던지라 어디 하소연도 제대로 못했다. 약간의 번거로움조차 감당하기 싫어 돈을 소홀히 대함으로써 금전적 대가를 치른 사건이었다.

다시 말하지만, 머니는 자기에게 잘 대해주는 사람을 따른다. 그런데 이 머니는 조금만 틈을 보이면 언제든지 주종관계를 바꾸고 싶어 한다. 그때마다 당신이 가고자 하는 방향과 추구하는 삶을 잘 정리해보고 리더 워크를 실천해라. 당신이 주인이 되어 머니를 이끌며 함께 걷는다면, 우아한 산책을 마음껏 즐길 수 있을 것이다.

내가 만난
비버리힐즈 부자의 지갑

자, 지금 당장 당신의 지갑을 꺼내보자.

1. 무슨 색깔인가?

2. 손에 익숙하게 잡히는가?

3. 현금이 얼마나 들어 있는가? 혹시 돈과 각종 영수증이 어지럽게 섞여 있지
   는 않은가?

4. 무엇보다도, 그 지갑이 마음에 드는가? 혹시 헤어진 애인이 선물한 것이라
   지갑을 볼 때면 슬퍼지지는 않은가?

나도 지갑을 꺼내 하나씩 답해보겠다.

1. 빨간색.

2. 한 손에 들어오는 그립감이 좋은 장지갑.

3. 현금 4만 3,000원과 점심 계산 영수증.

4. 마음에 든다. 내가 직접 골라 산 지갑이다.

지갑에 담긴 모든 이야기를 이상의 네 가지로 나누어서 속속들이
드러내보자.

첫째, 색깔이다. 돈과 관련해서는 여러 미신이 있는데 그중 대표적인 것이 색깔이다. 증권가에서는 빨간 넥타이를 비롯하여 다양한 소품으로 빨간색을 애용한다. 주가의 상승을 빨간색으로 표시하기 때문이다. 내가 아는 몇몇 증권 딜러는 중요한 거래가 있는 날이면 속옷까지 빨간색으로 입는다고 했다. 증권가에서 잔뼈가 굵은 한 임원은 자기와 미팅할 때 빨간색 옷을 입어줬으면 하는 바람을 드러내기도 했다. 남성인 자신이 빨간색 와이셔츠를 입을 순 없으니 내가 대신 빨간색 옷을 입어줘서 좋은 기운을 전해달라는 거였다.

미신을 믿는 편은 아니지만 워낙 이쪽 업계에서 빨간색을 선호하니까 나도 믿져야 본전이라는 심리로 빨간색 소품을 여럿 가지고 있다. 그리고 금전과 관련된 큰 계약 건이 있거나 증권사와 미팅이 있는 날이면 아주 새빨간 원피스를 입어 금전운을 북돋기도 한다.

빨간색 전에는 보라색 지갑이었다. 옛날에 보라색은 왕족이나 귀족들에게만 허락되었던 고급스러운 색이라고 한다. 색깔은 물론 개인적인 취향이긴 하지만 밝은색 계통의 지갑이 눈에 더 띄는 것은 사실이다. 복잡한 가방 속에서 밝은색 지갑은 찾기가 훨씬 쉽다.

둘째, 그립감이다. 손에 익숙하게 잡히는지, 돈이 얼마가 들어 있는지를 파악하는 것은 분실의 위험과도 연관이 있다. 한 손에 쏙 들어오지 않거나 손에 익숙하지 않은 지갑은 마치 내 것이 아닌 것 같은 느낌에 손에서 놓아버리기가 쉽다. 될 수 있으면 아주 오래전부터 내 것이었던 것 같은 그립감이 좋은 지갑을 추천한다.

셋째, 현금 그리고 특히 영수증과 보안이 관련된 문제다. 돈과 영수증, 커피숍 쿠폰, 보안카드 등이 어지럽게 뒤엉켜 있다면 이것은 반드시 고쳐야 하는 습관이다. 지갑은 머니가 들어오고 머무는 장소다. 즉, 머니의 집이라는 얘기다. 예쁜 머니 집을 마련해주었지만 정작 내부를 막 어질러놓았다면 머니가 집으로 들어가서 편하게 쉴 수 있을까? 애완동물을 키워본 사람들은 알 것이다. 배변 장소가 더러우면 동물들은 어김없이 다른 곳에 배변을 한다. 내가 키웠던 애완동물들은 내가 자기네 화장실 청소를 게을리하면 가장 먼저 내 이불에다 오줌을 갈겨대곤 했다. 그렇게 버린 이불이 몇 채인지 모른다.

영수증은 빼서 꼼꼼히 파기하고 쿠폰 등은 한곳에 잘 정리하자. 요즘은 쿠폰을 비롯한 웬만한 멤버십 카드는 모두 모바일 앱으로 보관할 수 있다. 앱을 적극적으로 활용하면 지갑이 한결 깔끔해질 것이다.

다만, 정리하기 귀찮다고 결제 영수증을 받지 않는 것은 지양하길 바란다. 〈연합뉴스〉 2013년 11월 26일 자 '신용카드 결제 영수증으로 개인 금융정보 노출 위험'이라는 기사를 보면 이것이 작은 문제가 아님을 알게 된다. "소비자 문제연구소 컨슈머리서치가 국내 카드사의 결제 영수증 1천 장을 점검한 결과 카드 번호의 마스킹이 모두 제각각이었고, 이 중 13장에는 카드 유효기간까지 명시돼 있다고 밝혔다." 물론 당국에서 블라인드 위치를 통일하고 유효기간을 가릴 수 있도록 하는 등 제대로 된 가이드를 만들고 강제 규정을 만들어야 마땅하다. 그렇지만 개선되기 전까지는 소비자 스스로가 영수증을 제대로 관리해야 한다. 정보가 노출될 경우 그 피해는 관리를 소홀히 한 본인에게 고스란히 돌아오기 때문이다. 만약 지갑을 통째로 분실했는데 그 안에 여러 장의 영수증이 있었다고 하자. 이때는 간단한 조합만으로도 카드 정보가 노출된다. 영수증을 폐기할 때도 여러 장을 모아 한꺼번에 폐기하지 않도록 꼭 조심하길 바란다.

보안카드의 문제도 가벼이 볼 게 아니다. 여러 금융기관을 이용하다 보면 보안카드도 여러 장이 되어 보관하기가 만만치 않다. 한동안은 휴대폰에 여러 장의 보안카드를 입력해놓고 쉽게 사용할 수 있는 앱 등이 출시되기도 했으나 모바일 해킹 같은 문제가 대두하면서 인기가 시들해졌다. 흔히 PC 하드디스크보다 USB를 안전하다고 여겨 USB에 저장하곤 하는데 이 역시 완벽한 안전책은 아니다. 〈보안뉴스〉에는 "사용자 PC가 악성 코드에 감염됐다면 USB를 꽂는 순간 바로 공인인증서가 탈취되고 비밀번호 역시 패턴만 알면 얼마든지 노출될 수 있다는 주장도 있어 가장 안전한 방법이라고 말할 수는 없다"는 보도가 있었다.

최근에는 OTP 사용자들도 늘고 있다. 보안카드보다는 안전하다는 인식에서다. 하지만 금융기관에 따라서는 OTP 사용이 지원되지 않는 곳들도 있어 불편함이 있다. 어느 것도 완벽한 보안을 장담하지는 못하는 상황이다. 그러니 적어도 분실의 위험이 있고 도난의 표적이 되는 지갑이라도 간수를 잘 하는 수밖에 없다. 지갑에 각종 신용정보가 담긴 보안카드나 영수증 등은 보관하지 않기를 바란다.

넷째, 지갑에 대한 감정의 문제다. 지갑이 마음에 들지 않는다면, 심지어 전 애인으로부터 선물 받은 것이라서 지갑만 보면 전 애인이 떠올라 슬퍼진다면 당장 바꾸자. 아깝다고 생각할 일이 아니다. 머니가 머물 소중한 집에 슬픈 기운을 담을 이유는 없다.

애인과 헤어질 때, 그간 받은 선물을 비롯하여 상대가 떠오를 만한 물건들을 모두 없애버리는 사람도 있고 되돌려주는 사람도 있다. 이는 추억을 다루는 개인의 스타일이기 때문에 딱히 정답은 없다. 그렇지만 단순히 물건, 가치를 지닌 자산의 개념으로 생각해보면 어떨까. 대부분의 물건은 시간의 흐름에 따라 자산의 가치가 감소하는 감가상각이 발생한다. 옛 연인과의 추억은 감가상각으로 털어내고 남은 가치를 소중히 여겨 잘 사용해보는 것은 어떨까? 물론, 쉬운 일은 아니다. 감정적으로 많이 힘들다면 박스에 담아 봉인하는 대신, 별다른 의미를 부여하지 않고 나 대신 소중히 사용해줄 수 있는 다른 사람에게 주는 것도 좋다. 그렇게 하는 것이 옛 연인과 그가 준 물건에 대한 마지막 예의가 아닐까.

세계적으로 유명한 프랜차이즈 사업을 통해 크게 성공한 미국 부자를 만난 적이 있다. 비버리 힐즈에 거주하는 그는 지갑에 돈을 차곡차곡 정리하는 것으로 유명하다. 뒤집어진 것 없이 인물이 앞으로 보이도록, 큰 단위부터 작은 단위 순서로 분류하여 안쪽에서 바깥쪽으로 정리한다. 우리로 치면 신사임당, 세종대왕, 율곡 이이, 퇴계 이황 순으로 차곡차곡 배열하는 식이다. 그의 신념은 돈을 소중히 여기고 존중하며 얼굴을 마주 봐야 돈이 주인을 알아보고 오래 머문다는 것이었다. 화폐 속 인물과 대화하고 윙크라도 날릴 기세다.

지갑을 유독 자주 잃어버리는 사람들이 있다. 이들에게 딱 좋은 처방은 바로 고액권 수표를 지갑에 넣어 다니는 것이다. 큰돈이 들어오라는 미신에 가까운 바람으로 고액권을 넣고 다니는 사람들도 있는데, 나는 지갑 분실이 잦은 사람들에게 이 방법을 추천한다. 며칠만 그렇게 해보라고 하면 지갑에 신경이 쓰여서 더는 못 넣고 다니겠다고 말한다. 만취된 상태에서도 지갑이 있는지, 잃어버리지는 않았는지 확인한다는 것이다. 그 정도라면 고액권을 빼도 된다고 얘기해준다. 신기하게도 그 후로는 고액권이 있건 없건 지갑을 잃어버리는 일이 없다고 한다. 지갑을 유독 자주 잃어버린다면 며칠만이라도 시도해보길 바란다.

나는 지갑을 잘 분실하는 편은 아니지만, 큰돈이 들어오길 바라는 마음으로 고액권을 넣어 다니는 사람들의 모습에 착안하여 지갑에 모형 돈 한 장을 넣고 다닌다. 뉴욕 여행을 갔을 때 면세점에서 산 'Million Dollar' 초콜릿 바의 포장지에서 잘라낸 것이다. 화폐 속 인물은 자유의 여신상이다. 100만 달러면 우리나라 돈으로 약 10억 원인데, 비록 모형 돈이긴 하지만 내 지갑에 10억 원이 있다고 생각하면 그렇게 뿌듯할 수가 없다.

지갑이 꼭 비싸거나 명품일 필요는 없다. 지갑도 하나의 물건이고 예기치 않은 일로 언제든지 내 손을 떠날 수 있다. 실제 예전 나의 보라색 지갑은 우리 집 강아지 머니가 귀퉁이를 뜯어 먹어서 안녕을 고해야 했다. 너무 비싼 지갑은 이런 사태가 벌어졌을 때 아까워서 밤잠을 설치게 한다. 그래 봐야 내 건강만 축나는 것 아닌가. 비싼 것보다는 깔끔하고 마음에 쏙 드는 지갑을 골라 영수증들은 빼내고 현금과 카드들을 가지런히 정리해보자. 스스로 돈을 통제하고 관리한다는 느낌이 한결 강해질 것이다.

돈을 다루는 곳으로 뛰어들다

해리포터 시리즈의 작가 조앤 롤링은 2008년 미국 하버드 대학교에서 졸업식 축사를 했다. 그녀는 성공한 베스트셀러 작가로서가 아니라 '인생의 바닥을 치고 일어선 사람'으로서 그 자리에 서서 이렇게 말했다.

"실패는, 인생에 중요하지 않거나 내 것이 아닌 것들을 하나둘씩 걷어낼 수 있는 좋은 계기가 되었습니다. 실패를 통해 내 모든 에너지를 쏟을 수 있는 하나의 목표를 찾을 수 있다면 그 단어에 대한 두려움을 없앨 수 있을 것입니다."

내가 금융업계에 발을 들여놓은 것은 도대체 돈이 무엇이길래 나를 포함한 많은 사람을 힘들게 하는가 하는 궁금증과 오기 때문이었다. 전직 후 처음 3년 정도는 부자가 되는 비법, 수익률 높은 금융상품, 10억 만들기, 젊은 부자 등이 나의 주요 관심사였다. 당시 나는 불을 보고 뛰어드는 나방처럼 닥치는 대로 관련 자료를 읽고, 관련된 모임에 가입하고, 부자라고 하면 그들의 스토리가 궁금해 어디든지 달려가 만났다.

하루는 오전 미팅이 늦게 끝나 혼자 늦은 점심을 먹다가 옆 테이블에서 할머니 한 분이 통화하시는 것을 듣게 되었다. 할머니 입에서 나오는 단어는 주로 '땅, 매물, 건물, 계약서' 등이었고, 몇십억을 마치 강아지 이름 부르듯이 반복적으로 말씀하셨다. 차림새와 통화 내용으로 미루어 짐작해보니 부동산투자로 돈을 많이 번 자산가인 듯했다. 음식점을 나가시는 할머니를 부랴부랴 따라 나섰다. 할머니를 따라잡고 재빨리 내 소개를 한 뒤, 돈 버신 얘기가 듣고 싶어서 그러니 잠깐만 시간을 내달라고 간곡히 청했다.

할머니는 의심스럽게 쳐다보면서도 내 적극적인 태도를 높이 샀는지 잠깐 시간을 내주기로 하셨다. 우리는 가까운 카페에 자리를 잡았다. 할머니는 내 예측대로 부동산으로 자산을 형성하셨는데 부동산투자가 한창 붐을 이루던 때는 아파트 한 단지의 가격을 주도할 정도였다고 한다.

결혼하고 얼마 지나지 않아 남편은 사업 실패로 잠적하고 채권자들이 집으로 들이닥치자 할머니는 아이 셋을 데리고 거리로 내쫓겼다. 졸지에 가장이 된 할머니는 여러 음식점을 거치다 공사판 인부들의 식사를 만들어 배달하는 일을 하게 되었다. 그때 여기저기 공사판을 드나들며 부동산 정보를 얻게 되었고 입지에 대한 안목이 생겼다. 낮에는 생계를 위해 식당에서 일하고 밤에는 부동산과 관련된 책을 읽었는데, 한 칸짜리 지하 방에선 아이들이 모두 자고 있어서 불을 켤 수가 없었다. 그래서 책을 들고 나가 가로등 아래 쭈그리고 앉아 읽기도 했고 근처 가게의 간판 불빛을 빌리기도 했다. 말 그대로 형설지공이 따로 없다.

그렇게 주경야독을 하기를 몇 년이 지나자 부동산에 대한 이론과 감각을 갖추게 되었고, 얼마 후 부동산 상승기라는 대세를 만나 떼돈을 벌 수 있었다. 거래하는 아파트가 한 채, 두 채에서 한 동이 되고 더 나아가 한 단지가 되자 일대의 시세를 들었다 났다 하는 큰손이 된 것이다. 그 과정에서 돈이 벌리고 조금이라도 마음이 흐트러지려 하면 할머니는 거리로 내쫓겼던 순간을 떠올렸다. 그렇게 다시 마음을 다잡고 이를 악물며 돈을 모았고 지독하게 안 쓰셨다고 한다.

지금은 자식들도 모두 결혼을 했는데 남 부럽지 않을 정도로 집한 채씩은 해주었다고 자랑스럽게 말씀하시며 웃었다. 할머니의 얼굴에는 고생스러웠던 시절을 거치는 동안 하나둘 새겨졌을 주름이 자글자글 잡혔다.

이때부터였다. 부자들을 만나 인터뷰를 하게 된 것 말이다. 처음에는 나의 개인적인 궁금증에서 출발했다. 내가 알고 싶어서. 그런데 이런 인터뷰를 하고 다니다 보니 언론매체에서 섭외가 들어왔다. 매체들은 나의 인터뷰 기사 앞에 '성공한'이라는 단어를 붙이기 시작했다. '성공한 CEO의 노하우', '성공한 부자의 머니 스토리' 등과 같이 말이다. 인터뷰이들도 자신이 성공한 이야기를 하기를 더 좋아했다. 과거 힘들었던 이야기들은 별로 하고 싶어 하지 않았다. 하지만 난 성공 너머의 이야기와 성공에 이르기까지의 과정이 더 궁금했다.

우리는 이미 부자가 된 사람들의 성공 스토리에만 집중하는 경향이 있다. 누가 주식으로 대박이 났다고 하면 솔깃해져서 주식시장을 기웃거리고, 어느 정도 이름이 알려진 재테크 고수의 강연에 고액의 참가비를 내며 쫓아다니기도 한다.

그런데 잘 생각해보자. 경제 지식으로 부자가 될 수 있다면 경제 경영학과 교수들은 모두 부자여야 하지 않을까? 나는 대학교 다닐 때 이 부분이 궁금해서 여러 교수님들께 물어보기도 했다. "교수님은 경제 역사와 이론, 경영 등에 대해 잘 알고 계시는데 실제로도 부자세요?"라고. 그러면 하나같이 '그렇게 부자라면 내가 왜 아직도 학교에 있겠냐?' 식의 대답을 했다. 그래서 그때 이론과 실전은 다르다는 걸 어렴풋이나마 깨달았다. 그렇다면 현장 경험이 많고 금융업계에 있는 사람들은 어떨까 하는 생각이 들었다. 그래서 다수의 금융업계 종사자들도 관찰하고 물어보기도 했는데 그들의 대답도 교수님들과 별반 다르지 않았다. 자기가 부자라면 벌써 업계를 떠났을 것이라고들 했다.

이 책을 쓰는 나 또한 대단한 부자도 아니고 재테크의 고수로 통하는 사람도 아니다. 하지만 보통의 사람들과는 달리 업무 시간에 돈에 대한 공부를 할 수 있고, 돈에 대해 알아보는 것이 일이 되다 보니 시간이 지나면서 상대적으로 더 많이 알게 된 것뿐이다. 종종 사석에서 "어떻게 하면 돈을 버나요?", "재테크 잘 되시나요?", "돈에 대해 얼마나 아나요?" 등의 질문을 받곤 한다. 그때마다 난 이렇게 대답한다. 아직도 돈을 버는 방법은 잘 모르겠다고, 하지만 적어도 잃지 않는 법은 약간 알 것 같다고 말이다.

금융업계에 회자되는 우스갯소리가 하나 있다. 전문가 3단 구분법이다. 먼저 하수는 경제나 주가지수 전망 등을 물으면 곧이곧대로 말한다. 거침없이 숫자까지 딱 찍어댄다. 두 번째로, 중수는 가능성을 양쪽으로 열어둔다. 이런저런 이유로 오를 것 같지만 변수에 의해 하락할 가능성도 있다는 식으로 말이다. 빠져나갈 구멍을 만들어놓는 것이다. 마지막으로 고수는 도리어 이렇게 되묻는다. "어떻게 맞춰드릴까요?" 즉, 상대가 원하는 대로 말해주겠다는 얘기다. 전문가를 희화화한 부분도 있지만, 시간이 지날수록 이 말이 맞는다는 생각이 든다. 고수의 저 말은 '시장은 예측하는 것이 아니라 대응하는 것'이라고 해석할 수 있다. 우리는 금리, 주가, 환율 등을 포함한 시장 상황의 어떤 것도 주도할 수 없다.

몇 년 전 아프리카 짐바브웨에 간 적이 있다. 빅토리아 폭포에서 래프팅을 하기 위해 현지인으로부터 교육을 받는데, 그가 이렇게 말했다.

"이 폭포는 물살이 매우 거세기 때문에 배가 뒤집힐 수 있습니다. 배가 뒤집히면 당황하지 말고 물살에 몸을 맡기세요. 여러분이 아무리 발버둥 쳐도 물살을 이길 수는 없습니다. 그냥 모든 것을 내려놓고 물살에 몸을 맡기세요. 그러면 카누를 타고 앞뒤로 여러분을 쫓아가는 우리 쪽 가이드가 안전하게 끌어 올릴 것입니다."

그런데 막상 래프팅이 시작되고 거친 물살에 배가 정신없이 흔들리자 혼이 쏙 빠져나갔다. 롤러코스터를 타듯이 몇 개의 협곡을 지났고, 급기야 내가 탄 보트가 뒤집히고 말았다. 난 교육 때 들은, 모든 것을 내려놓고 물살에 몸을 맡기라는 말을 어기고 패들을 움켜쥐고 있다가 패들 끝에 얼굴을 맞아 멍이 들고 말았다.

금융업계에 처음 발을 들여놓았을 때 나는 시장을 컨트롤할 수 있다고, 시장을 이길 수 있다고 생각했다. 내 신념과 지식을 움켜쥐고 있으면 아무리 거친 물살이 닥쳐도 이겨낼 수 있으리라 자신했다. 그 오만이 결국에는 큰 손실을 가져올 수 있음을 알아차리는 데에는 그리 오랜 시간이 걸리지 않았다. 시장은 섣불리 예측하거나 속단하여 공격하기보다는 벌어진 상황에 대응하는 것이라는 업계 선배의 말이 하나도 틀리지 않았다.

성공 스토리만큼이나 중요한 것이 바로 실패 스토리다. 내가 재테크에 대해 이야기할 수 있는 것도 재테크에 실패해본 경험이 있기 때문이다. 이를 극복하기 위해 내 시간과 돈, 노력을 들여 다양한 임상실험을 했다. 그리고 돈에 대해 이야기하는 것이 업이 된 이후부터는 다양한 사람의 삶을 바로 옆에서 관찰할 기회가 더 많이 생겨났다. 덕분에 한 사람에 국한된 것이 아닌 보다 폭넓은 데이터를 축적할 수 있게 되었다. 다른 사람들은 내가 접한 숱한 실패를 반복하지 않았으면 하는 바람에서 그 데이터들을 바탕으로 교훈을 뽑아내 이 책도 쓰게 된 것이다.

실패의 경험을 딛고 일어나 돈에 대해 공부를 하는 과정에서 나의 개인적인 재무 상태는 이전보다 훨씬 나아졌다. 무엇보다 돈의 성질과 다루는 방법을 조금씩 알게 되면서 나에게 돈이 더는 '이 죽일 놈의 것'이 아니게 되었다.

내가 대학에 다니던 당시 웹디자이너, 웹마스터 등이 신종 직업으로 한창 부각되었다. 하드웨어 자체를 넘어서 소프트웨어의 시대로 가더니 웹의 시대가 열린 것이다. 웹의 시대에는 디자인도 굉장히 중요한 부분이었으므로 이 직종의 전망도 매우 좋았다. 전공과는 전혀 상관없었지만 호기심이 많던 나는 디자인을 전공하던 한 친구와 함께 웹디자이너, 웹마스터 양성 과정을 두고 고민했다. 여러 교육기관을 찾아가 상담을 받고 자료도 얻었다. 수강료가 굉장히 비쌌는데, 거의 한 학기 등록금과 맞먹을 정도였다. 고민 끝에 나는 휴학을 하고 이 두 과정을 수료하기로 마음먹었다. 친구와 함께 듣고 싶었지만 친구는 계속 고민하고 있었다. 지금 시작하면 시대를 앞서 준비하는 것이고 이 분야는 전망도 매우 좋다고 설득해보았지만, 친구는 결정을 내리지 못했다. 나보다는 그 친구가 훨씬 더 이쪽 계통에 맞을 것 같은데 계속 머뭇거리기만 하는 모습에 내심 답답했다.

수업은 시작되었고, 결론부터 얘기하자면 난 두 달 만에 포기했다. 물론 그때 낸 수강료도 모두 날렸다. 난 단지 웹디자이너니 웹마스터니 하는 화려하고 그럴듯한 이름이 좋았을 뿐, 그 분야에 재능이 없었다. 재능이 없어도 그토록이나 없다는 걸 새삼 확인했을 뿐이다. 차분히 앉아서 뭔가를 하기보다는 밖에 나가서 돌아다니는 걸 더 좋아했던 천방지축 20대 초반의 나였다. 그런 내게 창문도 없는 강의장에서 컴퓨터 모니터만 보며 앉아 있는 시간은 거의 고문에 가까웠다. 마우스를 잡고 하는 정교한 작업들, 특히 강사가 도형을 따라 선을 또렷하고 예쁘게 그려보라든지 하는 실습을 시킬 때면 다리가 간질거리고 배가 살살 아프기도 했다. 하기 싫었던 것이다.

나한테 영 맞지 않았던 것이다. 그렇게 두 달 만에 그만두고 친구를 다시 만났는데, 친구는 아직도 고민 중이었다. 그때 알았다. 내가 무슨 일인가에 덤볐다가 실패하고 돌아와도 다른 사람들은 같은 자리에서 계속 고민만 하고 있을 수 있다는 것을.

나는 그 길을 걸어보고 왔기 때문에 안다. 그 길이 내 길이 아니라는 것을 말이다. 아니다 싶으면 되돌아 나와 그 길로 가지 않으면 된다. 비록 비싼 수업료를 치르긴 했어도 내 인생 전부를 두고 봤을 때 결코 손해 보는 장사는 아니었다. 한 예로, 나중에 기획사에 입사하여 인쇄물이나 웹과 관련된 일을 할 때 이때 배웠던 것들의 도움을 많이 받았다. 관련 업체 직원들이 내가 그쪽 계통은 문외한인 줄 알고 괜히 전문 용어를 써가며 내 기를 죽이려고 했다. 하지만 그때 잠시 배워둔 지식으로 맞받아쳤더니 내가 매우 잘 아는 줄 알고 더는 무시하지 않았다. 아무렴, 난 웹디자이너와 마스터 전문과정을 두 달이나 배운 사람이라고!

꼭 재테크뿐만이 아니라 인생 전체에서 실패의 경험은 중요하다. 적어도 앞으로 살아가며 중요하지 않거나 내 것이 아닌 것을 걷어내게 해주니 말이다. 이렇게 하나둘 걷어내다 보면 진짜 내가 원하는 것에 닿을 확률이 높아진다. 실패한 당시에는 시간도 낭비된 것 같고 경제적 손실도 따를 것이다. 하지만 실패에서 배우고 다시 반복하지 않는다면, 결국은 목표를 훨씬 더 빠르게 이룰 것이다.

부자들은 어떻게
부자가 된 걸까

　자산가, 그중에서도 자수성가한 자산가들을 만날 때면 그들이 내뿜는 아우라에 종종 기가 눌리곤 한다. 큰 규모의 자산을 축적하는 과정에서 산전수전을 다 겪은 경험이 오롯이 풍겨 나오는 까닭이다. 자칫 말 한마디 제대로 붙여보지 못하고 돌아설 수도 있지만, 내게는 비장의 카드가 있다. 이 자산가들이 한 시간 동안 끊이지 않고 말하게 할 방법, 바로 이 질문이다.

　"어떻게 이 돈을 모으셨어요?"

　이 질문 하나면 올킬이다. 대부분의 경우 한 시간 안에 끝나면 속으로 '다행이구나'를 외쳐야 할 정도이고, 장소를 옮겨 식사를 하면서 더 얘기하자고 하는 경우가 많았다. 〈아침마당〉 이금희 아나운서 수준의 리액션을 발휘하면, 온갖 고생을 하며 한 푼 두 푼 모았다는 감동 스토리부터 아이들 세뱃돈까지 갈취(?)했다는 웃지 못할 해프닝까지 고백하게 할 수 있다. 함께 울고 웃는 동안 속에 있는 얘기까지 다 털어놓는다.

　돈에는 저마다의 스토리가 있다. 사실, 자산가들 인터뷰는 우연한 계기에 시작하게 됐다. 한 월간지에 재테크 칼럼을 연재하던 중 순전히 개인적인 궁금증에서 자산가들을 대상으로 한 인터뷰 재테크 칼럼을 싣고 싶다는 의견을 제시했다. 현재는 상당한 부를 일구

어낸 자산가들도 저마다 처음과 과정이 있을 것이 아닌가. 그들이 어떻게 해서 그토록 부자가 될 수 있었는지를 재무적 관점에서 다뤄보고 싶었다. 단순히 부자학책에서 접할 수 있는 내용을 넘어선, 그들의 돈에 관한 '리얼' 스토리를 담고 싶다는 포부였다. 바쁜 독자들을 대신하여 내가 시간과 노력을 들여 그들을 인터뷰하고 요점만 추려내 정리된 글로 전달해주는 것이다. 그러면 나는 평소 자산가들에게 궁금했던 것들을 직접 만나 물어볼 수 있어 좋고, 독자들은 시간을 아껴 핵심 비법만 볼 수 있으니 일거양득 아닐까 하는 것이 나의 기획 의도였다. 그리고 그 야심 찬 기획서가 통과되어 진행을 하기로 했다.

자산가들을 만나 인터뷰를 하는 과정은 쉽지 않았다. 일단 접근 자체도 어려웠을뿐더러 자산가일수록 시간이 돈이라는 개념이 확실하여 시간을 내는 것에 매우 인색했다. 인터뷰 일정을 잡고 찾아갔는데 거부하는 경우도 있었고, 일반적인 성공 스토리조의 인터뷰가 아니라 돈과 관련된 자기 얘기를 털어놓아야 한다는 컨셉에 거부감을 보이기도 했다.

그렇게 어렵게 섭외한 자산가들과의 인터뷰가 회를 거듭할수록 난 하나의 결론에 이르게 되었다. 이번 기획은 실패다.

실패의 이유를 요약해보면 크게 두 가지를 꼽을 수 있다.

첫째, 일단 자산가들이 '처음'을 잘 기억하지 못했다. 너무 오래 전 이야기라 기억의 저편으로 사라진 것들도 있겠지만, 한편으로는 힘들게 고생했던 기억을 스스로 묻어버렸다는 느낌이 들었다. 아무리 험한 일을 겪었어도 '이미 다 지나간 일인데 뭐' 하는 심정으로 기억을 삭제해버린 것이다. 둘째, 어떻게 자산을 축적했는지 과정을 공개하고 싶어 하지 않았다. 내 칼럼의 의도는 '어떻게'라는 부분이 상당히 중요했고 꼭 찍어 '이렇게 하면 돼'라는 부분까지 독자들에게 알려주는 것이었다. 하지만 그런 내 마음과는 달리 이 점에 대해서는 좀처럼 입을 열지 않는 것이었다.

답답한 심정에 오프 더 레코드를 선언하고 집요하게 물어보기도 했고, 무의식중에 실토하지 않겠느냐는 생각에 소주 토크를 해보기도 했다. 눈물 나는 노력 끝에 몇몇 자산가의 과정 이야기를 들을 수 있었는데, 이게 웬일인가. 너무도 뻔하고 이미 다 아는 방법들이었다. 투자법으로 말하자면 오히려 내가 알고 있는 지식이 훨씬 깊었고, 그들의 방법은 실망스러울 정도로 단조롭기까지 했다. 요즘에도 그런지는 모르겠지만, 수능 1등짜리가 "그냥 교과서만 봤어요. 수업 시간에 선생님 말씀에 집중했고 예습, 복습 충실히 했어요"라고 말하는 것을 들었을 때처럼 허무하기도 했다. '그런 말은 나도 하겠네'라는 심정이랄까.

가장 곤혹스러웠던 것은 가까운 지인들을 비롯하여 내가 인터뷰 재테크 칼럼을 쓰고 있다는 것을 알게 된 사람들이 다들 하나같이 나에게 묻기 시작했다는 것이다.

"그래서 그 사람들은 어떻게 해서 부자가 됐대?"

심지어 어떤 사람은 '한 줄로 요약해서 그 비법을 얘기해줘'라고 요청하기도 했다.

그런데 그들에게 차마 수능 1등짜리의 모범답안을 내밀 수는 없었다. 나로서도 뭔가 아쉬웠기 때문이다.

'분명 뭔가 다른 것이 있을 듯한데…. 부를 축적하는 과정은 저마다 달랐지만 무언가 일반인과는 다른 그들만의 공통점이 있을 것 같은데…. 본인들도 알지 못하는, 몸에 밴 습관 같은 그 무언가가….'

그러다가 한 가지 중대한 사실을 발견했다.

인터뷰이 모두에게 공통으로 한 질문 중에는 이런 것이 있었다.

"돈이란 무엇인가요? 어떤 의미를 가지나요?"

한 명도 빼놓지 않고 이 질문을 했다. 그런데 재미있게도 자산가들은 이 질문에 대해 거의 3초 안에 답변을 했다. 어떤 분은 내가 인터뷰하는 내내 한 번도 보여주지 않았던 해맑은 미소를 지어 보이며, "좋죠!"라고 답했다. 대부분이 "필요하죠", "많으면 많을수록 좋은 것", "할 수 있는 것이 많아집니다" 같은 긍정적인 답변을 했다.

나는 이 질문을 내가 진행하는 재테크 세미나에서도 여러 차례 한 적이 있었다. 사람들한테 가장 많이 들은 답변은 "음…, 글쎄요. 잘 모르겠어요"였다. 이 답변을 듣기까지도 한참이 걸렸다. 어떤 사람은 심각한 표정으로 "로또에 당첨된 사람들은 대개 불행했다고 하잖아요…"라는 말로 답변을 시작하기도 했다.

답변의 시간과 내용이 긍정인가 부정인가의 차이는 돈에 대한 본능적인 느낌과 태도에서 비롯된다.

오랫동안 내가 가지고 있던 돈에 대한 본능적인 느낌은 '더럽다'였다. 이런 느낌이 형성된 데에는 우리 엄마의 영향력이 컸다. 내가 어렸을 때 엄마는 돈을 만지면 반드시 손을 씻도록 했다.

"돈은 세상 곳곳을 돌아다니는 것이야. 그렇게 돌다 보면 거지도 만지고 문둥이도 만지게 돼. 그러니까 돈을 만지고 나면 꼭 손을 깨끗이 씻어야 한다."

위생적으로는 분명 맞는 얘기일 수 있다. 실제로 돼지 저금통의 배를 갈라 동전을 세고 나면 손이 새까매지곤 했다. 학교 앞 문구점 아저씨가 화장실에서 급히 나와 바지춤을 추스르면서 거스름돈을 건네주었을 때 굉장히 찝찝했던 기억도 있다. 분명 씻지 않은 손일 거라는 생각에서였을 것이다. 김밥을 싸던 아주머니가 위생 장갑을 벗지 않고 그 손으로 거스름돈을 줄 때면 김밥 맛이 뚝 떨어지기도 한다.

그런데 앞서 소개해준 우리 집 강아지 머니를 다시 떠올려보자. 머니에게는 컬러풀 똥쟁이라는 별명도 있었다. 색연필을 먹고 연두색 똥을 누기도 했고, 내 BB크림 한 통을 먹고 베이지색 똥을 눈 적도 있어서다. 그런데 내가 항상 더럽게 여기고, 다가오는 것을 밀쳐낸다면 머니가 나를 따르겠는가?

컬러풀 똥쟁이일지라도 귀엽고 사랑스러운 우리 강아지 머니다. 지금의 나는 머니라는 단어를 들으면 미소부터 짓게 된다. 머니와의 행복한 에피소드가 많기 때문이다. 나에게 머니는 유쾌한 존재다. 그 유쾌함은 돈에 대한 나의 인식도 바꿔놓았다.

자, 이번 인터뷰이는 이 글을 읽고 있는 당신이다. 3초 안에 답해야 한다.

"당신에게 돈이란 무엇인가요? 어떤 의미를 가지나요?"

당신에게 돈 이란 무엇인가

제발 첫 월급 들고
찾아오지 마세요

요즘은 취업의 관문을 뚫기도 어렵고, '호모 헌드레드homo-hundred', 즉 100세 시대로 대변되는 장수의 기대마저 부담감의 한 요인이 되었다. 그래서 일찍부터 재테크에 혈안인 청년들이 많다.

한 청년과 상담을 하던 중 현재 직장에서 자녀 대학 등록금이 지원되니까 자녀가 대학을 졸업할 때까지 다니기로 했다는 말을 들었다. 나는 그가 결혼할 사람이 있고 조만간 결혼을 앞두고 있어서 자녀계획까지 다 짠 줄로만 알았다. 그런데 그러기에는 아무리 봐도 너무 어리다는 생각이 들었다. 그래서 결혼할 상대가 있느냐고 물었더니 아직 없다는 것이다. 놀라움을 넘어 약간의 공포마저 느껴졌다. 그는 자기가 현재의 직장과 코드가 잘 맞는지도 충분히 따져보지 않은 사회 초년생이었다. 그런데 자신의 비전을 펼치기 위해서도 아니고, 오로지 자녀 대학 등록금을 위해 어떻게든 그 직장에 오래 다니기로 마음먹었다는 것 아닌가. 더욱이 아직 태어나지도 않은 미래의 자녀를 위해서 말이다. 그의 모습에서 청년들의 등에 지워진 대학 등록금의 무게와 미래에 대한 불안이 새삼 느껴져 참 안타까웠다.

시중에는 첫 월급을 타자마자 바로 재테크에 돌입해야 한다며 조금이라도 늦으면 안 되는 것처럼 첫 월급 재테크를 다룬 책들도 있다. 이런 분위기에 맞춰 금융기관들은 사회 초년생의 첫 월급을 겨냥한 금융상품들도 앞다투어 선보인다. 하지만 내 생각은 조금 다르다. 그래 봤자 몇 개월 차이다.

돈에 대해 말하는 사람이 몇 개월 차이를 우습게 본다고, 그래도 되는 거냐고 날을 세우는 사람도 있을 것이다. 하지만 현실은 이론과 다르다. 난 누구보다도 내 삶과 돈에 대한 계획이 명확했고 심지어 다른 사람이 계획을 짜는 것을 돕는 게 직업이기까지 한 사람이다. 처음에는 나도 의욕이 앞서 청년들의 첫 월급부터 재테크계획을 세워주기도 했다. 대학생들을 대상으로 강의를 하고 나면 개인적으로 찾아오는 사람이 많았다. 그런데 그들의 몇 년 후까지 꾸준히 관찰해보니 첫 달부터 재테크에 돌입하나 몇 개월 늦으나 큰 차이가 없었다. 오히려 제대로 된 이유에 근거하여 목표를 설정하고 매진하는 사람이 결과적으로는 훨씬 더 앞서나가는 모습을 많이 보았다. 남들이 하니까 그저 별 고민 없이, 그냥 일찍 시작하는 것이 유리할 것 같아 시작했던 이들은 자신들의 결심을 오래 끌고 가기 힘들어했다.

본능을 무시하고 숨 쉴 틈 없이 빡빡하게 세워놓은 계획은 언젠가는 무너지게 되어 있다. 한계를 만나게 되어 있고 참다못해 폭발해버리기도 한다. 풀어주지 않으면 망가지는 것이다. 그래서 나는 첫 월급을 고스란히 들고 찾아오는 사람들은 돌려보낸다. 그 돈으로 사람 노릇과 도리를 하고 오라고. 취업하기 전까지 주변에 신세를 많이 졌을 테니 고마운 분들에게 작은 선물이라도 하라고 말한다. 특히 부모님과 은사님, 현재의 취업자리를 도와주신 분들께는 반드시 마음을 담은 선물과 정성스러운 편지를 드리라고 조언한다.

지금 당장은 그 돈이 아깝다고 여겨질 수도 있다. 하지만 주변에 고마움을 표시한다면, 그 정성과 마음이 물꼬를 터 더 많은 기회와 가능성으로 연결될 것이다.

첫 월급으로 부모님께 가장 흔히 하던 선물은 '속옷'이었다. 그것도 빨간 내복. 젊은 친구들 입장에서는 촌스럽다 느껴질지도 모르지만 1970~80년대까지 속옷 선물은 효도의 상징이었다. 따뜻한 겨울철 내의는 부모님의 건강을 지켜준다는 의미를 담고 있었다.

그런데 왜 하필이면 빨간 내복이었을까. 당시 염색 기술의 한계 때문에 그렇기도 했지만, 여기에는 다른 의미도 숨어 있다. 모두 어렵게 살던 시절이었으므로 내복을 입는 게 흔한 일이 아니었다. 그래서 남들에게 자랑하기 쉽도록, 이를테면 밖으로 살짝 삐져나오게 했을 때 얼른 눈에 띄도록 하는 데 빨간색만한 게 없었다. 경제적인 여유로움을 드러내는 한편 은근히 자식 자랑도 겸할 수 있는 방법이니 오죽 좋은가. 이런 장면을 상상해보면 참으로 소박한 가운데서도 행복을 찾는 모습이 느껴져 절로 미소가 지어진다.

그런 전통에서 요즘도 속옷 선물을 하는 경우도 많은데, 이제는 두툼한 빨간색 내복에서 벗어나 여러모로 다양한 제품이 있다. 하지만 한 번이라도 사본 사람은 알 것이다. 속옷 선물이라는 것이 사이즈며 취향이며를 고려해야 하기에 여간 깐깐한 작업이 아니다. 그래서 이제는 현금을 드리는 경우가 많고, 부모님들도 원하는 곳에 자유롭게 쓸 수 있어 현금을 더 좋아하시기도 한다.

현금을 드릴 때도 은행에서 깨끗한 신권을 구해 드리는 성의를 발휘하면 훨씬 좋을 것이다. 마치 어른들이 세뱃돈으로 신권을 주시는 것처럼 말이다. 같은 돈인데도 신권은 돈의 가치를 더 높이고 그 의미를 크게 하는 효과가 있다. 나에게는 신권과 관련된 에피소드가 하나 있다.

내 첫 직장의 대표님은 감수성이 남다른 분이었는데 해외 출장을 다녀올 때면 직원들에게 작은 액세서리나 티셔츠 등 마음을 담은 선물을 주곤 하셨다. 예상치 못한 선물이었기에 항상 감동스러웠고 그때의 고마움은 시간이 한참 지난 지금까지도 잊히지 않는다. 그분은 성과급을 주실 때도 남달랐다. 빳빳한 신권을 봉투에 담아 전 직원이 모인 자리에서 한 명 한 명 이름을 부르며 고맙다는 진심이 담긴 말과 함께 손수 건네주셨다. 그 순간의 뭉클했던 감동은 통장에 한 줄로 찍히는 숫자와는 비교가 되지 않는 것이었다. 나는 신권이 두둑하게 담긴 성과급을 고스란히 부모님께 가져다 드렸다. 내가 일 잘해서 받은 것이라고 잔뜩 뻐기며 내민 성과급 봉투에 부모님은 굉장히 자랑스럽게 여기셨고, 신권을 챙겨주신 대표님의 세심한 정성에 좋은 분과 일한다며 감동하셨다. 주변에 자랑도 많이 하셨던 것 같다. 그런데 그 돈은 결국 내 통장으로 고스란히 들어오곤 했다. 딸내미가 객지에서 고생하며 힘겹게 벌어온 돈을 차마 쓸 수 없으셨단다. 대표님께서 챙겨주신 신권으로 생색만 엄청나게 낸 셈이다.

첫 월급으로 번듯한 정장을 몇 벌 구입하는 것도 앞으로 날개를 펼 자신을 위한 투자다. 선배들의 옷차림을 잘 관찰해보고 일터 분위기에 맞는 옷을 몇 벌 갖추는 것도 괜찮다. 취업 준비를 하느라 애인에게 소홀했다면 그동안 미루었던 둘만의 행복한 시간을 갖는 것도 좋다. 첫 월급으로 애인과 함께 근사한 식사를 하거나 주말을 이용하여 여행을 다녀오는 것도 좋은 방법이 될 수 있다.

누구보다 소중한 사랑하는 사람을 먼저 챙기자. 나중에 더 많이 벌면 해줘야지 하는 생각으로 시기를 놓쳤다가는 그 사랑이 떠나가는 수가 있다. 두고두고 원망을 듣거나 떠나고 난 후 후회하지 않으려거든 있을 때 잘 챙기자. 그렇다고 부모님께는 내의 사다 드리고 애인에게는 명품 아이템 선물하는 짓은 하지 말자. 부모님은 어떻게든 알게 되어 있다. 부모님께 서운함을 안겨드렸다가는 나중에 내가 자식한테 똑같이 당해도 할 말 없는 것이다.

부모님 선물도 챙겨드리고 정장도 몇 벌 사고 애인과 근사한 식사도 한 번 하고 나면, 첫 월급은 눈 깜짝할 사이에 다 없어질 것이다. 뭔가 잘못된 가이드를 하는 것 아니냐고 반문하고 싶을 것이다. 그런데 괜찮다! 시중에서 말하는 CMA 통장 개설하고, 보험·펀드 가입하고, 청약통장 만들고, 연말정산 소득공제용 연금 챙기는 것? 3개월 후에 시작해도 늦지 않다.

첫 월급 들고 찾아오는 사람들을 돌려보내되 그냥 돌려보내지는 않는다. 반드시 두 가지 약속은 받아낸다. 첫째, 3개월 치 월급을 다 쓰고 와도 좋지만 3개월 후에는 반드시 찾아오라는 것. 둘째, 신용카드를 절대 만들지 말 것.

이 두 가지 약속을 하지 않는 사람은 첫 월급부터 죄다 봉쇄해버린다. 왜냐하면 싹수가 노랗기 때문이다. 내 눈에 이런 사람들은 부자가 될 가능성은커녕 자기 돈마저 지킬 능력이 부족하여 가난을 예약한 사람으로 보여 안타깝기 그지없다. 이런 경우에는 강제적으로라도 첫 월급 재테크에 돌입할 수밖에 없다.

첫 월급을 받으면 금융기관에서는 귀신같이 알고 유혹의 손길을 내밀 것이다. 당신에게 직장과 소득이 생겼기 때문이다. 간혹 사무실로 사람이 찾아와 카드를 만들라고 종용하기도 한다. 이 정도 직장이면 이 정도 카드는 갖고 있어야 한다는 식으로 다양한 혜택을 앞세워 유혹한다. 그런데 그 달콤한 유혹에 빠지는 순간 당신은 자본주의 사회의 노예 계급으로 전락하고 만다. 그리하여 평생을 그 굴레에서 벗어나기 위해 안간힘을 쓰며 살아가게 될 것이다. 독설이라고? 두고 보면 알게 될 것이다. 신용카드의 폐해에 대해서는 3장에서 더 자세히 다룰 기회가 있으므로 여기서는 이 정도만 하고 넘어가겠다.

지금까지 첫 월급에 대한 이야기를 했다. 그런데 이 파트를 읽으며 씁쓸해할 사람도 있을 것이다. 첫 월급이 고스란히 학자금 등의 대출금을 갚는 데 빠져나가는 상황이라면 선물이나 정장 구매 등은 자신의 현실과 동떨어진 사치스러운 것들로 보일 것이다. 마치 은행에서 내 통장을 들여다보고 있기라도 한 것처럼 월급이 들어오자마자 홀랑 빼가니 말이다. 그렇다 하더라도 너무 좌절하지 말기를 바란다. 당신만 그런 게 아니니까. 앞으로 인생을 살아가며 불가피하게 또는 전략적으로 여러 종류의 빚을 얻게 될 것이다. 학자금 대출은 그나마 상대적으로 이율이 낮은 편에 속한다. 지금 당장은 그 압박감에 힘들겠지만 상환계획을 잘 짜면 얼마든지 벗어날 수 있다.

만약 첫 월급을 타자마자 각종 대출금을 갚아야 하는 상황이라면, 부모님을 비롯하여 여러 고마우신 분들에게 값비싼 선물을 해야 한다는 부담감을 갖지 않는 것이 좋다. 정성이 담긴 작은 선물이나 그것도 여의치 않으면 마음을 담은 편지만으로도 충분하다. 그리고 빚의 무게가 너무 버거워 그 압박감에 짓눌릴 정도라면 3개월 치 월급을 꼬박 대출을 갚는 데 쏟아보자.

이때도 마찬가지다. 아무리 빚을 갚는 것이 먼저일지라도 첫 월급 타고 3개월 후에는 찾아오라는 것과 신용카드를 사용하지 말라는 것. 이 두 가지는 반드시 지키자. 빚 갚는 것에 우선순위를 두어 빚부터 갚고 생활비를 신용카드로 쓰는 사람도 있는데 이는 매우 위험한 일이다.

이 글을 쓰며 나의 첫 월급 때를 떠올려보았다. 나는 옷을 샀던 것 같다. 주변에도 첫 월급으로 무엇을 했느냐고 물었다. 별 의미 없이 써버린 것 같다는 답변이 가장 많았고, 시간이 지나고 보니 그때 부모님 선물 하나 해드렸어야 했는데 하는 후회가 남는다며 아쉬워했다.

시간이 흐르고 나서야 그때의 소중함과 상징성을 알게 되는 것들이 있다. 남들에게 잘 보이기 위해 겉모습을 꾸미는 데 치중한들 사람들이 알아봐 주는 것도 아니고, 더욱이 그들이 나에게 아주 큰 영향력을 행사하는 사람들이 아닌 경우도 많다. 가장 소중한 이들은 평생을 옆에서 지켜봐 주고 진심으로 응원해주는 내 사람들이다. 적어도 그 사람들에게만큼은 오로지 그때만 할 수 있는 마음의 표시는 꼭 하고 살면 좋겠다. 그러니 첫 월급은 사람의 도리를 하는 데에 쓰는 것이 어떨까?

불쌍한 3포 세대의 단상

나에게 재무 상담을 의뢰하는 고객 중에서는 유독 싱글 여성이 많다. 아무래도 연령대도 맞고, 별도로 '리치우먼의 재테크'라는 여성들만을 대상으로 하는 세미나를 진행하고 있어서 더 그런 듯하다. 싱글 여성들과는 돈 얘기하러 만났다가 연애 얘기로 끝날 때도 수두룩하다.

싱글 여성들과 상담할 때 앞으로의 인생에서 중요한 이벤트가 어떤 것들일까를 물으면 결혼까지만 이야기하는 이들이 상당하다. 오늘날 여성의 사회 진출은 과거 어느 때보다 활발하다. 통계청이 발표한 '2013년 맞벌이 가구 현황'에서는 2012년 10월 기준 배우자가 있는 가구 중 맞벌이 가구가 42.9%로 나타났으니 거의 절반 가까이가 맞벌이다. 그런데도 싱글 여성들과 이야기를 해보면 "결혼 후엔 어떻게 될지 모르겠어요"라는 답변이 대부분이다. "결혼 후에는 일을 그만두고 싶어요. 그냥 육아에만 전념하고 싶어요"라고 하는 여성도 적지 않다.

하지만 그녀들이 결혼할 상대 남성들은 대부분 아내가 맞벌이를 하길 원한다. 커플 상담을 하다 보면 각각을 따로 만나 상담할 때도 있는데, 한 남성이 이런 부탁을 한 적도 있다. 자신이 직접 얘기하면 괜히 능력 없는 남자로 여겨지고 감정적으로 격해지니까 내가 대신 예비 아내에게 결혼 후에도 계속 일을 하라고 말해달라는 것이었다. 남성들은 자기 혼자만의 수입으로 가정을 꾸려나가는 것이 절대 만만치 않다는 것을 이미 알고 있고, 이를 매우 부담스러워한다. 결혼 후에 직장을 그만두겠다고 꿈에라도 생각하는 남성은 이제까지 내가 상담한 이들 중 단 한 명도 없었다. 오히려 막중한 책임감을 느끼고 어떻게 하면 수입을 늘릴 수 있는지, 어떻게 재무구조를 개선할 수 있는지 도와달라는 쪽이 대부분이다. 현재 싱글 여성들의 시부모님 연령대에 해당하는 분들과도 상담을 하는 때가 있는데, 혼수 많이 해오는 며느리보다 매월 꼬박꼬박 월급 받아오는 며느리가 더 좋다고 이야기한다.

그런데 여성들은 이와 너무도 대조되는 모습이다. 결혼이 마치 모든 것을 해결해줄 것처럼 여긴다는 인상을 받은 적이 한두 번이 아니다. 집은 당연히 남성 쪽에서 가져오는 것이고 차도 물론 있어야 한다. 그것도 중형급 이상으로. 남성은 자신의 의식주를 모두 해결해줘야 하고 심지어 노후를 책임질 연금까지도 남성 쪽에서 다 가지고 있을 것이라 생각한다.

그런데 남성들의 자금사정까지 속속들이 들여다보며 상담을 해보면, 이런 생각을 가진 여성들과 데이트하고 있는 상대 남성은 그런 조건을 갖춘 경우가 거의 없다. 아주 가끔 그런 조건을 모두 갖춘 남성들도 있긴 한데, 이들은 그런 바람을 가진 여성들과 만나지 않는다. 그래서 나는 싱글 여성들에게 이런 이야기를 많이 해준다. 결혼을 한다는 것은 스스로 경제활동을 하지 않아도 세끼 밥을 굶지는 않는 정도라고. 딱 그 정도이지 그 이상도 이하도 아니라고. 막상 결혼이 눈앞의 현실로 다가오고 예민한 돈 문제에 대해서까지 파트너와 이야기를 나누어보면, '아! 결혼 후에도 계속 일을 해야겠구나'라는 생각이 들 것이다. 그때 상대의 능력을 탓하지도 말고, 남성이 맞벌이를 이야기했다고 해서 사랑하지 않는다느니 아껴주지 않는다느니 하는 신파 연기도 하지 말자. 애초에 결혼에 대한 환상을 너무 높게 갖지 말고 경제적인 면에서는 딱 이 정도라고 생각하는 것이 정신건강에 이로울 것이다. '결혼은 밥을 굶지 않는 것뿐이다!'

우리는 누구나 가보지 않은 곳, 해보지 않은 일에 대해 두려움과 환상을 동시에 갖고 있다. 마치 저 동굴 너머에는 영원히 풍요롭게 사는 세상이 있을 것이라거나 동굴 안에는 무서운 요괴가 살고 있다는 식의 옛날이야기들처럼 말이다. 다음 페이지에서는 지금까지 내가 직접 경험했거나 상담 이후 그들의 삶을 추적 관찰한 결과 알게 된, 싱글 여성들이 가지는 대표적인 환상에 대해 발칙한 조언을 해보겠다.

여자가 여자에게
맞을 각오로 날리는 일침

첫째, 남성이 집을 가져올 것이라는 환상이다.

우선, 대한민국 사회에서는 국방의 의무 때문에 불가피하게 남성의 사회 진출이 여성보다 2~3년 늦다. 이것이 마치 태어날 때부터 당연한 그들의 의무인 것처럼 여기는 여성들도 있는데, 제발 그러지 말았으면 좋겠다. 이들의 희생과 흘린 땀 덕분에 우리가 편안히 일상을 누리고 있다는 점을 꼭 알고 고마워했으면 한다.

그런데 남성들이 돈을 벌고 자산을 축적하는 출발선이 자신보다 늦었음은 전혀 고려하지 않은 채, 결혼을 할 때면 남성 쪽에서 집은 당연히 장만하는 것이라고 생각한다. 본인은 결혼자금으로 3,000만 원, 5,000만 원 가지고 있으면서(이것도 대개는 부모님의 도움을 받은 것이다) 남성 쪽에서는 2억 원이 훌쩍 넘는 전셋집이라도 가져와야 한다고 생각한다. 이것은 발상부터가 잘못된 것이다. 여성들이 준비하지 못하는 건 당연히 남성들도 준비하지 못한다.

상담을 하던 중 이런 일도 있었다. 한 여성이 말하길, 결혼 얘기가 나오자 강남의 10억 원대 전셋집을 알아보고 다녔는데 알고 보니 남자친구가 가진 돈이 7,000만 원이 전부여서 헤어졌다는 것이다. 그런 이야기를 아무렇지도 않게 하는 그녀를 보고 나도 모르게 얼굴이 굳어졌다. 그 남성의 사회 진출 시기와 현재 나이를 고려해보면 7,000만 원을 모은 것만으로도 굉장히 검소한 생활을 하며 열심히 저축한 쪽에 속한다. 그런 그에게 10억 원의 전세자금을 가져오라는 것은 대놓고 부모님께 손 벌리라는 얘기밖에 되지 않는다. "만약 남성 측의 부모님이 10억 원짜리 전셋집을 마련해주면 그분들을 위해서 당신은 뭘 해주실 건가요?"라고 물었더니 그녀는 아무 말도 하지 못했다. "집 받았으니 주말마다 부르시면 가야 하는 것 아닌가요? 직장을 다닌다면 사장이나 상사가 싫은 소리 해도 찍소리 못 하고 시키는 것 다 해야 하는데, 시부모님이 몇 년 치 연봉에 해당하는 돈을 주셨으니 그에 상응하는 일은 해야 하는 것 아닐까요?"라고 몇 마디 덧붙였다. 그랬더니 그녀는 얼굴이 점점 구겨지다 못해 나를 죽일 듯이 노려보았다.

그래도 10억짜리 집에서 살고 싶다면, 시부모님한테 5억 가져오고 우리 부모님한테 5억 가져오는 것이 공평할 것이다. 그리고 가져왔으면 양가 부모님께 그에 상응하는 효도를 해서 갚아나가야 한다. 그게 무이자 자금 차용에 대한 대가다.

둘째, 외제차 모는 남자친구에 대한 환상이다.

자신은 자그마한 차를 몰거나 아예 차가 없으면서 남자친구는 비싼 외국 브랜드의 차를 가지고 있길 바라는 여성들이 있다. 심지어 결혼 후에는 당연히 남편이 자신의 차를 사줄 것이라고 기대하기도 한다. 연애할 때는 남자친구가 외제차 몰고 다니면 괜히 으쓱해지고, 친구들이랑 헤어질 때 데리러 온 남자친구의 외제차에 올라타면서 콧대가 좀 높아질 수도 있다. 그런데 한번 잘 생각해보자. 1억 원짜리 외제차를 산다고 할 때, 한꺼번에 대금을 지불하는 경우는 많지 않다. 대개는 할부로 구입을 하게 된다. 사회 초년생 시절에 이렇게 외제차를 구매하는 경우 월급에서 차량 할부금이 차지하는 비율이 3분의 1을 훌쩍 넘기도 한다. 외제차는 유지비도 많이 들기에 급기야 감당할 수 없는 상황이 될 수도 있는데, 그러면 소위 '카푸어'로 전락해버린다.

그런데도 왜 그렇게 무리해서 외제차를 사느냐고 남성들에게 물어보면, 그래야 여성을 만날 기회가 상대적으로 많다는 말을 한다. 이건 여성들에게 문제가 있는 것 아닐까? 만약 정말로 외제차 모는 남자친구가 그렇게 좋다면, 나중에 그가 카푸어가 되었을 때도 여전히 사랑해줄 수 있는가? 외제차를 소유하고 있는 그 남자가 멋있다고만 볼 것이 아니라 그 차량을 구매한 자금이 어디서 나왔을지에 대해서도 한 번쯤은 따져보자. 결혼하고 나서도 차량 할부금을 갚아야 한다면 그때도 계속 멋있다고 할 수 있을지 궁금하다.

셋째, 남성은 안정된 직장에서 정년까지 일할 것이라는 환상이다.

여성들과 상담할 때 "언제까지 일을 할 거라 예상하세요?"라고 물으면 가장 많은 대답이 "아이 낳을 때까지요"다. 교사, 은행원, 대기업 근로자 등과 같이 육아휴직제도가 상대적으로 잘 갖춰진 직종에 종사하는 여성들은 "육아 휴직 후 복귀할 예정"이라고 답하기도 하지만, 정년 때까지 일할 생각이라고 말하는 경우는 매우 드물다. 곧이어, "그럼 결혼 후 남편은 언제까지 일하기를 바라세요?"라고 물으면 거의 모든 여성이 "정년까지요. 예순이나 예순다섯 살 정도?"라고 답한다. 그러고는 본인들도 민망한 듯이 웃는다. 스스로 생각해봐도 좀 너무했나 싶은 생각이 들어서일 것이다.

물론 여성에게는 임신과 출산, 육아라는 부담이 남성에게보다 더 지워지고 제도적으로 워킹맘에 대한 사회적 지원이 많이 부족한 것이 사실이다. 하지만 자신의 커리어는 어떻게 되는 것인가? 결혼을 앞둔 상당수의 여성에게 커리어는 옵션 정도로 전락해버린다. 그렇다 보니 남편이 해외나 지방으로 발령이 나면 그만두고 따라가는 예가 대부분이다. 나는 지금까지 여성의 커리어를 위해 남편이 직장을 그만뒀다거나 옮겼다는 애기를 좀처럼 들어보지 못했다. 그런 까닭에 직장에서도 결혼 적령기의 여성은 꺼리는 분위기가 형성된다. 이 연령대의 여성에게는 넘어야 하는 장벽들이 너무나 많다. 그래서 오너나 직장 동료 입장에서는 별로 탐탁지 않은 것이다. 여성들의 조직 내 성장을 가로막는 유리 천장은 사회 제도적으로 미흡하다는 점과 분위기 탓도 있지만 우리 여성들 스스로에게도 분명 책임이 있다.

요즘에는 남성들도 한 직장에서 정년까지 버티기가 너무도 힘들어졌다. 취업이 워낙 힘들기에 우여곡절 끝에 입사한 회사에 감사한 마음으로 일을 시작한다. 그렇지만 그것도 잠시, 30대가 훌쩍 넘어 또는 40대가 되면 자신에 대한 성찰과 방황이 시작되는 이른바 '사추기'를 맞이하게 된다. 이 시기를 맞이한 많은 이들이 일에 대해서도 회의감을 느껴 직장을 돌연 그만두곤 한다.

예전 우리 부모님 세대처럼 처자식을 위해 싫은 일이지만 꾸역꾸역 참고 버티던 세대와 당신의 배우자는 다른 세대다. 당신이 싫은 것은 당신의 배우자도 싫어한다고 보면 된다. 당신이 새로운 직장을 가져볼까, 창업을 해볼까, 나는 앞으로 어떻게 살면 좋을까를 고민하는 것처럼 당신의 배우자도 똑같다는 것이다. 두 사람의 갈등의 시기가 공교롭게도 겹치면 가정 경제를 영위해나가는 데 매우 큰 타격이 있을 것이다. 그런데 그 시기가 조금 다를 경우, 현명하게 대처하면 위기를 무난히 넘길 뿐 아니라 인간적으로도 훨씬 성숙해지는 기회가 된다. 그가 고민하고 방황할 때 당신이 가정 경제를 책임지고 이끌어가면서 그의 고민이 충분히 숙성되고 최선의 선택을 할 수 있도록 시간을 주고 기다려주면 어떨까? 그게 진정한 부부 파트너십이 아닐까? 그런데 현실에서는 남성이 이러한 갈등을 겪을 때면 부부 사이가 급격히 나빠지는 것을 많이 봐왔다. 급기야 이혼에까지 이르는 경우도 있다.

남편이 지금의 안정된 직장에서 정년까지 평생 묵묵히 일할 것이라는 기대는 하지 말자. 그도 당신과 똑같이 미래가 불안하고 방황하는 한 사람이다.

넷째, 육아는 당연히 시부모님이나 친정엄마가 도와줄 것이라는 환상이다.

맞벌이 부부가 늘면서 노부모가 손주를 맡아 돌봐주는 황혼 육아가 늘고 있다. 검증된 어린이집은 대기번호만 봐도 1~2년은 족히 기다려야 할 것 같고, 모르는 육아도우미의 손에 맡기자니 흉흉한 뉴스가 너무 많다. 현실이 이러하니 자연스레 혈육인 시부모님이나 친정 부모님을 찾게 된다.

싱글들과 상담하며 결혼 후 아이에 대해 물으면 대부분 계획하고 있다고 답한다. 그런데 그 이후에 대해 물으면 막연히 그때가 되면 해결되겠지, 남편이랑 상의하면 되겠지, 양가 부모님께서 봐주시겠지 하는 답변이 많았다.

육아에는 돈이 든다. KBS2의 〈개그콘서트〉 프로그램에 '나는 아빠다'라는 코너가 있었다. 네 명의 유부남이 육아에 대해 다루는 코너인데 아이 하나를 키우는 데 3억이 든다고 했다. 그러면서 개그맨들은 두 팔을 새처럼 펄럭이며 아이 하나 있는 아빠는 "3억!"이라고 한 번 외치고, 쌍둥이 아빠는 두 번, 딸 셋 있는 아빠는 세 번을 외쳤다. 그 과장된 표정과 움직임으로 우리에게 웃음을 선사하기는 했지만 한편으로는 서글퍼지게도 했다. 쌍둥이를 가진 아빠는 아내에게 "우린 6억 대출을 받은 것과 다름없다"고 말했지만, 이어 "괜찮다, 6억보다 더 큰 행복을 주는 너희가 가장 큰 선물"이라는 메시지로 마무리했다. 아직도 자녀 양육 문제를 생각하노라면 그 개그 코너가 '웃프게' 기억이 난다.

분명 사회 제도적 측면에서 개선되고 보강되어야 하는 부분이 많다. 양육비가 부담스러워 아이 낳기를 꺼리거나 걱정하는 사회는 건강하지 못한 사회다. 유례없이 빠른 속도로 저출산 고령화의 길을 걷고 있는 우리 사회에는 이로 인해 앞으로 발생할 사회적 문제들이 도미노처럼 늘어서 있다. 육아를 전적으로 개인이 해결할 문제라고 치부했다가는 머지않아 국가 전체의 기반이 흔들리고 말 것이다.

출산을 앞둔 가정에는 출산과 출산 직후의 비용으로 예비비 1,000만 원은 준비해둘 것을 조언한다. 처음에는 그렇게나 많이 드느냐며 놀라던 사람들도 막상 아이가 태어나고 몇 개월이 지나면 산후조리원, 각종 육아용품, 육아도우미 등에 그 정도는 필요하더라고 인정한다.

젊은 엄마들을 만나 이야기해보면 그들이 생각하는 가장 이상적인 육아는 출산 후 육아도우미의 도움을 받으며 자신이 한동안 맡다가, 직장으로 복귀할 때 부모님이 봐주는 것이라고 한다. 육아도우미에게만 맡기는 것은 마음을 놓을 수 없지만 부모님과 육아도우미가 함께 돌보는 것은 괜찮다는 것이다. 전업주부라 하더라도 육아도우미의 필요성이 크다고 얘기한다. 아이와 단둘이서만 온종일 있다 보면 우울증이 오기도 하고 체력적으로도 무척 힘들다는 것이다.

요즘은 결혼하는 연령도 점차 높아져 결혼 후 1~2년 이내에 임신을 계획하고 있는 가정도 상당하다. 그러니 현재 결혼을 계획하고 있는 싱글이라면 육아 고민이 3년 내에 현실이 되리라는 얘기다. 양가 부모님이 육아를 무조건 도와줄 것이라는 생각은 애초에 하지 말자. 건장한 남성도 아이와 반나절만 시간을 보내면 혼이 나가고 온몸에 힘이 쫙 빠진다고 호소하는데 나이 든 부모님은 얼마나 힘 들겠는가. 손주를 키우는 것은 그분들의 당연한 의무가 아니다. 그러니 매우 조심스럽게 부탁해야 하고, 육아비 명목의 용돈을 별도로 드려야 한다. 또 육아도우미를 고용해 수고를 덜어드려야 한다.

어렸을 때 엄마한테 물어본 적이 있다. "외할머니는 엄마를 더 사랑할까, 나를 더 사랑할까?"라고. 지금 생각해보면 웃기지만 어릴 땐 진심으로 외할머니가 나를 더 사랑할 거라 믿었다. 그래서 엄마가 "외할머니 눈에는 엄마가 더 예쁘지"라고 답했을 때, 왠지 억지 부리는 것처럼 느껴졌다. 그런데 다 크고 보니 알겠다. 핏줄이 한 다리 더 건너간 것의 의미를.

예쁜 아이를 낳아 키우는 데에는 사랑은 물론이고 부모로서의 경제적 책임이 뒤따른다. 결혼을 앞두고 있다면 결혼이라는 단순한 이벤트에만 집중하지 말고 조금 더 멀리 내다보기를 바란다. 그 이후에 대한 계획과 준비까지 고려해본다면 눈앞의 반짝이는 것에 대한 욕심은 조금 자제할 수 있을 것이다.

다섯째, 남성이 나의 노후를 책임질 거라는 환상이다.

저출산 고령화가 가져올 우리 사회의 변화는 당신이 상상하는 것이상이 될 것이다. 그중에서도 '장수'의 문제를 보자. 인간은 아주 오랜 옛날부터 본능에 가깝도록 영생불사를 동경해왔다. 하지만 실제 100년을 살게 되면 그것이 인간의 본능을 충족해주는 것이 될까, 또 다른 공포가 될까? 이는 개인과 사회가 어떻게 준비하느냐에 따라 달라진다.

아직 젊은 사람들은 자기 노후의 모습을 쉽게 상상하지 못할뿐더러 자신과는 동떨어진 아주 먼 이야기라고 치부해버리는 경향이 있다. 몇 해 전만 해도 노후 준비라고 하면 이런 솔루션이 제시되곤 했다. 먼저 언제 은퇴하고 싶은지 물어보고 그때 쓰고 싶은 돈의 규모를 파악한다. 그리고 현재부터 은퇴 시기까지 물가상승률을 고려하여 은퇴 후 필요자금의 액수를 산출해낸다(보통 사람들은 이 금액이 10억을 훌쩍 넘긴다). 그런 다음에는 그 자금을 준비하기 위해 지금부터 한 달에 얼마를 적립해야 할지 역산한다. 그래서 최종적으로 '얼마짜리 연금 들어라'로 귀결된다.

하지만 그런 노후 설계에 따르면 노후의 삶이 너무 빡빡하고 공포스럽게만 묘사된다. 필요자금이 한두 푼도 아니고 몇십억 단위이다 보니 사람들이 아예 포기해버리고 관심을 끊는 상황이 벌어졌다. 그 결과 공포 마케팅으로 초반에 짭짤한 재미를 봤던 금융권에서는 자성의 목소리가 높아졌다. 이제는 노후를 위해 필요한 것이 돈만이 아니라는 인식이 폭넓게 형성되고 있다. 다양한 취미활동이라든지, 이를 함께할 친구 등도 돈 못지않게 중요하다는 걸 알게 된 것이다. 나는 행복한 노후생활을 위해서는 경제적, 정신적, 사회적 준비가 골고루 갖추어져야 한다고 주장한다. 즉, 돈도 있어야 하고, 정신건강에 좋은 취미도 있어야 하며 이를 함께할 사람들도 주위에 있어야 한다는 얘기다. 그중 노후생활의 경제적 부분을 일부 담당하는 것으로 대표적인 상품이 연금이다. 이에 대한 싱글 여성들의 마음속 생각을 들여다보기로 하자.

여성들에게 자신의 노후를 위해서 아주 최소한이라도 미리 준비를 해보자고 하면 상당수가 결혼 후에 남편과 상의해서 결정하고 싶다고 말한다. 그런데 이렇게 이야기하는 여성들 중 일부는 심지어 남자친구조차 없는 상태였다. 그런데도 나중에 어찌 될지 모르니 지금은 어떤 것도 스스로 판단하고 싶지 않다고 한다. 심지어 몇몇은 미래의 배우자가 연금 등을 미리 가지고 있으면 자신이 하는 것과 겹칠 수 있으니 자신이 지금 결정해서 진행하는 것은 섣부른 행동이라고 말하기도 했다. 이 정도면 김칫국을 마셔도 한 독은 퍼마신 꼴이다. 미래의 남편도 있고, 그 남편이 연금도 가져오고, 희망찬 노후도 준비했으리라는 얘기니까.

참 미안하게도 그 모든 것은 한때 행복한 상상이었던 것으로 만족하고 이제 그만 접기를 권한다. 연금 가지고 오는 남자? 드물다. 결혼 후 남편과 상의해서 노후를 준비한다? 글쎄, 스스로도 결정하지 못하는 것을 두 사람이 의견을 모아 결정하기가 그렇게 쉬울까. 남편이 준비한 연금으로 노후를 아무 걱정 없이 편안하게 보낼 수 있다? 평균 기대수명 데이터에 따르면 여성이 남성보다 더 길기 때문에 여성은 혼자 남겨질 확률이 더 높다.

아직 대한민국에서는 결혼을 할 때 남성들이 집에 대한 부담을 더 많이 지고 있다. 그래서 어떤 형태로든 살 집을 마련하고자 애쓰다 보면 노후 준비까지 할 여력이 없다. 이럴 때, 남성이 미처 생각하지 못했거나 생각을 했어도 현실적으로 준비하지 못한 부분을 여성 쪽에서 일부라도 준비해둔다면 어떨까? 부부가 함께하는 미래가 훨씬 수월해지지 않을까?

돈이 없어 결혼 못 한다는 남성들에게

남성들은 안정된 직장이 없거나 모아둔 돈이 없으면 결혼을 생각조차 하지 않거나 미루는 경우를 종종 본다. 그런데 처음부터 모든 것을 갖출 수는 없다. 요즘같이 취업조차 어려운 시기에 직업적으로 안정을 찾고, 함께 살 집을 마련한 후에 결혼한다는 것은 정말 쉽지 않은 일이다.

몇 해 전 한 커플을 상담한 적이 있었다. 그 둘은 연초에 만나 처음부터 서로가 영원한 파트너가 될 것을 알아봤다고 한다. 너무도 예뻐 보였던 그 커플, 분위기상으로는 그해 하반기 정도에는 결혼을 할 것처럼 보였다. 그런데 하반기가 되자 남성이 하던 사업에서 천재지변에 버금가는 타격을 입는 일이 벌어졌고, 그들은 결혼 얘기를 꺼내지도 못한 채 만남만 이어가고 있었다. 여성은 남성이 빨리 재기하기를 바랐다. 언제까지든 기다리겠다며, 어깨가 많이 움츠러든 남성에게 위기는 언제든지 닥칠 수 있으니 힘내라고 용기를 북돋아 주었다. 다음 해가 되자, 자기가 옆에 있으면 결혼에 대한 부담을 가질 것 같다는 생각에 여성은 그간 미루어두었던 공부를 위해 잠시 유학을 다녀오겠다고 했다. 남자친구에게 시간을 더 주고 싶었던 것이다. 그렇게 또 반년이 흘러 남성이 위기를 맞은 지도 1년이 지났고, 여성도 귀국했다. 두 사람의 만남은 계속되었지만 큰 진전은 없어 보였다.

나는 그 둘을 따로 만나 상담을 하기도 했는데 그들의 이야기에서 남과 여의 생각 차이를 확연히 느낄 수 있었다. 남성은 아무것도 갖추지 못한 상태에서 아내를 맞이하고 싶진 않다고 했다. 사업도 다시 정상 궤도로 올려놓고 경제적으로 여유가 있을 때 결혼을 하고 싶다는 것이다. 그런데 여성을 만나 이야기를 해보면 달랐다. 여성은 고통을 함께 나누고 싶어 했다. 어차피 옆에서 지켜보는 것도 똑같이 괴로운 일이며 마냥 기다리기가 답답하다고 했다. 여성도 일을 하고 있었기 때문에 남성에게 전적으로 경제적 부담을 지우고 싶지는 않다는 생각이었다. 그런데도 남성은 고전적인 사고에서 벗어나지 못했다. 여성을 자기가 먹여 살려야 할 존재로 봤고, 나아가

자식이 생기면 그 역시 자기가 떠맡아야 한다며 두려워했다. 둘은 시간이 지날수록 점점 지쳐가더니 결국 헤어지고 말았다.

나는 프롤로그에서 돈으로 사랑을 살 수는 없지만 있던 사랑을 떠나게는 할 수 있다고 했다. 두 사람은 헤어진 뒤 서로를 만나지 않지만, 나는 지금도 가끔 연락을 하며 서로를 지켜보고 있다. 그녀와 헤어진 그는 아직도 당시 위기에서 재기하지 못했다. 그의 경제적 상황은 점점 더 악화되고 있는 듯하다. 지금의 그를 보면 차라리 그녀를 처음 만나 서로 마음이 통했을 때 빨리 결혼을 했더라면 더 낫지 않았을까 하는 생각이 든다. 한편, 그녀는 마음에 큰 상처를 갖고 살아간다. 깊이 사랑한 사람이었기에 위기에서 일어나길 진심으로 바랐고, 경제적 타격으로 변해가는 남자친구를 지켜보기가 힘겨웠지만, 본인이 더 힘들 거라는 생각에 티조차 내지 못했다. 차라리 자신에게 그 짐을 덜어주었다면 어땠을까, 함께 노력해도 극복하지 못할 정도의 위기였을까 하는 생각에 그녀는 그가 야속하다 했다. 하지만 이제는 그런 감정마저도 모두 끝나버렸다.

한 발짝 물러나 제삼자 입장에서 커플들을 볼 때면 반 점쟁이처럼, 반 M&A 전문가처럼 그들의 장단점이 보이고 둘의 결합이 만들어낼 시너지와 두 사람이 부딪히게 될 지점이 보이곤 한다. 이 사례에서도 남성이 모든 것을 자신이 해결하고자 했던 것과 남자로서의 자존심을 지키고자 했던 것이 여성을 많이 지치게 했다. 차라리 그녀와 함께 고민하면서 해결점을 찾았더라면 사랑도 잃지 않고 일에서도 빨리 재기할 수 있지 않았을까 하는 아쉬움이 남는다.

모든 것을 갖추고 시작하려 한다면 시작조차 하지 못한다는 점을 잊지 말자. 다 때가 있는 법이라고 하지 않던가. 여성과 달리 남성들은 자신의 커리어를 결혼이나 육아 때문에 단절시키려는 경우가 거의 없다. 그런 까닭에 그들의 인생에서 돈을 벌 수 있는 때는 언제든지 다시 온다. 옆에서 숱하게 목격한 일이다. 또한 그 때라는 것이 인생에 한 번만 있는 것도 아니다. 하지만 사람의 인연은 한번 지나가 버리면 다시는 되돌리지 못하는 경우가 대부분이다. 무엇이 더 중요한지 잘 생각해보길 바란다.

당신이 생각하는 것처럼 여성들, 그렇게 나약하지만은 않다. 당신이 고민을 숨긴다고 해서 그녀가 아예 모르는 것도 아니고, 짐을 혼자 짊어진다고 해서 마냥 고마워하지도 않는다. 알면서 지켜보는 게 원래 더 힘들다. 자신의 문제를 그녀와 함께 나누길 바란다. 그녀의 작은 어깨에 잠시 기대도 괜찮다.

당신의 삶의 원동력은?

"이를 악무니까, 이가 깨지더라고요. 저한테 있던 독기가, 독이 되더라고요. 마치 바닷물을 마시는 것 같았어요. 마셔도 마셔도 목말랐죠. 목

:: 〈OSEN〉 2014년 1월 2일 자, 비

금융위기가 전 세계를 강타했던 2008년. 그해 나도 경제적으로 참 어려웠다. 이직을 하는 동안 소득의 공백 기간에 일단 카드로 생활비를 충당했지만, 얼마 버티지 못했다. 소득은 없는데 카드값이 밀려들어 어떻게 해볼 수가 없었다. 카드 돌려막기로 내몰리기 직전, 부모님께 파산을 선언하고 경제적 원조를 부탁했다. 다 큰 성인이 학교를 졸업하고 나름 직장생활도 한다고 했는데, 그것도 게을리한 것도 아니고 열심히 했는데 결국은 부모님께 다시 손을 벌려야 한다니…. 참으로 처참한 기분이었다. 사회의 루저가 된 것 같았고, 돈 앞에 굴복당한 느낌이었다. 세상이 원망스러웠다. 높은 곳에 올라가 아래를 내려다보면 수많은 빌딩이 있는데, 저 많은 빌딩 중 내 것 하나 없고 그 많은 집 중 내 소유의 방 한 칸 없다는 것이 비참하기까지 했다.

이 시기 화면에서 그를 봤다. 비, 정지훈이다. MBC 〈황금어장〉 '비' 편이었다. 월드스타라는 화려한 수식어가 방송 내내 여러 번 언급되었다. 나 역시 춤 잘 추고 몸 좋은 아이돌 스타로만 알고 있었다. 그런데 그는 그날따라 유독 달라 보였다.

박진영이 비를 처음 봤을 때의 소감이 자막으로 나왔다. "비를 처음 봤을 때, 굶어 죽기 직전의 호랑이 같다고 느꼈다. 그의 눈빛은 열정을 넘어선 절박함을 담고 있었다.”

평소 그를 보고 ‘참 열심히 사는 것 같다. 연습을 얼마나 많이 했으면 저렇게 춤을 잘 추고 저런 몸을 만들 수 있을까’라고 생각했던 것이 나만은 아니었던 듯하다.

치열한 삶의 원동력이 무어냐는 MC의 질문에 비는 첫 번째로 어머니라고 답했다. 비의 어머니는 당뇨병을 앓고 있었지만 인슐린 살 돈이 없어 온몸을 칼로 도려내는 것 같은 고통을 겪어야만 했다고 한다. 그 고통을 참으면서 아이들을 위해 새벽같이 노점상을 나가셨단다. 하지만 끝내 돌아가시고 말았다는 것이다. 돈만 있었으면 어머니를 살릴 수 있었다며 다소 격앙된 목소리로 말하는 비의 모습에서 당시의 억울함과 분노를 고스란히 느낄 수 있었다.

집에 100원짜리 하나 없어 밥을 많이 굶었고, 엎친 데 덮친 격으로 어머니가 돌아가시자마자 집에 불이 나 모든 것을 잃었다고 한다. 그는 세상도 많이 원망했고 분노했다. 도저히 버틸 수 없는 비참한 현실에 세상에 등을 돌리기로, 나쁜 길로 나가야겠다고 생각했다. 그러던 찰나 마음을 고쳐먹은 계기를 만났는데, 어머니가 남긴 통장과 편지였다. 어머니 장례식을 치른 후 집에 돌아와 울분을 참지 못해 가구들을 부수고 집어던졌는데, 침대를 들어엎고 보니 통장과 편지가 있었다. 어머니는 이미 가실 것을 아시고 진통제 없이 고통을 견뎌가며 자식들을 위해 그 돈을 남겨두신 것이었다. 그걸 보고 비는 다시 한 번 이를 악물었다고 한다. 세상이 나에게 등을 돌렸으면 보란 듯이 두 발로 일어서겠다고, 어떤 시련이 닥쳐도 이겨내고 싸울 것이라고 말이다. 박진영이 보았다는, 절박함을 담은 호랑이의 눈빛이 바로 그것이었을 것이다. 자신의 어떤 고통도 그때 어머님이 받았던 고통보다는 덜하지 않겠느냐는 생각으로 매 순간 고통을 참아낸다는 그는 처절함을 넘어 독해 보이기까지 했다.

지금은 상당한 자산을 축적했지만 돌아가신 어머니를 되살릴 수는 없다. 왜 하필이면 자신이 능력이 없을 때 그런 상황에 놓였는지 한탄하는 그의 모습을 보며 나 역시 너무도 안타까웠다. 그쯤 되면 돈은 정말이지 말 그대로 죽일 놈의 무엇이 되는 것 같다.

그래서 돈은 타이밍도 중요하다. 돈이 없어 상황이 악화되는 것인지, 상황이 악화되기에 돈이 마르는 것인지는 닭이 먼저냐 달걀이 먼저냐의 문제와 같다고 하겠다. 하지만 돈이 있어야 하는 이유 중에는 적어도 소중한 사람을 지킬 수 있을 정도의 능력은 있어야 하기 때문이라는 것도 빼놓을 수 없다.

그런데 우리는 비와 같이 소중한 가족을 잃는 처절한 사연이 있어야 삶의 원동력을 갖게 되는 걸까? 지금까지의 삶이 큰 사건 없이 평탄하게 지나왔다면 그 자체로도 감사히 여기며 하루하루를 더 귀하게 여겨야 하는 게 아닐까?

나는 2008년 부모님께 손을 벌린 이후로 본격적인 돈 공부에 돌입했다. 세상을 살며 더는 돈 때문에 비참해지고 싶지 않았다. 그래서 돈을 더 알고 싶었다. 앞으로 펼쳐질 내 인생이 어떻게 될지는 정확히 모르지만, 적어도 돈이 내 선택을 제한하고 가로막는 상황에 놓이고 싶진 않았다. 그렇게 돈을 지배하고 돈으로 대변되는 세상과 싸워 이기고 싶다는 심정에서 돈 공부를 시작했는데, 어느덧 지금까지 이어졌다.

많이 벌어보기도 했다. 원 없이 써보기도 했다. 하지만 어느 순간 깨달았다. 돈은 내가 싸워서 얻어야 하는 대상이 아님을. 돈을 싸움의 대상으로 여기면 항상 전쟁을 치르게 된다. 그 전쟁에는 배신이 있고 피가 난무하며, 승자와 패자가 있다. 더욱이 그 전쟁은 끝도 없이 무한히 반복된다. 하지만 돈을 우리 강아지 머니처럼 여기면 상황은 달라진다. 시간의 유한성을 깨닫고 함께 있는 소중함을 느낀다면, 사람들 간 관계 맺기의 차원과 대하는 태도가 달라진다.

비는 〈OSEN〉과의 인터뷰에서 마음고생 심하게 한 일에 대해 털어놨다. 자신에게 닥치는 일을 있는 그대로 받아들이고 많은 것을 내려놓기로 했다며, 많이 편해졌다고 했다. 그를 숨 막힐 정도로 조여대던 많은 것에서 조금은 자유로워진 모습이 오히려 다행이라고 느껴졌다.

난 그의 결핍이 만들어낸 내공은 위기에 더 빛을 발할 것이라고 믿는다. 진정한 고수는 혼돈기를 견뎌내고 마침내 일어서는 법이니까 말이다. 동시대의 스타와 함께 나이 들어간다는 것은 이런 매력이 있는 것 같다. 비록 그는 나를 모르지만 나는 그의 삶과 행보를 지켜볼 수 있지 않은가. 그의 진짜가 발휘되는 순간이 기대된다. 조용히 지켜보며 응원한다. 더불어, 나에게 그리고 우리 모두에게 삶의 원동력은 무엇일까를 다시 한 번 생각해본다.

부자가 된 것처럼 행동하라

'Fake it till you make it!'

이 문장은 목표로 한 것을 이룰 때까지 자신이 이미 그렇게 된 것처럼 스스로를 속이라는 자기 최면적 주문이다. 스스로 성공을 확신하면, 확신에 찬 모습이 성공을 불러일으키는 선순환적 구조를 만들어 결국은 성공에 이르게 된다는 것이다.

2009년 미국 미주리웨스턴 주립대학의 스테파니 스톨츠Stephanie L.Stolz는 긍정적이거나 부정적인 인식이 성과에 미치는 영향력을 알아보기 위하여 몇 가지 실험을 했다. 30명의 학생을 두 그룹으로 나누어 한 그룹에게는 용기를 북돋아 주는 긍정적인 단어들을 제시하고, 다른 그룹에게는 부정적인 단어들을 주었다. 그런 후 학생들에게 바구니에 공을 5번 던지게 하고 바구니에 공이 들어간 횟수를 기록했다. 그 결과를 보면 부정적인 단어에 노출된 학생들이 긍정적인 단어에 노출된 학생보다 성적이 확연히 저조했다. 심지어 그중에는 자신이 운동선수라고 밝힌 학생들도 있었지만 마찬가지였다.

이 실험에서는 단순히 바구니에 공을 넣는 행위로 결과를 도출해 냈지만 이를 일상에서는 취업, 사람들과 관계를 맺는 것, 업무에서 이루어내는 성과, 돈을 버는 능력 등으로 연결할 수 있을 것이다. 자신감과 확신은 태도에 영향을 미쳐 결국 결과를 바꾼다. 확신에 찬 사람에게는 주변에서도 이를 알아보고 더 큰 일을 맡긴다.

내가 관찰한 부자들의 삶에서도 그런 점을 느꼈다. 보통 사람들과 다른, 부자들의 태도 몇 가지를 소개하겠다.

첫째, '바쁘다'라는 단어를 입에 달고 살지 않는다.

요즘 세상에 바쁘지 않은 사람이 어디 있겠는가. 특히 부자들이라면 신경 쓰고 관여해야 할 일들이 오죽 많겠는가. 하지만 부자들은 마치 자신들 사전에는 '바쁘다'라는 단어가 없는 것처럼 이 단어를 아예 사용하지 않았다.

운영하고 있는 사업체도 상당히 많고 사회적으로도 활발한 활동을 하는 한 자산가에게 전화를 걸었다. 그가 워낙 바쁘다는 것을 알고 있었기에 나는 매우 조심스럽게 "요즘 많이 바쁘시죠? 잠깐 통화 괜찮으세요?"라고 말을 꺼냈다. 그랬더니 그가 "전화 한 통화 할 시간은 얼마든지 있어요. 여유 있게 편히 말씀하세요"라는 것이었다.

그 말이 참 인상에 남아 그를 만나게 되었을 때 다시 물어보았다. "많이 바쁘지 않으세요?" 그랬더니 그는 이렇게 말했다. "바쁘지 않은 사람이 어디 있겠어요? 하지만 바쁘다는 말, 입에 달고 살면 그 바쁜 일이 해결되나요? 오히려 내가 바쁜 척하면 좋은 기회도 오지 않아요. 누가 어떤 새로운 기회를 줄지 모르는데 내가 바쁘다고 해버리면 나한테 말도 못 걸지 않겠어요? 그래서 전 바쁘다는 말 안 써요. 바쁘다는 말은 곧 기회를 스스로 차버리는 말이고, '내 능력이 모자라 내 일 하나 수월하게 해결하지 못하고 있어요'라고 고백하는 것과 같아요." 그 말을 들은 후부터 나도 내 사전에서 '바쁘다'라는 단어를 삭제해버렸다.

둘째, 옷차림이 깔끔하고 걸음걸이가 바르다.

돈이 많으니 명품 옷을 사 입어서 그렇다고? 그런 얘기를 들으면 드라마 〈청담동 앨리스〉의 여주인공 대사가 생각난다.

"머리끝부터 발끝까지 비싼 옷, 구두, 가방. 그럼 안목 후지다는 말은 안 들었겠지. 그럼 사모 쇼핑 심부름이나 하는 계약직이 아니라 정식 디자이너도 될 수 있었을 거고. 그래…, 그러니 어떻게 안 살 수가 있겠어. 명품 백 들어야 난 잘나가는 여자고, 잘사는 여자고, 안목이 높은 여자로 보이는데…. 가치? 그딴 게 다 무슨 소용이야? 무조건 비싼 거 들기만 하면 대접받을 수 있는데. 그렇게 당신네가 사기 쳐온 거 아니야?"

천만의 말씀. 오히려 진정한 부자들은 명품에 연연하지 않는다. 그들에겐 자신만의 안목이 있다. 무엇이든 원하면 살 수 있을 테니 선택에 제한이 없고, 그것이 자연스럽게 안목을 높여준 것이다. 그런데 부자가 아닌 사람들은 자칫 어울리지도 않는 명품을 걸치고는 자신의 후진 안목을 커버하려고 한다. 나는 명품을 말하는 것이 아니라 스스로에게 어울리는 깔끔함을 강조하고 있다. 안목은 스스로를 잘 알 때 더 올라가는 법이다.

부자들은 걸음걸이도 당당하다. 기본적으로 어깨가 펴져 있고 허리는 곧추세워져 있다. 멀리서 걸어오는 것만 봐도 확신에 차 있음을 느낄 수 있다. 너무 느리지도 빠르지도 않은 보통의 걸음 속도로 함께 걷는 사람과 보조를 맞추며 이야기에 귀를 기울인다.

셋째, 긍정적인 마인드로 항상 미소를 짓는다.

나는 부정적인 생각으로 가득 찬 부자를 만나본 적이 없다. 자수성가한 부자들 중에서는 젊은 시절 큰 시련을 겪으며 수많은 고생을 한 사람들도 있는데, 그들은 그 시절을 이야기하면서도 결코 부정적이지 않았다. 오히려 그때의 경험을 소중히 여겼고 그때를 회상하며 현재의 삶에 감사하는 모습을 보였다. 그리고 부자들은 기본적으로 잘 웃는 사람들이었다. 삶에 여유가 있어서 그렇다고 치부해버릴 수도 있을 것이다. 하지만 상대의 이야기에 크게 반응하며 호탕하게 웃고, 표정에도 미소를 머금는 것은 현재 꼭 부자가 아니라도 얼마든지 할 수 있는 일 아닌가? 돈이 드는 것도 아니고 말이다.

넷째, 감사하다는 말과 표현을 자주 한다.

부자들은 현재의 부가 자기 혼자서 이루어낸 것이 아니라는 것을 알고 주변의 모든 사람과 환경에 감사하는 태도를 보였다. 그들은 "고맙습니다", "감사합니다"라는 말을 아끼지 않았다. 사실 이 말의 위력은 우리도 모두 알고 있다. 이 말은 하는 사람의 마음을 더 풍족하게 해준다는 것을.

나도 작년에 존 크랠릭의 《365 Thank You》라는 책을 보고 거기서 착안하여 감사 노트를 적고 주변 사람들에게 감사 카드를 보내기 시작했다. 그러자 그 후로 내 삶이 굉장히 긍정적으로 변했고 피부로 느껴질 만큼 풍요로워졌다.

Fake it till you make it.

이 법칙과 관련해서 내가 이루어낸 성과들 중 하나를 꼽자면 영어 공부다. 중·고등학교 때 나는 내 방 벽에 할리우드 스타들의 사진을 붙여놓고 마치 그들과 내가 친구인 것처럼 쳐다보며 이야기하곤 했다. 산드라 블록, 키에누 리브스, 리브 타일러 등이 당시 내 친구였다. 아침에 영어 방송을 들으면서 거기에 나온 영어 표현을 그들과 함께 대화한다고 생각하고 크게 소리 내어 얘기하기도 했다. 벽 보고 혼자 중얼중얼거리는 것이, 누가 보면 영락없이 미친 사람이었을 것이다.

그렇게 중·고등학교를 마쳤고 대학에 가서도 그 흔한 어학연수한 번 다녀온 적 없다. 그런데도 또래들보다 영어를 잘했다. 외국인과 만나면 친구들이 모두 뒤로 빠지는 바람에 자연스럽게 내가 나서서 말을 하게 되곤 했다. 모임에 가면 내 말투나 몸짓을 보고 교포가 아니냐는 사람도 많았다. 그래서 자연스럽게 난 어느샌가 영어 잘하는 애로 통했고, 이제는 진짜 잘하지 않으면 안 되는 지경까지 이르러 결국 영어 공부를 다시 열심히 하게 되었다. 그러한 노력 끝에 해외여행을 가도 내가 원하는 말은 얼마든지 해가며 가는 곳마다 친구도 사귈 수 있었다.

이런 실제 경험이 있어서 나는 저 주문의 효과를 누구보다 잘 안다. 그리고 이제는 새로운 목표를 세울 때마다 주문을 외우며 도전에 나선다.

여러분도 스스로에게 주문을 외워보자. '부자가 되고 싶다면 마치 부자가 된 것처럼 행동하라.

Fake Yourself till You become a Rich!'

돈은 어떻게 써야 할까?

신용카드가 만들어낸
신 계급사회

카드업계는 "신용카드는 한국이 선진국"이라고 자랑해왔다. (…) 경제

활동인구 1인당 신용카드 보유 수도 2011년 4.9장으로 정점을 찍고,

2012년 4.6장으로 줄기는 했으나 카드사태 직전인 2002년(4.6장)과 같

은 수준이다.

:: 〈세계일보〉 2014년 1월 26일 자

우리나라에 맨 처음 상륙한 신용카드는 다이너스 카드로 1984년의 일이었다. 당시는 대기업 임원 등 주로 고액 소득자의 전유물이었다. 그래서 신용카드를 가지고 있다는 것 자체만으로도 부러움의 대상이 되었다.

신용카드가 우리나라에 들어온 지 불과 30년이 지난 2014년 현재, 가계부채는 1,000조 원을 돌파하며 우리 경제를 가장 크게 위협하는 뇌관으로 작용하고 있다. 그리고 그 부채의 중심에는 신용카드가 있다. 신용카드업계에서는 전체 가계부채 중 신용카드 비중은 매우 적다고 말한다. 그렇지만 신용카드의 가장 큰 문제점은 무분별하고 충동적인 소비로 개인의 소비 습관을 망치고 계획성을 잃게 하는 데 있다.

신용카드는 분명 부채다. 하지만 상담을 하며 자산 현황을 파악할 때 신용카드 미납금을 부채로 인식하는 사람은 좀처럼 보기 힘들었다. 월급 대부분을 카드대금으로 납부하는 사람들도 있었다. 그 정도면 월급이 통장에 발자국 하나 남길 뿐 불과 몇 시간 만에 카드사로 고스란히 상납된다는 말이 정확할 것이다. 이러한 악순환을 끊으려면 신용카드를 확 잘라버리든지 사용을 줄이면서 자신의 소비 구조를 서서히 개선해나가야 한다. 하지만 신용카드 의존도가 높은 사람일수록 카드사에서 제공하는 각종 혜택이나 쌓이는 마일리지 등을 말하며 카드에 대한 애착을 보인다.

신용카드가 미래 소득, 즉 미래에 벌 것으로 예상되는 소득을 담보로 현재의 소비를 가능하게 해주는 '외상구매' 도구라는 점을 여실히 보여주는 곳이 바로 사법연수원과 의사고시 수험장이다. 사법연수원의 연수생들은 연수원에서 2년 동안 교육을 받으며 월급을 받는데, 세금과 각종 회비 등을 제하면 수중에 들어오는 돈은 그리 많지 않다. 정상적이라면 이 정도 소득수준에 맞춰 한도가 낮은 카드를 발급하거나 아예 발급하지 않아야 할 것이다. 하지만 신용카드 모집인들은 너도나도 할 것 없이 이들을 고객으로 유치하기 위해 혈안이 된다. 때로는 현금을 주겠다는 제안을 하기도 한다. 한 금융기관에서는 연수생들에게 공항 라운지를 무료로 이용할 수 있는 PP 카드, 즉 프라이어리티 패스Priority Pass 기능이 탑재된 VIP급 플래티늄 카드를 발급해주기도 한다. 의사고시를 보러 가는 사람들을 대상으로 한 카드사의 영업도 마찬가지다.

한때는 카드의 연회비가 높고 한도가 높으면 마치 자신의 가치를 높게 평가받는 듯이 여기는 풍조가 있었다. 예컨대 "의사라면 ○○○카드 정도는 있어야지" 하는 분위기가 팽배했다. 하지만 실상은 금융회사가 이들의 미래 소득을 내다보고 그것을 기준으로 신용도를 높게 평가하여 '외상구매'의 한도를 높여준 것일 뿐이다.

신용카드는 현대판 계급제도를 만들어냈다. 연수원에서 PP 카드를 발급받은 연수생은 자신의 신분적 우월감에 도취될 수도 있다. 카드사는 이들의 허영에 발맞추어 각종 매혹적인 이름을 붙여 새로운 카드를 내놓는다. 그러면 판매를 하는 측에서는 신용카드를 이용한 소비를 부추기고, 카드사는 수수료를 챙겨간다. 정부는 부가가 치세를 걷어간다. 이 셋은 당신이 지갑을 열어 신용카드를 꺼내도록 수단과 방법을 가리지 않고 유혹한다. 신용카드업계는 특정 신용카 드를 가진 사람들만 무료로 또는 할인된 가격으로 이용할 수 있는 카페, 도서관, 콘서트 등을 경쟁적으로 내놓는다. 그리고 그 카드를 소지하지 않은 사람들은 정가를 모두 지불하게 하거나 이용을 제한 함으로써 상대적인 박탈감을 느끼도록 한다. 그 카드의 소지자가 많 아지면 등급은 점점 세분된다. 더 높은 신분을 계속해서 만들어내는 것이다. 사람들은 그 신분을 획득하기 위해 자신에게 충분한 채무 상환 능력이 있음을 카드사로부터 확인받고 높은 등급의 카드를 발 급받아 남들 앞에서 우아하게 꺼내 보인다. 높은 연회비를 주고 산 새로운 신분증을 말이다.

내 대학교 시절에는 길거리에서 좌판을 벌여놓고 카드를 만들어 주었다. 나는 소녀가 아니라 '레이디'의 품격을 갖추고 싶었던 나머 지 너무나도 쉽게 이름도 아름다운 '레이디' 카드를 손에 넣었다. 표면에 화사한 꽃 그림으로 도도함을 뽐내던 그 카드 한 장이 나 의 20대 재테크를 송두리째 망쳐버릴 거라는 사실을 그때는 몰랐다. 이 마법의 카드로 난 뭐든지 할 수 있을 것만 같았다. 백화점 매장에 들어갔을 때 어린 학생이라 직원이 무시하는 듯한 모습을 보이자 그에 질세라 그녀의 한 달 월급보다 비싼 물건을 덜컥 사버리기도 했다.

마법의 카드에 3개월, 6개월 할부라는 조건을 붙여주기만 하면 '까짓 거, 매월 나눠서 갚으면 되니까' 무엇이든지 사고, 먹고, 즐길 수 있었다. 친구들 앞에서 나의 핑크빛 레이디를 척 꺼내 내밀고는 인기 여배우처럼 서명을 화려하게 해줄 때는 자부심마저 들었다.

하지만 그 자부심은 오래가지 못했다. 누적된 할부금이 쌓이기 시작했고 한도에 도달하려 했다. 그래서 나는 '레이디'만으로는 품위 유지를 할 수 없음을 알고 다른 카드를 더 발급받았다. 이 카드를 발급받을 때는 더 가관이었다. 무료 피부관리를 받으라는 업체의 꼬임에 넘어가 그곳을 방문했다. 무료 관리를 받고 나자 그곳에서 고액의 관리 프로그램을 제시했는데, 당시 학생이었던 내게는 그만한 돈이 없었다. 업체 직원은 카드를 사용해서 할부로 결제할 것을 종용했다. 난 그때 이미 레이디의 한도를 모두 채워 사용한 상태였다. 그러자 그 직원이 카드를 새로 발급할 수 있도록 도와주겠다는 것이었다. 그 자리에서 직원은 카드 발급 용지를 꺼냈고 내가 그 업체 직원인 것처럼 직장 주소란과 직책을 꾸며 썼다. 지금 생각해보면 얼마나 황당한 일인가. 그리고 사회 어른이 학생에게 할 짓인가? 그런데 당시는 그랬다. 아무 확인 절차도 없이 내 명의의 카드가 발급되었고 그렇게 발급된 카드로 난 고액의 얼토당토않은 소비를 시작했다. 이렇게 생긴 나의 두 번째 카드는 나를 더 큰 곤궁에 빠뜨렸다.

카드 할부금이 눈덩이처럼 불어나자 카드사 직원은 '리볼빙 서비스'라는 획기적인 제도를 안내해주었다. 카드대금의 5~20퍼센트만 결제하면 나머지 금액을 연체 없이 다음 달로 이월시켜준다는 리볼빙 서비스. 이것은 나락으로 떨어지는 더 확실한 길이었다. 리볼빙 서비스 이용 대가로는 연 20퍼센트대의 고금리 수수료를 내야 했고 난 얼마 가지 못해 그 부담을 감당하지 못하게 되었다. 패잔병의 얼굴로 부모님께 사실대로 말하고 내가 친 사고를 수습해달라고 부탁했다. 이에 부모님은 리볼빙의 고금리 대신 원금 상환을 조건으로 돈을 내주셨다. 나는 화려한 '레이디'에서 '우리 집 사고뭉치'로 추락하며 매월 부모님께 돈을 갚았다.

나는 손꼽히는 금융대란 중 하나인 2003년도 카드 사태가 왜 일어났는지 너무나도 잘 알고 있다. 그건 바로 '나'같이 수입도 확실하지 않고 허영심 가득한 학생들에게까지 카드를 발급해주었기 때문이다. 그렇게 마법의 카드를 앞세운 자들의 탐욕에 희생된 것은 나의 재테크에 대한 '희망'이었다.

20대 내내 난 재테크라는 것을 꿈도 꿔보지 못했고, 그건 분명히 불행한 일이었다. 서른 살을 맞이할 때까지도 나의 자산 상태는 마이너스였다. 뭐라도 되어 있을 것 같았고, 더는 방황하지 않을 것 같았던 서른에도 난 여전히 방황 중이었고 수중에 돈 한 푼 없었다.

내게 이런 실패 스토리가 있기 때문에 상담을 할 때면 신용카드를 반드시 체크한다. 몇 장을 가지고 있는지 어떻게 활용하고 있는지 등을 꼼꼼히 물어본다. 그리고 신용카드로 어려움을 겪거나 재정적 위기에 봉착한 사람이 있으면 앉은 자리에서 신용카드를 꺼내

반으로 꺾어버리도록 한다. 신용카드 사용도 일종의 중독과 같아서 가장 좋은 방법은 아예 없애버리거나 체크카드로 대체하는 것이다. 그런데 처음부터 극약처방을 하면 오히려 부작용을 일으킬 수 있으므로 이미 누적된 신용카드 사용분의 미납액을 상환하는 계획과 소비를 통제하는 계획을 병행하는 것이 좋다. 또한 신용카드가 주는 편리함과 다양한 혜택 등은 분명 장점으로 작용하므로 스스로 통제만 할 수 있다면 한두 장 정도는 소지하는 것도 괜찮다.

지금부터 신용카드 소비를 줄일 수 있는 아주 간단한 팁을 하나 알려주겠다. 지금 당장 신용카드를 꺼내라. 그리고 작은 포스트잇에 다음과 같이 써라. 한글로 쓰든 영어로 쓰든 상관없다.

'과연 합리적인가?'

'Is it reasonable?'

이 작은 행위는 즉각적인 효과를 일으킨다. 신용카드를 꺼낼 때, 스스로 문구를 보고 다시 한 번 생각하게 된다. 즉, 당신의 충동적 행위를 한차례 제어한다. 그리고 계산을 하려고 건네면 대부분의 점원이 꼭 한 번은 들여다보며 그 문구를 읽는다. 활달한 점원 같으면 "이게 뭐예요?"라고 묻기도 하는데 약간 창피해지기도 한다. 이런 일을 몇 번 겪다 보면 자연스레 신용카드를 꺼내는 것 자체를 약간 주춤하게 된다.

신용카드 결제대금이 자신의 통제하에 있을 때의 가벼움과 자유로움은 느껴본 사람만이 안다. 카드사에 매월 상납하는 현대판 노예로 살아갈지 신용카드를 당신의 소비생활을 도와주는 단순한 도구로 이용할지는 전적으로 당신의 선택에 달려 있다.

소비 유보법, 느리게 돈 쓰기

"어머니가 새 냉장고를 사시던 때가 기억난다. 지금은 갖고 싶은 것이 있으면 일단 신용카드를 긁어 구매하고 나중에 갚지만 예전에는 차곡차곡 모은 돈으로 물건을 샀다. 어머니가 힘들게 벌어 모은 돈을 보관해두는 곳은 은행이 아닌 싱크대 맨 아래 칸의 접시 밑이었다. 어머니는 거기서 비상금을 수시로 꺼내 몇 번이고 세곤 하셨다. 행여 어린 내가 보고 철없이 그 돈으로 떡볶이나 사 먹지 않을까 싶어 거실 한쪽에 숨어 몰래 돈을 세곤 하셨지만 나는 알고 있었다. 물론 그 돈 중 조금만 떼어 떡볶이를 사 먹을까 하는 생각도 했었다. 하지만 싱크대 맨 아래 칸은 팍팍한 살림에도 어머니의 소중한 꿈을 저장해두는 공간임을 어린 나이에도 느낄 수 있었다.

그렇게 몇 달간 돈을 모아 어머니는 새 냉장고를 가질 수 있었다. 그리고 그 냉장고를 소중히 닦고 또 닦으며 '새것'을 소유한 기쁨을 오래도록 느끼셨다. 나는 노트북을 신용카드로 쉽고 빠르게 샀지만, 갖고 싶은 당신의 소비 습관은 어떠한가? 가난한 사람의 소비인가, 부자의 소비인가? 신용카드의 활발한 사용과 함께 우리는 '너무도 쉽고 빠른' 소비에 익숙해져버린 것은 아닐까? 앞의 인용문에서 작가는 신용카드를 이용한 자신의 노트북 구매와 어머니의 냉장고 구매를 비교하며 회상했다.

저자의 어머니가 냉장고를 구매하는 프로세스를 살펴보자.

어머니는 '냉장고'라는 목표를 위해 상당 기간 꾸준히 자금을 모으셨다. 그리고 목표로 한 금액이 모였을 때 구매를 단행했다. 당연히 구매가 이루어지는 순간, 냉장고는 어머니의 소유물이 된다. 어머니는 자금을 모으는 과정에서 목표로 한 냉장고를 구매한 이후의 삶을 상상하며 그 기간을 인내했을 것이다. 어쩌면 그 상상 자체를 즐겼을 수도 있다. 그리고 마침내 구매한 순간, 오래 준비한 만큼 소유한 기쁨도 매우 컸으리라. 구매한 이후에도 준비하던 과정과 같이 닦고 또 닦으며 소유의 기쁨을 오래 지속할 수 있었다.

반면 저자를 비롯한 오늘날의 우리가 구매하는 프로세스는 어떠한지 살펴보자.

일단 사고 싶은 물건이 있으면 마트에 가서 신용카드로 할부구매를 한다. 서명과 동시에 내 손에 들어온 '새것'을 소유한 기쁨을 느낀다. 언제까지? 신용카드 할부금 청구서가 날아올 때까지. 엄밀하게 말하면, 할부금을 다 갚을 때까지 내가 구입한 물건은 온전히 내 것이 아니다. 할부금을 제때 내지 못하면 결국에는 내가 구입한 가격보다 훨씬 낮은 가격에 되팔아야 할 수도 있다. 이렇게 신용카드로 '새것'을 소유하다 보면 단기 부채를 감당해야 하므로 소유한 기쁨은 짧고 곧 부채 상환의 압박감에 치이게 된다.

중·고등학교 때 시험 기간을 떠올려보자. 괜히 책상 정리를 하고 싶어지고, 맛있는 것도 먹으러 가고 싶고, 영화도 보고 싶고, 쇼핑도 하고 싶고…. 하고 싶은 것이 유독 많아지지 않았는가? 그래서 언젠가부터 내가 생각해낸 방법은 시험 기간 위시 리스트를 적는 것이었다. 시험 때가 되면 시험 끝나자마자 하고 싶고, 먹고 싶고, 사고 싶은 것들의 목록을 작성했다. 그리고 그걸 보면서 '내가 시험만 끝나봐라' 하는 심정으로 이를 꽉 물고 다시 공부에 집중했다. 그런데 정말 신기한 것은 막상 시험이 끝나면 그렇게 하고 싶고, 먹고 싶고, 사고 싶던 것들이 시들해진다는 것이었다.

시험 때문에 활용할 수 있는 시간도 한정적이고 활동도 제한되다 보니 일시적으로 욕망이 강렬해진 것이리라. 나는 이때 내 욕망을 유보하는 방법을 깨닫게 되었다.

시험 기간이면 꼭 이것저것 하고 싶듯이 돈 모으기를 시작하려면 꼭 사고 싶은 것이 생긴다. 이때는 위시 리스트를 써놓고 기다리는 것이다. 그러고는 돈을 모은 다음에도 그게 정말로 사고 싶은지 검

토해보자. 며칠 계속해서 꿈에도 나오고 눈앞에 아른거려 그것이 없으면 삶의 질이 급격히 떨어질 것 같고, 자존감에 흠집이 날 것 같거든 사야 한다. 하지만 이때도 사는 과정과 소유한 이후를 충분히 즐길 수 있었으면 한다. 카드대금 내는 날에 압박감을 느끼느라 '소유'의 기쁨이 희석되지 않도록 하자. 그런데 위시 리스트에 사고 싶은 것을 써놓고(인터넷 쇼핑의 경우라면 장바구니에 미리 담아놓고) 돈을 모으다 보면, 어느새 그 물건에 대한 욕망이 시들해지곤 한다. 또, 막상 모은 돈을 한 번의 소비로 모두 고갈시키기가 아까워 조금 더 큰돈을 모아보자고 결심하게 되기도 한다.

지금부터라도 신용카드로 '쉽고 빠르게' 하는 소비 습관을 끊고, 소비를 유보해보자. 당신의 돈 쓰는 속도를 조절하여 조금만 '느리게' 한다면 당신도 얼마든지 할 수 있다.

자동차, 언제 사야 할까?

우리 집에 자가용이 생긴 건 내가 중학교 2학년이 되던 해다. 내 친구들은 초등학교 때부터 집에 자가용이 다 있었다. 초등학교 때는 그것이 콤플렉스가 되어 누가 물으면 우리 집에도 자가용 있다고 거짓말을 하기도 했다. 우리 집에서 중학교까지는 빠른 걸음으로 꼬박 50분 정도가 걸렸고, 대중교통을 이용해도 40분 정도였다. 1학년 때는 같은 동네의 친구네 집에 가서 카풀을 했다. 자가용으로 이동하면 20분, 아무리 막혀도 30분이면 갈 수 있었다.

그런데 이 친구가 꼭 내가 그 집에 가서 초인종을 눌러야 일어나서 학교 갈 준비를 하는 것이었다. 나는 그 시간 동안 친구 집 거실의 소파에 우두커니 앉아 친구가 준비를 마치길 기다려야 했다. 몇 달이 지나자 친구 어머니도 내심 귀찮아하는 눈치를 보였다. 그래서 나는 걸어서 등교하기로 마음먹고는 그때부터 부모님께 투정을 부리기 시작했다. 무슨 일에서든 우리 집에 차가 없어서라고 떼를 썼다. 지각하는 날이면 당연히 우리 집에 차가 없어서이고, 성적이 잘 안 나와도 우리 집에 차가 없어서 등교하는 데 시간이 너무 많이 걸려 그렇다고 했고, 몸이 좀 아프면 우리 집에 차가 없어서 걸어 다니느라 지쳐서 그렇다고 했다. 하지만 지금 생각해보면 그건 다 핑계였고, 그때 매일 등산하다시피 등교한 덕분에 난 누구보다 건강한 체력과 탄탄한 체형을 갖게 되었다.

결과적으로 나의 투정은 성공하여 드디어 우리 집에도 자가용이 생겼다. 아마 나의 투정이 아니었으면 2년은 더 미루어졌을 거라 생각한다. 그리고 그때 산 우리 집 최초의 자가용은 20년을 훌쩍 넘은 지금까지도 우리 집에 있다. 친구들 집보다 늦게 산 자가용이니 난 더 좋은 차를 기대했지만, 부모님은 당시 딱 우리 형편에 맞는 합리적인 수준의 소형차를 사셨다. 난 일단 우리 집에 자가용이 생겼다는 사실에 만족해야 했다.

아버지는 은퇴하시고 나서 두 번째 차를 구매하셨는데, 이번에는 중대형 차로 아버지 연령대의 분들이 보유하신 것과 비교해보았을 때 손색이 없는 것이었다. 친구들 부모님 중에는 은퇴하고 경제 사정이 급격히 안 좋아져 차를 없애거나 크기를 줄이는 분들도 있었다. 그런데 우리 부모님은 그 반대였다. 젊었을 때 조금 불편하더라도 나이 들어가며 수준이 점점 높아지는 게 더 좋다는 것을 부모님을 보면서 느꼈다.

하지만 부모 세대와는 달리 우리 세대로 넘어오면서 자동차에 대한 소비 형태도 크게 달라졌다. 같은 가정에서도 내 남동생은 첫 직장에 들어가고 얼마 지나지 않아 자가용을 샀다. 그것도 중형차로.

그렇다면 자동차는 자산일까, 소비재일까? 차량을 보유 중이라면 주로 언제, 어떤 용도로 사용하는지 잠깐 생각해보자. 현재 차량의 구매를 고려 중이더라도 마찬가지다.

내 지인 중에는 출퇴근은 통근버스로 하면서 자가용은 주말에 나들이를 가거나 지방에 계신 부모님을 방문할 때 사용하는 사람도 있다. 또, 싱글 남성의 경우 자가용이 없으면 여자들이 싫어해서 데이트 기회가 줄어들고 결혼을 하지 못할까봐 구입했다는 경우도 봤다. 이런 경우, 자동차는 100퍼센트 소비에 해당한다. 이에 반해, 사업 또는 직업 특성상 필요 때문에 자동차를 보유함으로써 경제적 효익, 특히 현금흐름이 발생한다면 이는 자산이라 볼 수 있다.

고객들과 상담을 할 때 차량이 없는 분들에게는 월 소득 6개월 치보다 더 큰 금액의 자동차는 구매하지 말라고 한다. 그러면 보통은 뾰로통한 표정을 짓는다. 성에 차지 않는 것이다. 차가 없어서 결혼을 못 할까 걱정이라는 싱글 남성에게는 차를 보고 사람을 판단하는 여성이라면 근본부터가 잘못된 것 아니겠느냐고 얘기해준다. 결혼을 해서도 낭비벽이 심하고 허영심이 있어 가계를 잘 이끌어나가기 힘들 수도 있다고 덧붙인다. 그러면 그는 머쓱한 표정을 짓고는 한다.

100퍼센트 소비형으로 자가용을 보유 중인 고객에게 '차를 없애보는 것은 어떠냐'고 제안하기도 한다. 그러면 대부분이 삶의 질부터 시작해 차를 포기할 수 없는 이유를 가져다 붙인다. 차를 영원히 갖지 말라는 말이 아니다. 자동차를 보유함으로써 부가적으로 드는 각종 비용과 손수 운전해야 하는 시간 등을 잠시 유보하라는 의미다. 그 비용과 시간을 유용하게 투자한다면, 미래에는 좀 더 나은 환경에서 지금보다 훨씬 좋은 차를 여유롭게 굴릴 기회가 얼마든지 있을 것이다.

이런 경우도 있다. 내가 아는 한 분은 면허가 취소되어 1년 동안 차량을 운행할 수 없는 처지에 놓이게 되었다. 대중교통을 이용해 출퇴근을 하자면 족히 한 시간 반이 소요되어 처음에는 굉장히 힘들어했다. 그런데 자가용을 운전할 때와는 다르게 그 시간에 책을 읽을 수 있더라는 것이다. 1년 동안 출퇴근 시간을 활용하여 독서 삼매경에 푹 빠졌던 그분은 그 과정에서 많은 아이디어를 얻었고, 그 생각들을 발전시켜 또 다른 사업을 시작하기도 했다. 그리고 지식이 풍부해지니 그게 자신감으로 드러나 얼굴 표정도 밝아지고 그전과는 사뭇 다른 품격을 지니게 되었다. 1년이 지나 다시 운전을 할 수 있게 되었는데도 여전히 출퇴근 독서를 찬양하며 자동차 운행을 하지 않고 있다.

만약 차량을 보유하기로 했다면, 그 시기를 약간 늦추거나 각자의 경제 상황에 맞는 합리적인 수준의 차량을 선택하는 노력이 필요하다. 차량을 구매하는 시기와 방법을 고민할 때 다음의 사례를 참고해보자.

입사 동기인 김유리(가명) 씨와 유희진(가명) 씨가 있다. 동갑내기인데다 마음도 잘 맞아 친구처럼 지내던 중 나한테 재무 상담도 함께 받게 되었다. 둘은 결혼 전에 저축을 시작하기로 마음먹고 본격적인 재무계획에 들어갔다. 둘은 똑같이 차량 구입을 목적으로 3,000만 원을 모으기로 했는데, 1,000만 원 정도 모였을 때 우연히도 둘 다 같은 사내 커플로 몇 개월 차이가 안 나게 결혼을 했다.

희진 씨는 결혼과 동시에 그때까지 모은 1,000만 원을 가지고 3,000만 원 상당의 차량을 할부로 구입했다. 평일 내내 차를 타고 교외로 나가는 주말 나들이가 기다려질 정도로 희진 씨는 차량이 있는 것에 만족했고, 삶의 질이 높아졌다고 생각했다.

한편, 유리 씨는 결혼과 동시에 차량을 구입하자는 남편을 설득해 아이가 태어나면 사자고 잠시 유보했다. 가끔은 주말에 다녀온 곳을 자랑하는 희진이 부러웠지만 그때마다 잘 참으며 3년 동안, 3,000만 원을 모았다.

3,000만 원이 모이자, 유리 씨의 남편은 이제 돈이 모두 모였으니 차를 사도 되지 않느냐고 했다. 유리 씨는 이번에도 반대했다. "난 당신과 걸어 다니며 많은 대화를 할 수 있어서 좋아. 운동도 되고 돈도 절약되고 좋잖아. 3,000만 원 모았으니 조금만 더 노력해서 5,000만 원 모아볼까? 돈을 모아보니, 모으는 재미가 쏠쏠해."

출퇴근은 통근버스로 해결되는 터라 유리 씨의 남편은 아내 말에 동의했다. 내심 5,000만 원이면 더 좋은 차를 살 수 있다는 생각도 있었다.

5년이 지나 5,000만 원이 모이자 유리 씨의 남편은 기다렸다는 듯이 자동차 매장으로 아내를 끌고 갔다. 그런데 유리 씨는 더 좋은 차를 눈앞에 놔두고도 3,000만 원 상당의 차를, 그것도 할부로 구입하자는 것이 아닌가. 유리 씨의 남편은 이해가 되지 않았다. 돈이 없는 것도 아니고….

그런데 사실 그 5년 동안 유리 씨는 나와 꾸준히 투자 공부를 해왔다. 내가 한 금융상품을 소개해주었는데 유리 씨가 굉장히 관심을 보였다. 은퇴자들의 로망인 매월 꼬박꼬박 월세 받듯이 금융 월세(소득)를 받을 수 있는 상품이었다. 유리 씨는 원금 5,000만 원으로 투자를 시작하여 이로부터 얻은 수익으로 자동차 할부금을 갚아나갔다. 할부 기간이 끝나면 유리 씨에게는 자동차는 물론이고 투자원금 5,000만 원도 남게 되는 것이다.

5년 동안 유리 씨가 투자원금 5,000만 원을 만드는 사이 희진 씨는 자동차 할부금과 차량 유지에 따른 각종 비용, 주말마다 나들이 가며 쓴 지출 등을 월급에서 감당해야 했다. 그래서 저축액이 유리 씨보다 상대적으로 적었고 결과적으로 보유자산에 큰 차이가 발생했다.

2008년 〈포브스〉지에서 '세계의 백만장자 순위'를 발표했을 때 미국의 주식 부자 워런 버핏이 최고 부자 자리를 차지하여 크게 화제가 되었다. 14년 연속 그 자리를 지켰던 빌 게이츠를 누른 것이다. 버핏은 평소 검소한 생활을 하는 것으로도 유명한데, 이때 함께 화제가 된 것이 그의 오래된 고물차였다. 사람들은 그의 차를 보고 버핏이 엄청난 구두쇠 영감이거나 좋은 물건을 소유하는 것을 별로 좋아하지 않을 것이라고 생각했다. 그에 대해 버핏은 이렇게 말했다.

"내가 좋은 물건을 좋아하지 않는다고요? 천만에요. 그렇지 않아요. 다만 나는 자동차 구매 비용을 생각하는 것뿐입니다. 내가 2만 달러나 되는 좋은 차를 산다고 가정해봅시다. 물건은 사는 날로 바로 가치가 떨어지잖아요. 10년이 지나면 거의 가치가 없어질 겁니다. 하지만 2만 달러로 좋은 자동차를 사는 대신 투자를 하면 어떻겠어요. 2만 달러를 연 23퍼센트의 복리 수익률로 따져서 한번 계산해보세요. 10년 후면 15만 8,518달러가 됩니다. 그리고 20년이 지나면 125만 달러, 30년이 지나면 무려 995만 달러가 되지요. 그러니 2만 달러짜리 차를 새로 사느니 가만히 앉아서 995만 달러를 벌어들이는 게 낫지 않겠어요?”

실제로 버핏은 자동차 번호판에 ‘THRIFTY(절약)’라는 단어를 새겨놓았다.

현대 사회의 필수품이 되어버린 자동차인 만큼 사지 말라는 말은 하고 싶지 않다. 하지만 규모나 구입 형태, 시기 등은 분명 고민해볼 필요가 있는 문제다. 단순한 충동구매가 아니라 철저히 전략적이어야 한다. 지금 산 자동차를 영원히 탈 수 있는 것은 아니니 말이다.

사랑은 하지만
돈은 남자가 내는 것?

취업포털 커리어가 지난해 3월 발표한 설문조사 결과에 따르면 20~30대 미혼 직장인 76.5%는 ‘데이트 비용에 부담을 느낀 적이 있다’고 답했다. 남성 가운데 52.4%, 여성 중 45.9%가 ‘데이트 비용이 부담된다’고 응답했다. 특히 많은 남성들이 데이트 비용 문제를 성역할상의 ‘역차별’로 인식하고 있다. 결혼정보업체 듀오가 발표한 설문 결과에 따르면 20~30대 남성들은 데이트 비용을 ‘실생활에서 남성들이 겪는 역차별’ 1위(49%)로 꼽았다.

:: 〈머니투데이〉 2014년 1월 8일 자

돈에 관해 이런저런 이야기를 하다 보면 참으로 많은 것이 드러난다. 사회 초년생들의 경우는 경제활동을 시작한 지가 얼마 되지 않기 때문에 다른 세대보다 수입이 상대적으로 적은 것이 당연하다. 그 와중에 저축이나 투자를 하려면 생활비 등의 변동지출 부분을 줄일 수밖에 없다. 그래서 그 변동지출 부분에 대해 항목들을 하나하나 따져가며 이야기하는 경우가 많은데, 여기서 참 재미있는 것이 발견되곤 한다. 커플 중 남성들은 변동지출 부분에서 연애 때문에 드는 비용이 상당하고 이를 버겁게도 느끼는 반면, 여성들은 비용이 별로 없거나 부담스러울 정도의 비율을 차지하지 않는다는 점이다. 많이 변했다고는 하지만 아직도 데이트 비용은 남성들이 많이 부담한다는 얘기일까?

그래서 이에 대한 대안으로 둘 사이의 형평성과 효율적인 돈관리의 이점을 들어 '데이트 통장' 사용을 추천하기도 하는데, 나는 개인적으로는 별로 추천하고 싶지 않다. 각자의 경제적인 부분까지도 서로 공개한 상태이거나 사귄 지 오래된 경우 또는 결혼을 약속한 경우라면 그나마 괜찮다. 하지만 단순히 형평성과 효율성만을 따져 데이트 통장을 운용하는 것은 나중에 뒷감당해야 할 일이 더 커질 수있다. 사랑이라는 절대 감정이 존재하는 관계에서 돈은 참 민감하고 현실적인 문제이기 때문이다.

우선, 둘 중 누군가는 통장을 맡아 입출금을 관리해야 하는 문제가 있다. 그리고 매월 정해진 금액을 모으기로 합의했더라도 경제적 여건이 서로 다른 상황에서 오는 불만도 생길 수 있다. 이를 반영하여 경제적으로 좀 더 여유로운 쪽이 더 많은 돈을 내기로 합의했다 하더라도 마찰이 발생할 소지는 여전하다. 알다시피 돈은 금액의 크기로 권력관계가 형성되지 않는가. 또, 자칫 돈 문제에서 너무 빡빡하게 굴다 보면 서로 감정이 상하여 관계가 깨질 수도 있다.

나는 솔로였던 고객이 연인을 만나 커플이 되고 결혼을 하고 아이를 갖는 삶의 전개 과정을 가까이서 지켜보는 경우가 많다. 결혼은 두 사람만의 단순한 결합이 아니고 두 집안의 결합이자 두 사람의 경제적 결합이기도 하므로 나는 재무 전문가의 입장에서 경제적 결합을 도와주고는 한다. 그런데 그중에는 이혼을 하는 경우도 왕왕 있다. 그러면 내가 합쳐준 것들을 다시 분리하는 작업을 하기도 한다. 이런 일을 할 때면 참 많이 씁쓸하다. 두 사람의 밝은 미래를 상상하며 계획하고 효율성을 염두에 두어 합쳐줬던 것을, 내 손으로 다시 찢어야 할 때의 착잡함은 말로 다 표현할 수 없다. 그 과정에서 어쩔 수 없는 인간의 이기심마저 발견될 때면, 작업을 마친 후에도 며칠 동안이나 우울하고 속상한 마음을 추스르지 못하기도 한다.

그래선지 한창 사랑하기에도 바쁜 나이에 이런 불필요한 감정 소모는 없었으면 하는 마음이 간절하다. 그러니 데이트 통장은 될 수 있는 대로 앞서 언급한 조건이 충족된 관계에서만 사용했으면 한다. 두 사람 사이에 합의가 잘 되어 룰을 잘 정하고 잘만 사용한다면, 데이트를 하는 동안 효율적인 자금관리는 물론, 나아가 결혼자금을 모으거나 돈관리 습관을 형성하는 데에도 도움이 될 것이다.

하지만 앞서 언급했던 감정 소모가 예상된다면 무작정 데이트 통장부터 만들기보다는 짧은 기간을 두고 먼저 연습해볼 것을 추천한다. 함께 여행할 때 두 사람이 미리 자금을 모아 여행 기간 중 함께 소비하는 등의 방법이 어떨까.

여행으로 보는
소비의 세 유형

"제일 부러운 건 청춘이야. 아름답고 가능성이 얼마든지 있으니까. 우리는 찾으려고 해도 찾을 수 없지…. 젊을 때 하고 싶은 일들을 한껏 해야 할 것 같아."

:: 〈꽃보다 할배〉, 낭만할배 신구

나는 재테크를 위해 여행은 하지 말라고, 자제하라고 하고 싶지 않다. 나는 여행을 통해 내 인생을 바꾸었기에 여행이 일상에서는 얻지 못할 삶의 지혜와 경험을 얻고 새로운 성찰을 할 수 있는 기회라는 것을 누구보다 잘 안다. 나는 낯선 나라의 공항에 도착하여 게이트가 딱 열릴 때, 온몸의 감각이 살아나는 그 찰나의 긴장감을 즐긴다. 보이는 사람들도, 들이쉬는 공기도, 피부에 와 닿는 바람의 감촉도, 귀에 들리는 언어도 몽땅 낯설다. 그래서 약간 두려운 마음도 생기지만 어느 때보다 내가 살아 있음을 느낀다.

나의 여행 히스토리를 잠깐 들려주자면, 스물일곱 살 크리스마스 날 따뜻한 나라 뉴질랜드로 떠났다. 추운 걸 지독히도 싫어하는지라 따뜻한 나라에서 겨울을 난다는 건 꿈같은 일이었다. 이 여행을 위해 상당히 오랜 기간 죽으라 일해서 열심히 돈을 모았다. 그리고 그 돈을 다 써버리고 올 작정이었다. 실제로 스물여덟 살 새해를 뉴질랜드에서 맞이하고 호주, 말레이시아를 거쳐 겨울을 모두 따뜻한 나라에서 보내고 돌아왔다. 그때 결심했다. 그 여행을 시발점으로 하여 '따뜻한 나라에서 겨울나기', 일명 '베짱이 재테크 프로젝트'를 실행하겠다고. 이 프로젝트를 준비하는 데 꼬박 4년이 걸렸다. 그리고 이후 매년 주기적으로 실천하고 있다. 서른 살을 기념해서는 인도에 다녀왔고, 서른한 살에는 아프리카에 다녀오기도 했다. 그 사이 동남아 여러 나라와 일본, 중국 등 꽤 여러 지역을 다녔고 요가 자격증을 따기 위해 미국에서 3개월 동안 체류하기도 했다.

내가 여행을 많이 다니기도 하고 여행에 대해 호의적이어서 상담을 하는 고객들이 재테크를 위해 여행을 유보하려고 하면 오히려 부추기곤 한다. 다른 데서 아끼고 여행은 다녀오라고. 하지만 여행을 가려면 돈 문제가 따른다. 그러니 여행자금 준비에서도 시스템이 필요하다는 점을 강조하고 싶다.

똑같은 여행을 가는데도 자금 준비와 관련해서는 다음과 같이 세

가지 유형으로 나눌 수 있다.

첫째, 신용카드 할부로 떠나는 여행이다.

일단 즐긴다. 가고 싶은 데 가고 먹고 싶은 것 먹고 지금이 아니면 언제 또 와볼지 모르는 곳에서 할 수 있는 것은 다 한다. 이때 필요한 것은 마법의 카드 한 장이면 충분하다. 호텔 프런트 데스크에서 숙박 및 서비스 이용 내역을 살펴본 후 마법의 카드를 우아하게 내밀면 깔끔하게 마무리된다.

그런데 이렇게 떠나는 여행의 문제는 뒤로 갈수록 마음이 무거워진다는 것이다. 여행이 끝나가는 것도 아쉽지만 그보다 더 큰 돌덩이가 가슴에 턱 하고 얹힌다. 지금부터는 신용카드 할부금을 갚아야 하니 몇 개월은 찍소리 못하고 일해야 한다. 회사에서 절대 잘려서도 안 된다. 상사에게 반항은 금물이다. 이미 당겨 쓴 대가로 월급은 들어오자마자 통장에 숫자 한 번 찍어주고 바로 카드사로 빠져나간다. 현실로 돌아와 여행에 대한 감흥은 이미 사라진 지 오래건만 카드값의 무게에 힘겹기만 하다.

솔직히 고백하자면 나도 몇 차례 이런 여행을 해봤다. 밀린 할부금을 갚아가며 그 고통 때문에 여행의 감동이 퇴색되어가는 것을 경험하고는 이런 형태의 여행을 과감히 끊었다.

둘째, 모아놓은 돈 싸 들고 떠나는 여행이다.

여행이라면 둘째가라면 서러울 만큼 전 세계 곳곳을 돌아다닌 지인이 있다. 여행이 인생의 유일한 낙이라며 여행자금을 벌기 위해 회사에 다닌다고 할 정도니 그녀가 여행을 얼마나 좋아하는지 짐작할 수 있을 것이다. 그런데 그녀는 여름휴가 때 굵직굵직한 여행을 한 번씩 다녀오면 축적해놓은 자산이 한순간 훅 하고 줄어드는 것을 경험하고는 한다. 자산이 좀처럼 증가하지 않는다고 하소연하는데 그녀의 여행에 드는 비용이 크게 한몫하고 있다.

나의 스물일곱 살 겨울나기 여행도 그랬다. 그동안 모은 돈을 모두 싸 들고 떠난 여행이었던지라 돌아왔을 때 나의 자산은 0이었다. 물론 젊은 나이였으므로 바닥부터 다시 시작할 수 있었고, 여행자금이랑은 비교도 안 될 만큼 가치 있는 많은 경험을 했다는 것으로 행복하다. 하지만 이런 여행 형태가 나이를 먹어서도, 부양해야 하는 가족이 있는데도 주기적으로 반복된다면 문제가 된다.

셋째, 배당금이나 인세를 받아서 떠나는 여행이다.

두 번째 방식이 내가 일해서 번 돈으로 여행을 떠나는 것이었다면, 이번에는 내 돈이 벌어온 돈으로 여행을 하는 것이다. 그중 하나가 주식투자로 배당금을 받는 방법이다. 특정 기업의 주식을 보유하고 있으면 기업은 일정 기간 영업활동을 하여 발생한 이익 중 일부를 주주들에게 나누어주는데 이를 '배당'이라고 한다. 배당금은 소유 지분에 따라 달라지고, 회사마다 배당금을 지급하는 시기와 배당률에는 차이가 있다.

　여행사에서 오랜 기간 근무한 한 지인은 여행에 관련된 책을 출간해 인세를 받는다. 그 인세를 모아 다시 여행을 가서 새로운 여행책을 내고, 그 새로운 여행책에서 다시 인세가 발생하는 구조를 만들어냈다. 그에게 여행은 소비가 아니라 새로운 수입을 창출하는 작업이다. 이처럼 돈이 벌어다 준 돈으로 여행을 떠나는 것은, 회사에서 인센티브를 받아 떠나는 여행과는 느낌이 다를 것이다.

　나는 상기 세 가지 유형의 여행을 모두 경험해보았다. 직접 해보니 가장 마음이 편한 건 모아놓은 돈 싸 들고 떠나는 여행이었고, 지향하는 것은 배당금이나 인세 받아서 떠나는 여행이고, 지양하는 것은 신용카드 할부로 떠나는 여행이다.

　나는 월수입의 10퍼센트 정도를 여행자금 용도로 하나의 통장에 모으고 있다. 여기에다 'My Dream Account'라는 이름을 붙여줬다(더 자세한 얘기는 3부에서 하겠다). 그렇게 모은 돈의 30~50퍼센트 정도는 배당주를 꼬박꼬박 사 모은다. 이때 사는 주식은 시세차익을 노리는 투자와는 약간 거리가 있다. 장기 보유를 하며 꾸준히 배당금을 지급받는 게 목적이며, 이 목적에 부합하는 주식들을 포트폴리오에 담는다.

　예를 들어 나의 보유종목 중에는 YG 엔터테인먼트가 있는데 나는 어렸을 적부터 서태지와 아이들 멤버 중 양현석을 좋아했고 그의 성공을 응원하고 있다. 순전히 팬심에서 시작한 작은 투자가 어느새 주기적인 것이 되었고, 이는 앞으로 나에게 배당금을 포함한 상당한 수익을 줄 것으로 예상한다. 아직 보유 중이므로 확실히 수익이 났다고는 얘기할 수 없지만 난 이 종목을 오래 보유할 것이고 양현석의 저력을 믿는다. 주식을 보유하고 있다 보면 어느 순간 배당금 지급일이 다가오고 배당률에 따라 배당금을 받는다. 배당은 매해 반드시 이루어지는 것은 아니고 기업 상황에 따라 다르다. 우리나라 기업들은 배당을 적게 하기로 유명하지만 점차 높아지지 않겠는가 기대해본다.

물론 배당금의 규모가 그렇게 크지 않으므로 모든 여행자금을 충당할 정도는 되지 않는다. 그래서 나머지는 My Dream Account에 모아놓은 자금을 활용한다. 이렇게만 해도 여행을 다녀왔을 때 자산이 급격히 줄어들거나 자산 증가에 방해가 되는 것을 개선할 수 있다.

나는 캄보디아 앙코르와트 사원의 높은 계단 아래에서 무릎을 부여잡고 고통을 호소하는 노인들의 모습과 중국 천문산의 천문으로 향한 999계단 앞에서 오르기를 포기한 노인들의 표정을 보고, 한 살이라도 젊을 때 더 도전적인 여행을 하자고 결심했다. 나이가 들면 그 나이와 품격에 맞는 여행은 따로 있을 터이니 그 여행을 위한 준비를 지금부터 천천히 해나가고 있다.

여행은 돈으로는 바꿀 수 없는 값진 경험과 또 다른 나를 만나게 하는 새로운 기회이기도 하다. 여행을 계획할 때면 꼭 빠지지 않고 하는 것이 자금에 관한 것인 만큼 여행에 돈이 걸림돌이 되지 않도록 지금부터라도 여행자금 준비 시스템을 가동해보자.

> **Tip!**
>
> ### 주식 배당금 및 지급일 조회 사이트
>
> 한국예탁결제원 증권정보포털 SEIBro (www.seibro.or.kr)
>
> - '주식 – 배당정보'에서 배당순위 및 배당내역을 조회할 수 있다.
> - '주식 – 주식권리일정 – 대금지급일정'에서 내가 보유하고 있는 종목의 기업이 언제 배당금을 지급하는지 알 수 있다.

머니가 붙는 체질 만들기

출발은 나를 제대로 아는 데서부터 ▼

당신의 부자력은
어느 정도인가?

부자들, 성공한 CEO들을 인터뷰하며 가장 곤란한 때는 그들이 별다른 고생이나 특별한 스토리 없이 성공한 경우다. 이런 사람을 만날 때면 '아, 부럽다!' 속으로 이 한 마디를 외치고 인터뷰이 선정의 실패를 인정해야 한다.

그런데 이런 사람들이 생각보다 꽤 많았다. 앞서 이야기했던 부동산으로 부를 이룬 할머니처럼 꼭 남편이 처자식 두고 도망가고 집에 빨간 딱지가 붙는 정도의 비극이 찾아와야 큰 결심을 하게 되고 부자가 되는 것은 아니더라는 얘기다. 평범한 삶 속에서 자산을 축적하여 부자가 되고, 열심히 일해 성공의 반열에 오른 사람들이 특별하고 드라마틱한 스토리를 가진 사람들보다 어찌 보면 더 많을지도 모른다. 그러므로 부자가 되는 비법은 공부 잘하는 비법만큼이나 평범하고 모든 사람에게 알려져 있기도 하다.

나도 처음에는 우등생이 보는 참고서와 그들만의 공부 비법을 캐내보려고 몰래 1등의 자리를 훔쳐보는 수험생의 심정이었다. 그래서 생판 처음 보는 할머니를 쫓아갔을 정도로 비법이라는 것에만 촉각을 곤두세웠었다. 하지만 시대는 끊임없이 변하고, 지금 이 순간에도 새로운 부자가 탄생하고 있다. 부자는 신이 내려주는 존재도 아니고, 부자가 되기 위한 비법이 저 신세계 어딘가에 숨겨져 있는 것도 아니었다.

다만 차이가 있다면 어떻게든 부를 이룬 사람은 점점 더 부자가 되기 쉽다는 것이다. 이것이 굉장히 중요한데, 마치 작은 눈덩이가 점점 커지듯 부자가 더 큰 부자가 되는 것이다. 시간을 두고 관찰했더니 돈도 벌어본 사람이 더 번다는 말을 피부로 느낄 수 있었다. 왜 그런지 한번 들여다보자.

일단 어느 정도 자산이 축적되면 다른 돈 벌 기회가 쉽게 찾아온다. 부자들은 이 기회를 놓치지 않는다. 그러면 더 큰돈을 벌어들여 부가 늘어난다. 늘어난 부는 스스로도 몸집을 키운다. 모든 금융기관은 우호적인 태도로 훨씬 더 좋은 조건을 제시하며 이들을 맞아들인다. 그러면 부는 더 늘어난다. 이렇게 늘어난 부로 다시 새로운 투자처를 찾아내기도 한다. 그렇게 또 투자처를 늘려 부를 더 축적해나간다.

이쯤 되면 아마도 "에잇! 이 더러운 세상!"이라고 외치고 싶어질 것이다. 부를 축적하는 것이 온전히 그들만의 리그이고 당신은 그 리그에 참가할 수 없다고 생각될 테니 말이다. 하지만 그런 생각은 하루빨리 버리는 것이 이롭다. 원했든 원하지 않았든 당신은 이미 보호장구도 없이 헐벗은 채 그 리그에 참가하고 있으니까. 부자들이 벌여놓은 판에서 당신의 피 같은 돈을 쓰고 있다는 말이다. 결국 한정된 자원 속에서 누가 얼마나 더 가져가느냐의 문제일 텐데, 당신은 쓰고 그들은 당신의 돈을 가져간다.

부자들에게는 부자력" 즉, 돈을 끌어당기는 힘이 있다. 물려받은 재산으로 부자가 된 사람들도 있지만, 이들에게는 기본적인 부자력이 없다. 그러므로 재산을 지키려면 다른 사람의 힘과 지혜를 빌려야 한다.

부자력은 하루아침에 생기지 않는다. 우리 몸의 근육이 하루 운동했다고 붙지 않는 것처럼 말이다. 물론 스테로이드제의 도움을 받아 쉽게 만드는 방법도 있긴 하다. 하지만 달콤한 유혹에는 응분의 대가와 부작용이 따르기 마련이다. 가장 좋은 방법은 꾸준히 조금씩 늘리는 것이다. 자신의 한계를 깨닫고 그 한계를 조금씩 늘려보는 것은 큰 의미가 있다. 그 과정에서 부자력이 서서히 강화된다.

부자력을 키우는 방법, 즉 부자가 되는 공식과 비법을 간단히 요약하면 다음과 같다.

하나, 수입을 늘려라.

둘, 지출을 줄여라.

셋, 수입에서 지출을 뺀 자금을 확보하라. 이 자금은 많으면 많을수록 좋다.

이렇게 확보한 자금을 수익률이 높은 투자처에 투자하여 자산을 계속해서 증식하라.

부자가 되고 싶어 하는 사람들에게 이 비법을 들려주면 마치 때리기라도 할 기세로 화를 버럭 낸다. 아마도 당연한 얘기를 무슨 비법인 양 내놓느냐는 것일 터이다. 사람들은 흔히 부자는 특별한 사람들이고 그들의 재테크에는 특별한 비법이 있다는 생각을 갖고 있다. 그런데 저게 사실인 걸 어쩌랴. 우등생의 참고서는 시중에서 구할 수 없는, 특별한 곳에서 공수해온 것인가? 아니다. 그들의 노트 필기는 특별한가? 보다 깔끔하게 정리되어 있을 수는 있겠지만 결국 내용은 같다. 다 교과과정 안의 것들이다. 그러니 결국 답은 저 세 가지 안에 있다는 것이다. 이제 더는 우등생의 참고서와 노트 필기를 훔쳐볼 생각일랑 그만두고, 모두에게 공개된 공부 잘하는 방법을 충실히 따르도록 하자. 위의 세 가지 항목을 차례차례 살펴보자.

부자력을 키우는
3단계 비법

먼저, '수입' 얘기를 해보자. 한 직장에 소속되어 근로소득이 전부인 사람이 수입을 하루아침에 늘리기는 매우 어려운 일이다. 하지만 안타까운 것은 다양한 소득의 가능성마저도 아예 상상하지 않는다는 것이다. 어떤 종류의 소득이 있는지는 국세청의 분류에 따르는 것이 가장 좋다. 왜냐하면 '죽음과 세금은 피할 수 없다'는 말이 있듯이 모든 소득에는 세금이 부과되고, 국세청은 귀신같이 이를 알아내기 때문이다.

국세청에서는 종합소득의 종류를 다음과 같이 분류한다.

> **종합소득:** 근로소득, 이자소득, 배당소득, 사업(부동산 임대)소득, 연금소득, 기타소득

다시 말해 근로소득 외에도 수입을 만들어낼 방법은 다양하다는 것이다. 수입을 늘리려는 노력이나 새로운 수입을 창출할 수 있는 활동을 게을리했다면 지금부터라도 평생에 걸쳐 고민하고 개발해야 한다. 이는 당신 자신의 '몸값' 또는 '가치'와도 관련이 있다. 당신이 원하고 노력한다고 해서 지금 당장 쉽게 늘어나지는 않겠지만, 포기해서는 안 된다.

나도 처음 직장을 다닐 때는 내 몸이 움직이고 어딘가에서 시간을 채워야만 수입이 창출되는 근로소득이 전부였다. 하지만 지금은 월급을 받는 기관도 늘었고, 수입이 창출되는 형태도 다양해졌다. 매월 세 군데의 금융기관에서 돈이 들어오고, 칼럼을 연재하면 잡지사로부터는 원고료가, 방송에 출연할 때면 방송국으로부터 출연료가, 외부에서 강연을 하면 강연료가 들어온다. 내 돈들은 이자소득과 배당소득을 가져다주고 있으며 앞으로는 이 책에서도 인세가 발생할 것이다.

물론 이렇게 다양한 수입처가 구축되기까지는 시간이 걸렸다. 나의 경우에는 직업이 돈과 관련이 있어서 5년 정도가 소요되었지만, 보통 직장생활을 하면서 다양한 수입 활동을 모색하려면 최소 10년은 잡아야 할 것이다.

실제 수입 창출에 성공한 사례를 살펴보자.

주부 김정희(가명) 씨는 요리 솜씨가 뛰어나다. 이웃들은 집에서 썩히기에는 아깝다고 입을 모았고, 남편도 그 솜씨를 살려 무언가 해보면 어떻겠느냐는 말을 했다.

용기를 얻은 그녀는 처음에는 김장 김치부터 시작했다. 주변에 직장을 다니느라 바쁜 엄마들을 대신해서 김장 김치를 몇 포기씩 대신 담가주었는데, 이것이 계기가 된 것이다. 이제는 그녀의 김치를 고정적으로 받아다 먹는 가정만 해도 상당수다.

한 번은 밸런타인데이가 되어 남편에게 감동적인 선물을 해볼까 하는 생각에 케이크를 직접 만들었다. 남편은 물론이거니와 SNS에 올렸더니 반응이 폭발적이었다. 그 케이크를 개인적으로 살 수 있느냐는 문의까지 들어오자 아이디어가 반짝 떠올랐다. 밸런타인데이와 크리스마스, 일 년에 딱 두 번만 케이크와 초콜릿 등을 만들어 파는 것이다. 그렇게 하면 육아에도 크게 지장을 받지 않고 가정의 수입에도 보탬이 될 것 같았다. 그렇게 SNS를 통해 시작한 그녀의 초콜릿과 케이크 사업도 매년 대박 행진을 하고 있다.

최근에 그녀는 게장을 담가 팔고 있다. 속이 꽉 찬 그녀의 간장 게장과 양념 게장은 시중에서 파는 것들보다 훨씬 맛있고 안전한 먹거리라는 평판으로 인기가 높다. 그녀의 이 모든 활동이 가정에 큰 보탬이 됐음은 두말할 필요도 없고 그녀 자신도 전보다 더 활기찬 생활을 하게 되었다.

직장인 김승희(가명) 씨는 향초와 향기 비누를 만드는 취미를 가지고 있다. 그녀는 퇴근 후 교육기관을 찾아가 만드는 법을 배웠고 주말이면 하나둘 직접 만들어보곤 했다. 그렇게 몇 년이 흐르자 제법 모양도 예쁘고 향도 좋은 향초와 향기 비누를 만들 수 있게 되었다. 단순히 취미였던 것이 최근 들어 향에 대한 관심이 높아지면서 주목받기 시작했다. 집에서 향초를 피우고 향기 비누를 사용하던 사람들이 화학약품이 많이 들어간 기존의 제품을 꺼리기 시작한 것이다. 그녀가 만드는 제품들은 천연 재료만을 사용하기에 인기가 높아졌다. 처음에는 본인이 쓰고 주변에 선물이나 할 요량으로 시작했던 것이 이제는 어엿한 하나의 사업으로 자리를 잡아가고 있다. 그녀의 제품들은 특히 돌잔치나 집들이 선물로 인기가 높아 대량 주문이 들어오기도 한다. 그럴 때면 그녀의 수입에도 톡톡히 도움이 된다.

나에게도 손재주가 좀 있었다면 난 뜨개질을 하든 도자기를 만들든 해서 그것들을 주말마다 프리마켓에 가지고 나가 팔았을 것이다. 요리 솜씨가 좀 있다면 요리를 준비해 사람들을 초대하여 함께 와인을 마시는 파티도 곧잘 열었을 것 같다. 지금 당장은 손재주와 요리 솜씨가 없지만, 난 이 또한 내게 불가능한 일이라고 보진 않는다. 지금부터 10년을 생각하고 노력하다 보면 언젠가는 새로운 수입 창출처로 만들 정도의 실력을 갖출 수 있지 않을까?

두 번째는 '지출을 줄이는 것'이다. 앞서 말한 수입 창출처를 늘리는 데에는 상당한 노력과 꽤 긴 시간이 필요하지만, 지출을 줄이는 것은 가장 효율적인 방법이며 지금 당장 시작할 수도 있다. 즉, 부자력을 키우려면 지출을 줄이는 게 가장 쉽고도 빠른 방법이라는 얘기다. 하지만 사람들은 보통 이 점을 간과한다.

부자들은 돈이 많으므로 지출도 별 고민 없이 크게 할 거라고 생각하는데 그렇지 않다. 부자들 중에는 작은 부분에서도 절약하는 습관이 몸에 밴 사람들이 많다. 돈도 좀 있어 보이는 사람이 물건값을 막 깎을 때면 "있는 사람들이 더해"라는 말을 한다. 하지만 부자들은 알고 있는 것이다. 그렇게 작은 데서 아낀 것이 모여 큰돈이 된다는 것을 말이다.

만약 당신이 1만 원짜리 상품이나 서비스를 9,000원에 샀다면, 구입과 동시에 아무 위험 없이 수익률 10퍼센트를 달성한 것이다. 여기서 한발 더 나아가 쓰려던 1만 원을 쓰지 않는다면, 기본 수익률이 100퍼센트가 된다. 그러니 이왕 살 것이라면 싸게 사고, 꼭 필요하지 않은 것은 사지 않는 것이 부자들의 선택이다. 그들은 자신의 돈이 벌어들일 수 있는 또 다른 수입의 가능성까지도 알고 있기 때문에 오히려 '더하게' 구는 것이다.

지출을 줄이기 위해서는 자신의 지출 내역을 파악하는 것이 첫 번째 단계다. 내가 도대체 어디에다가 돈을 쓰는지가 파악되어야 그대로 유지해야 하는지, 줄여야 하는지, 아예 불필요한 것인지를 판단할 수 있다. 그래서 지출을 줄여보고 싶다고 하는 사람에게는 3개월 동안 가계부를 써보라고 말해준다. 하지만 안 쓰던 사람이 매일의 지출 항목을 기재하기란 여간 힘든 일이 아니다. 아무리 게으른 사람도 따라할 수 있는 가계부 작성 요령은 5장을 참고하기 바란다.

세 번째는 '수입을 늘리고 지출을 줄여 확보한 자산을 증식'시키는 것이다. 과거에는 돈을 모으는 방식 자체가 매우 단순했다. 열심히 일해서 돈을 모으고, 모은 돈을 은행에 가져다주면 굉장한 고금 리를 붙여 돌려주었다.

난 아직도 중학교 때 엄마가 하신 얘기를 기억한다. 엄마는 어느 날 이렇게 얘기하셨다. "나중에 크면 열심히 일해서 1억만 모아. 그 러면 은행에서 1,000만 원 줘."

분명 그런 시절도 있었다. 당시에는 그렇게 모은 돈에 대출금을 합해 부동산에 투자하면 어김없이 자산가의 반열에 오를 수 있었다. 부동산은 오래도록 실패 위험이 없는 투자자산이었기 때문이다. 하 지만 지금은 사정이 완전히 다르다. 너무나도 복잡해진 금융 환경과 계속해서 변화하는 시장 상황 탓에 끊임없이 공부하지 않으면 내 돈을 지키는 것마저도 힘든 시기가 되어버렸다.

그럼 이제 당신이 무엇부터 할 수 있는지, 무엇부터 해야 하는지 생각해보자.

처음 운동을 하려고 피트니스센터에 가면 인바디부터 체크를 한 다. 현재 자신의 몸 상태부터 돌아보는 것이다. 그리고 부족한 부분 을 채우기 위해 체계적인 계획하에 집중적으로 트레이닝을 한다. 부 자력을 키우는 데서도 가장 중요한 것은 자신의 기초 부자력을 파 악하는 것이다. 한 달 정도를 기준으로 잡아 부자력의 한계를 파악 해보자. 우선 한 달 동안, 모든 활동을 수입과 생산에 집중하여 자신 의 체력과 능력으로 얼마까지 벌 수 있는지 알아본다. 나도 실제 그 렇게 해보았다. 잠도 덜 자고 돈을 벌 수 있는 활동을 최대치로 해본 것이다. 한계 지점에 이르렀더니 몸이 아프다는 신호를 보냈고, 마음이 행복하지 않다고 말해왔다. 그래서 나의 한계가 어디까지인지 알 수 있었고, 그 한계를 극복하려면 어떻게 해야 하는지 해결책을 찾아 나섰다.

그다음 한 달은 지출을 최대한 적게 해보자고 마음먹고 실천했다. 10원 단위까지도 빼놓지 않고 기록하며, 내가 쓰는 이 돈이 과연 꼭 필요한 것인가를 매 순간 고민하며 지갑을 꺼냈다. 일부러 지갑을 집에 놔두고 나가본 적도 있다. 이때도 한계의 지점을 발견했다. 최소한의 인간다운 삶이 위협받지 않고, 피곤하지 않으며, 사람답게 살 수 있는 돈의 규모가 이 과정을 거쳐 파악되었다. 부자력은 노력할수록 강화된다. 그렇게 강화된 힘은 더 큰 힘을 불러일으킨다. 다만 그 과정이 지루하고 힘들다는 것은 고려해야 한다. 마치 몸짱이 하루아침에 만들어지지 않는 것처럼 말이다.

나다운 부자는 '현대판 베짱이'

파리의 정신과 의사 꾸뻬 씨는 마음의 병을 안고 찾아오는 사람들을 어떤 치료로도 진정한 행복에 이르게 할 수 없음을 깨달았다. 그리고 자신 역시 행복하지 않다는 결론을 내렸다. 마침내 꾸뻬 씨는 진료실 문을 닫고 무엇이 사람들을 행복하게 하고 무엇이 불행하게 하는가를 발견하고자 전 세계로 여행을 한다. 만일 행복의 비밀이 있다면 반드시 그것을 찾아내고야 말겠다는 다짐과 함께.

《꾸뻬 씨의 행복 여행》의 줄거리 일부다. 이 책은 프랑스의 저명한 정신과 의사이며 심리학자인 저자 프랑수아 를로르의 경험을 바탕으로 쓴 실화 소설이다. 꾸뻬 씨는 행복에 관한 지혜로운 말을 듣기 위해 찾아간 중국의 노승에게서 행복을 목표로 여기는 것은 잘못된 생각이라는 배움을 얻는다.

꿈과 목표를 구별할 수 있는가? 꿈이 행복이거나 성공인가? 아니면 꿈이 부자인가?

꾸뻬 씨가 찾아간 노승은 사람들이 행복을 목표라고 믿는 것에 잘못이 있다고 했다. 행복이 목표라면 그 행복을 어떻게 정의할 것이며, 설령 행복이 정의되어 목표가 성취되었다 하더라도 그 이후는 어떻게 될까? 이쯤 되면 당신의 머릿속에서는 꿈, 목표, 행복, 성공, 부자 등의 단어가 뒤엉켜 약간의 두통을 느낄 수도 있겠다.

이때 필요한 기법이 바로 '질문하기'다.

세미나를 진행할 때 나는 부자의 정의에 대해 자주 묻는다. 부자로 정의할 수 있는 정확한 금액을 말해보라고도 한다. 그러면 백인백색의 대답이 쏟아진다. 자산가들을 만났을 때도 같은 질문을 한다. 그중 기억에 남는 대답 중 하나가 있다. 마트에서 장을 보면서 단순히 신선도나 유통기한 등만 따지고, 장바구니에 담긴 물건들이 얼마나 되는지를 계산하지 않은 채 사고 싶은 것을 마음껏 담을 수 있을 때 이 정도면 부자구나라고 느꼈다는 대답이다.

이렇듯 부자의 기준은 지극히 개인적이다. 스스로에게 끊임없이 질문을 던져보자. 어떤 질문을 던져야 할지 잘 모르겠다면 다음의 여섯 단계를 참고하는 것도 도움이 될 것이다. 나폴레온 힐이 그의 저서 《놓치고 싶지 않은 나의 꿈 나의 인생》에서 소개한, 부자가 되고 싶다는 소망을 달성하기 위해 반드시 밟아야 할 여섯 가지 원칙이다.

1. 당신이 바라는 돈의 '금액'을 명확히 한다. 단순히 '많은 돈을 벌고 싶다'라는 생각만으로는 안 된다.

2. 당신이 원하는 만큼 돈을 얻기 위해 당신은 '무엇을 할 것인가'를 결정한다. 이 세상에는 대가 없는 보답이란 존재하지 않는다.

3. 소망을 달성하는 '기일'을 정한다.

4. 돈을 얻기 위한 계획을 철저하게 세우고, 설령 그 준비가 덜 되었더라도 상관하지 말고 즉시 행동에 들어간다.

5. 지금까지 네 가지 원칙, 얻고 싶은 돈의 금액, 그러기 위해 할 일, 기일, 철저한 계획을 종이에 상세히 적는다.

6. 이 종이에 적은 선언을 1일 2회, 잠자리에 들기 직전과 아침에 일어난 즉시 되도록 큰 소리로 읽는다. 이때 당신은 이미 그 돈을 가졌다고 생각하여

그렇게 믿어버리는 것이 중요하다.

이를 통해 자신만의 부에 대한 정의를 찾아야 한다. 그리고 그 정의는 매우 주관적이어서 사람마다 때론 국가마다 다르다는 것도 인지하여야 한다.

다음은 '왜 한국만 그냥 돈이냐'며 인터넷상에서 많은 화제가 되었던 '나라별 중산층의 기준'이다. 우스갯소리로만 넘길 게 아니라, 자신이 목표로 하는 부의 기준과 정의를 생각해보자.

한국(직장인 대상 설문 결과)

1. 부채 없는 아파트 30평 이상 소유

2. 월 급여 500만 원 이상

3. 자동차는 2,000cc급 중형차 소유

4. 예금액 잔고 1억 원 이상 보유

5. 해외여행 1년에 한 차례 이상 다닐 것

프랑스(조르주 퐁피두 대통령이 제시한 것)

1. 외국어를 하나 정도는 할 수 있어야 하고

2. 직접 즐기는 스포츠가 있어야 하고

3. 다룰 줄 아는 악기가 있어야 하며

4. 남들과 다른 요리를 만들 수 있어야 하고

5. '공분'에 의연히 참여할 것

6. 약자를 도우며 봉사활동을 꾸준히 할 것

영국(옥스포드 대학교에서 제시한 것)

1. 페어플레이를 할 것

2. 자신의 주장과 신념을 가질 것

3. 독선적으로 행동하지 말 것

4. 약자를 두둔하고 강자에 대응할 것

5. 불의, 불평, 불법에 의연히 대처할 것

미국(미국 공립학교에서 제시한 것)

1. 자신의 주장에 떳떳하고

2. 사회적 약자를 도와야 하며

3. 부정과 불법에 저항하고

4. 테이블 위에 정기적으로 보는 비평지가 놓여 있을 것

:: 〈머니투데이〉 2013년 8월 13일 자

이렇듯 기준이라는 것은 세우는 사람의 주관과 입장, 그간의 경험과 개인이 속한 사회 분위기나 배경 등에 따라 다르다. 어떤 사람, 어느 나라의 것이 좋거나 나쁘다고 판단할 것은 아니다. 단지, 나름의 기준이 '다를 뿐'임을 인정하고 가장 '나다운' 것을 찾으면 된다.

친구와 술을 먹으며 얘기를 나눈 적이 있다. 친구는 소주잔을 기울이며 이렇게 말했다. "난 서른 살에는 점심마다 초밥을 먹고 있을 줄 알았어." 그런데 서른 살을 훌쩍 넘긴 나이에도 때론 삼각김밥으로 끼니를 때우는 자신의 모습에서 한숨이 나왔는지도 모른다. 하지만 이 세상 어딘가에는 마치 드라마에 나오는 것처럼 점심에 초밥을 먹기 위해 일본에 다녀오는 사람도 분명 있을 것이다. 현실을 비탄하며 꿈꾸기조차 그만둘 필요는 없다는 얘기다. 가능성이라는 것은 직접 경험하고 실제 눈으로 봐서 나도 할 수 있다고 확신할 수 있어야만 가질 수 있는 것은 아니다. 물론 그러면야 가장 좋겠지만, 때론 책이나 드라마, 영화 등을 통한 간접 경험으로도 얼마든지 가능성을 품을 수 있다.

나는 굿네이버스라는 구호단체를 통해 후원을 하고 있다. 후원을 시작할 때 한 아이를 지정하는데, 그러기 위해 아이들의 사진과 나이, 사는 지역, 아이의 장래 희망 등을 열람했었다. 그때 내가 가장 안타까웠던 점은 아이들의 장래 희망이 대부분 '선생님'이라는 것이었다. 열 명 중 여덟 명가량이 그랬다. 선생님이라는 꿈이 작다는 걸 말하고자 함이 아니다. 그 아이들에게는 꿈조차 제한되어 있음이 슬펐다는 얘기다. 그 아이들의 삶에서 볼 수 있었던 '가장 훌륭한 어른'이 선생님이었던 것이다. 그 아이들은 요트 조종사, 해양 생태계 조사관, 앱 개발자, 문화 콘텐츠 기획자 등은 상상조차 하기 힘들었을 것이다. 안타까운 얘기지만, 미래의 가능성이 현재에 저당 잡히는 일은 없어야겠다.

추위를 유독 싫어하던 나에게 가장 나다운 부자란 계절을 선택할 수 있는 사람이다. 다시 말해 추운 겨울을 따뜻한 나라에서 보낼 수 있는 경제적·시간적·신체적 능력을 갖춘 사람이다. 동화 〈개미와 베짱이〉에 등장하는 베짱이는 추운 겨울이 되면 개미에게 빌붙어야 했지만, 현대판 베짱이는 다르다고 생각한다. 여름 동안 자신이 재능을 보인 음악으로 크게 성공하여 겨울에는 따뜻한 나라에서 휴식을 취하는 베짱이를 상상해본다. 2008년도에 나는 현대판 베짱이가 되기 위해서 따뜻한 나라에서 겨울나기를 시도해보았고, 그때 알았다. 이게 딱 내가 원하던 삶의 모습이라는 것을. 여러 여건상 깨달았다고 해서 바로 실천할 수 있는 것은 아니었다. 하지만 가장 '나다운 현대판 베짱이'의 모습을 완성하기 위해 꼬박 4년을 준비했고, 그 이후 추운 겨울을 따뜻한 나라에서 보내는 현대판 베짱이의 모습을 완성했다.

자칭 '베짱이'라 할 만큼 게으른 나도 성공할 수 있었던 깨알 같은 재테크 팁들은 이 책에서 계속 등장할 것이다. 잠자는 것을 좋아해서 틈만 나면 잘 궁리부터 하고 3박 4일은 너끈히 잘 수 있으며, 노는 것과 술 마시는 것을 좋아해서 그런 자리에 빠지지 않는 내가 부자라고 정의하는 모습은 이것이다. 따뜻한 나라에서 선베드에 누워 맥주 홀짝거리며 책 읽다가 스르르 잠드는 것. 세계 굴지의 기업을 세워 치열하게 살면서 시대에 한 획을 긋는 일처럼 거창하지도 않고, 겨울에도 따뜻한 나라에 있어야 하는 조건이니 너무 소박하지도 않은 모습 아닌가?

나다운 부자에 대한 기준과 정의는 오로지 나만이 할 수 있다. 여기서 중요한 것은 '나다운' 부자의 모습을 그리고, 예행연습을 해보고, 목표로 잡아 노력했더니 이루어졌다는 사실이다.

'나다운 부자'를 정의하고 꿈꿔라. 꿈을 제한할 필요는 없다. 마음껏 상상하라. 하지만 그것을 이루기 위한 목표는 구체적이어야 한다. 바로 실천할 수 있는 것들부터 차근차근 실행해나가라. 막연한 부자를 목표로 삼지 말라. 남들이 말하는 부자에 휩쓸리지도 말라. 마치 남의 옷을 주워 입은 것처럼 어색하고 불편할 것이다. 나다운 부자가 되는 길은 그 과정 역시 즐겁고 행복해야 한다는 걸 잊지 말자.

부자 될 가능성을 알아보는 SWOT 분석

'SWOT 분석'은 마케팅 전략을 수립할 때 흔히 사용하는 방법이다. 내부적인 강점Strength과 약점Weakness, 외부적인 기회Opportunity와 위협Threat으로 분류하여 기업을 둘러싸고 있는 환경을 각 측면에서 따져보는 것이다. 각 요인에 해당하는 내용을 표로 작성하여 한눈에

Strength(강점)	Weakness(약점)
호기심이 많다. 시간 관리를 잘한다. 남의 얘기를 잘 들어준다. 블로그를 잘 운영한다. 숫자에 강하다.	게으르다. 공부하는 것을 별로 좋아하지 않는다. 꼼꼼하지 못하다. 쇼핑을 좋아한다. 감정기복이 심하다.
Opportunity(기회)	Threat(위협)
여러 모임에 적극적으로 참여하고 있다. 나만의 시간이 많다. 주변에 좋은 말씀을 해주시는 분들이 많다. 주기적으로 보너스가 나온다. 새로운 사업 제안이 들어왔다.	부모님의 건강이 좋지 않으시다. 남편의 씀씀이가 너무 크다. 집과 직장의 거리가 멀다. 경조사가 많다. 지출 항목 중 여행비가 차지하는 비율이 크다.

볼 수 있도록 한 다음, 강점과 기회는 활용하고 약점과 위협은 최소화하는 전략을 수립한다. 우리는 이를 개인에 적용해보자.

도표 1의 SWOT 분석표에 제시된 예는 내가 진행하는 머니 세미나에서 여러 참가자가 작성한 내용 중 일부를 가져온 것이다. 이를 참고하여 자신의 SWOT 분석표를 작성해보자. 강점과 약점은 자신의 성격과 능력 부분에, 기회와 위협은 주변 환경의 요소에 초점을 맞춘다.

표를 작성했다면 '부자'라는 키워드를 두고 항목을 하나씩 다시 들여다보자. 어떤 특성들이 부자가 될 가능성으로 연결될까?

세미나에서 인상 깊었던 사례를 소개하고자 한다.

대학을 졸업하자마자 대기업에 입사한 조미정(가명) 씨는 쇼핑을 매우 좋아한다. 직장생활 초기에는 과중한 업무에 야근도 많아 쇼핑할 시간을 내지 못했다. 그런데 요즘에는 업무도 많이 익숙해지고 일에 대한 긴장감도 누그러져 틈만 나면 모바일 쇼핑을 하고 주말에는 특별히 살 것이 없어도 백화점을 둘러보는 일이 고정적인 일과가 되었다.

세미나에서 SWOT 분석표를 작성할 때 그녀는 자신의 약점으로 쇼핑을 심하게 좋아하는 점을 가장 먼저 꼽았고, 이 약점이 자신이 부자가 될 가능성을 가장 크게 저해하는 요소라고 스스로 진단했다.

나는 그녀의 쇼핑 스타일에 대해 몇 가지 질문을 해본 결과 그녀가 비교에 굉장히 탁월하다는 점을 알게 되었다. 똑같은 물건을 그녀는 가장 저렴한 곳에서 구입하고 있었다. 특히 소셜 커머스(소셜 네트워크 서비스를 통하여 이루어지는 전자상거래)를 활용하여 저렴하게 물건을 구매하는 쇼핑법에 대한 그녀의 설명은 다른 참가자들이 혀를 내두를 정도로 정교했다.

나는 그녀가 꼽은 약점인 '쇼핑'에 관한 특성을 '비교'에 매우 탁월하다는 강점으로 전환해볼 것을 제안했다. 그리고 물건을 구매하는 쇼핑에만 빠지지 말고 금융상품 쇼핑에도 관심을 가져보라고 제안했다. 그녀는 시도해보겠노라고 했다. 이후 그녀는 여러 금융상품 중 펀드투자로 범위를 좁히고는 다양한 특성의 펀드들을 비교하기 시작했다. 가끔 내게 궁금한 점을 물어오기도 했는데 질문의 수준이 보통 사람들에 비해 눈에 띄게 높았다.

그녀는 꼼꼼한 비교를 통해 자신의 현재 상황과 성향에 꼭 맞는 펀드를 선택했고, 지금은 소비성 물건의 쇼핑보다는 투자상품 쇼핑에 훨씬 더 큰 흥미를 느끼고 있다. 최근에는 경매에 관심이 생겼다고 한다. 매의 눈과 같이 날카로운 분석 능력으로 곧 좋은 물권을 확보하리라는 게 나의 예감이다.

'남편'은 SWOT 분석표 작성 시간에 단골로 등장하는 항목이다. 어떤 참가자는 자신의 약점을 커버해줄 수 있다는 점에서 장점에 적기도 하고, 경제적 능력을 고려하여 기회로 적기도 한다. 하지만 가장 위협적인 요소라며 위협 칸에 꾹꾹 눌러 적고는 별표까지 그려 넣는 이들도 있다. 이렇듯 가족 구성원은 우리가 관계를 이어갈지 끝낼지 선택할 수 있는 대상이 아닌 만큼 우리가 하고자 하는 부의 축적에도 원초적인 형태로 영향을 미친다.

한 번은 한 참가자가 결혼한 지 얼마 되지 않았는데 시부모님께 매월 용돈을 드려야 하는 문제로 남편과 갈등이 심하다고 하소연하며 위협 칸에 시부모님을 적었다. 그러자 다른 참가자가 그건 일도 아니라며 자신은 거액의 병원비를 보내고 있다고 했다. 이 말을 들은 앞서의 새댁 참가자는 다시 생각해보더니 그래도 자신은 시부모님이 육아도 도와주시고 철마다 김치며 반찬이며 죄다 대주셔서 식

료품비가 굉장히 적게 든다고 했다. 그러면서 위협 칸에 적었던 시부모님을 기회 칸으로 옮겨 적었다. 시부모님이 건강하시다는 데 감사한 마음을 가져야겠다고 반성하기도 했다.

이렇듯 마음가짐에 따라 위협이 얼마든지 기회가 되기도 한다.

자신의 강점과 약점을 외부의 기회와 위협에 전략적으로 대응하여 부자가 될 가능성을 더욱 높여보자.

SO 전략(강점-기회 전략): 기회를 활용하기 위해 강점을 사용하는 전략

블로그를 잘 운영한다는 장점이 여러 모임에 적극적으로 참여하고 있다는 기회를 통해 부각된 예가 있다. 모임에서 자신의 블로그를 소개한 것이 계기가 되어 파워 블로그에 등극하기도 한다.

ST 전략(강점-위협 전략): 위협을 회피하기 위해 강점을 사용하는 전략

시간을 잘 활용하는 강점을 발휘하여 집과 직장과의 거리가 멀다는 위협 요소를 활용하는 예가 있다. 그 시간을 공부하는 시간으로 지정해놓고 책을 읽거나 강연 등을 들으며 자기계발에 힘쓴다.

WO 전략(약점-기회 전략): 약점을 극복함으로써 시장의 기회를 활용하는 전략

예컨대 시부모님께 드려야 하는 용돈은 육아비와 식비의 절감으로 상계할 수 있고, 시부모님이 제공해주시는 제품(김치 및 반찬) 및 서비스(육아)에 대한 것은 시간의 활용과 에너지의 비축이라는 측면에서 기회로 여길 수 있다.

예컨대 가계 소비 중 여행비 비중이 커서 자산 형성에 위협 요소로 작용할 정도라고 해보자. 먼저, 여행비가 많이 드는 이유를 찾는다. 만약 자신의 게으른 성향이라는 약점 때문에 여행계획 수립 시 자금 누수가 생긴다면 약점을 최소화하려는 노력이 필요할 것이다. 큰 고민 없이 여행사 패키지 상품을 그대로 고른다든지 여행 일자에 너무 임박하여 비행기를 예매하여 더 큰 비용을 내고 있다든지 등의 경우다.

공부하는 방식, 일하는 방식, 삶을 영위하는 방식이 저마다 다르듯이 부자가 되는 과정의 모습도 저마다 다르다. 자신에게 가장 맞는 스타일로 부자가 되어가야만 그 과정에서도 편안함을 느낄 수 있다. 자신의 스타일을 알기 위해서는 자기 자신을 꼼꼼히 분석해야 한다. 자기 몸매의 장단점을 잘 아는 사람이 옷을 잘 입는 것과 마찬가지다.

약점이 장점으로 전환되고 장점이 큰 힘을 발휘하여 위협을 건너 기회를 만나게 해주자. 그러면 자신 안에 웅크리고 있던 부자 가능성은 어느 순간 가능성을 넘어 현실에서 폭발할 것이다. 당신의 그 순간을 기대해본다.

호프집에서도
'아무거나'는 시키지 마라

얼마 전 여의도 MBC 사옥 음료 자판기에 '아무거나'라는 메뉴 버튼이 등장해 화제가 된 적이 있다. 이 버튼을 누르면 자판기 안의 음료수 중 하나가 랜덤으로 나와 더 싼 제품이 나올 수도 있고 넣은 금액보다 더 비싼 제품이 나올 수도 있어 일명 '복불복 자판기'라 불렸다. 이 사실이 한 아이돌 스타의 SNS를 통해 알려지며 많은 사람이 몰렸다고 한다. 매 순간 선택해야 하는 현대인들에게 고민의 짐을 덜어주는 한편, 호기심을 유발시켰다는 점이 매력 포인트였다고 한다.

:: 〈머니위크〉 2013년 7월 11일 자

'아무거나'에는 자신의 주관을 명확히 드러내는 것을 꺼리는 것과 선택의 고뇌에서 벗어나고 싶다는 심리가 담겨 있다. "난 아무거나 다 괜찮다", "아무거나 다 좋아", "아무거나 잘 먹어" 등의 말은 주관이 너무 강하다는 인상을 피하고, 선택을 상대에게 전가할 수 있다. 그런데 당신이 TV 홈쇼핑으로 물건을 주문한다고 가정해보자. "아무거나 보내주세요", "더 예쁜 것을 보내주세요", "많이요" 등의 표현으로 주문한다면 어떤 일이 일어날까? 당신은 제품의 명칭과 색상, 수량 등을 정확하게 말해야 한다. 그렇지 않으면 주문이 접수조차 되지 않을 것이다.

돈에 대해서도 명확한 목표 설정은 매우 중요하다. 돈에 각각 이름을 붙여주지 않으면 그 돈은 어느샌가 사라져버린다. 현금 인출기에서 돈을 뽑아 지갑에 넣어둔 게 며칠 되지도 않았는데 어느샌가 지갑이 텅텅 비어 있는 경험, 누구에게든 있지 않은가. 몇 년 전 크게 유행했던 10억 모으기도 이와 비슷하다. 수치상의 목표조차 없이 무작정 돈을 모으겠다고 생각하는 것보다는 낫겠지만 이 또한 단순한 숫자에 대한 목표다 보니 모아가는 과정에서 유혹에 빠지기 쉽다. 그리고 더 위험한 것은 금액을 채운 다음에 어떻게 할 것인가에 대한 구체적인 목표가 없어서 그 돈을 그대로 방치하기도 하고, 반대로 그간 유지해온 절제력이 한순간 풀어져 의미 없이 충동적으로 쓰는 경우도 봤다.

대학교에 입학한 후나 취업 직후, 마치 사춘기 열병이나 되는 것처럼 이와 비슷한 경험을 하기도 한다. 나도 돌이켜보면 고등학교 때는 단순히 좋은 대학에 입학하는 것이 목표였던 것 같다. 대학교에 들어가는 관문이 되는 시험에서 고득점을 획득하는 것에 온통 초점이 맞추어져 있었다. 생체 리듬도 생각도, 마음도 말이다. 그래서 막상 대학교에 입학하자 그다음부터는 무엇부터 해야 할지, 그다음은 어디로 나아가야 할지 굉장히 막막하여 한동안 심하게 방황했던 기억이 난다.

명확한 목표를 설정하는 것은 무엇보다도 선행되어야 하며, 절대 생략하고 건너뛰어서는 안 된다. 일단 명확한 목표가 설정되었다면 구체적으로 상상하고, 상상한 것을 종이에 적어보도록 한다.

직접 적어보는 것과 관련하여 자주 인용되는 사례로 1979년의 하버드 경영대학원 연구가 있다. 졸업생들을 대상으로 졸업 후 10년간 추적 조사를 한 내용이다. 조사를 시작할 당시 전체 졸업생의 3퍼센트는 명확한 장래 목표를 설정하고 종이에 기록했고, 13퍼센트는 목표는 세웠지만 기록하지 않았으며 나머지 84퍼센트는 구체적인 목표를 세우지 않았다. 10년 후 이들의 목표 성취 수준은 참으로 놀라운 차이를 보였다. 목표를 세우되 기록하지 않았던 13퍼센트의 그룹은 목표가 없었던 84퍼센트 그룹에 비해 수입이 2배가 많았다. 그보다 더 놀라운 것은, 목표를 세우고 기록했던 3퍼센트 그룹은 나머지 97퍼센트보다 10배나 많은 수입을 올리고 있었다는 것이다. 구체적인 목표를 설정하고 이를 기록하는 것의 힘은 놀랍지 않은가?

먼 나라 미국, 그것도 하버드의 일만이 아니라 내가 무척 가까이서 접한 사례도 있다.

스물여덟 살 김효정(가명) 씨는 마흔 살에 현금 2억 원을 보유하고 있는 자신의 모습을 그렸다. 그녀는 그 자금을 밑천으로 해서 평소 좋아하던 제빵 관련 창업을 하는 것이 목표다. 비록 지금은 전혀 분야가 다른 직장에 다니며 주말에만 제빵교육을 받고 있지만, 마흔 살이 되면 직장을 그만두고 본격적인 제빵 사업을 추진할 생각이다.

이를 위해 매월 150만 원씩을 저축하고 있는데 여간 힘든 게 아니다.

그만두고 싶었던 적이 한두 번이 아니었다. 가장 힘들었던 순간은 이직을 할 때였다. 이직하는 사이에 시간적 공백이 생기면서 꼬박꼬박 당연히 들어오던 월급이 끊기자 저축이 압박과 스트레스가 되었다. 미래를 위해 준비하는 저축이 현재 삶의 질을 훼손하는 듯했다.

급기야 마음 편한 것이 최고라는 생각에 이르게 되자 저축을 그만두기로 마음먹은 그녀는 해약 절차를 알아보기 위해 가입 당시 작성했던 서류들을 꺼내어 들추어보았다. 그때 종이 한 장이 펄럭이며 떨어졌다. 그곳에는 '마흔 살 현금 2억 원. 나의 꿈을 도와줄 창업자금'이라는 글씨가 또박또박 적혀 있었다. 자기 글씨가 맞는지 한참을 뚫어지라 쳐다보던 그녀는 서류들을 조심스럽게 다시 챙겨 넣었다. '조금만 더 버텨보자. 지금 잠깐 힘든 이 순간만 넘겨보자'라는 결심과 함께.

앞에서 지갑에 대해 이야기하며 내 지갑에는 모형 돈 한 장이 있다고 했다. 우리나라 돈으로 10억 원 정도인, 자유의 여신상이 그려진 화폐 말이다. 유독 돈이 궁핍해질 때면 난 이 모형 돈을 꺼내 들고 쳐다보며 이렇게 주문을 건다. '나에게는 곧 10억 원짜리 아이디어가 떠오를 거야. 지금 내가 하고 있는 일은 10억 원을 불러올 거야. 난 지금 10억 원으로 커질 씨앗을 뿌리고 있는 거야.' 그렇게 주문을 걸고 다시 지갑에 넣어두면 내 수중에 벌써 10억 원이 있는 듯하여 마음이 풍성해진다.

첫째 명확한 목표 설정, 둘째 이를 종이에 적는 것, 셋째 그 종이를 항상 지니고 다니며, 넷째 반복해서 보는 것. 이 4단계는 어딘가 모르게 익숙하지 않은가? 옛날 자식들의 성공을 빌며 어머니가 사다 주시던 부적과 비슷하지 않은가? 실제로도 그런 부적을 지니고 다니면서 어머니의 간절한 마음과 정성을 떠올리며 더 노력했고, 그래서 성공했다는 이들이 많다. 이들은 '아무거나'라는 단어를 사용하지 않았고, 항상 뚜렷한 주관과 목표 의식으로 이루고자 하는 바를 향해 똑바로 나아갔다. 부자가 되려면 기본적으로 갖춰야 하는 것이 바로 이런 마음자세다.

인생 미션 설정, 중요한 것은 방향이다

선무당이 사람 잡는다고, 돈 공부를 시작한 지 얼마 지나지 않아 조금 알 만해지니 더 혼란스러웠다. '나에게 돈은 어떤 의미를 가지지?', '왜 나는 돈을 벌려고 하지?', '왜 많은 사람이 돈에 얽매여 살아가지?', '돈으로부터 자유로운 사람들은 없을까?' 수만 가지 질문이 머릿속을 꽉 채웠고 그 답을 찾으려다 오히려 뒤죽박죽이 되곤 했다. 중심을 잡을 수가 없었다. 이 사람의 말과 저 사람의 말이 모두 달랐고, 내 생각이 잘못됐다고 지적하는 사람들까지 등장하자 난

어지럽게 이리저리 흔들렸다.

그때 내 눈에 박히듯이 들어온 것이 한 기사 제목이었다. '자본의 정글에서 돈 벌어 자본의 그늘을 위해 쓰다'〈매일경제〉 2009년 9월 21일 자 기사로 한 증권 전문가가 투자자문을 통해 번 돈을 장애인을 위한 비영리재단에 도서출판기금으로 기부했다는 내용이다. 나는 당시 스크랩한 기사를 아직도 가지고 있으며, 이 한 줄은 지금까지도 내 인생의 중심에 있다.

그 제목을 본 순간 그런 생각이 들었다. 그래, 내가 잘하는 것, 지금 내가 열중하고 있는 것!

나는 대학교에 다닐 때 댄스 퍼포먼스 팀을 창단하여 수익사업을 했다. 대부분이 부모님한테 받은 용돈으로 회비를 내며 동아리를 유지해갈 때 우리 팀은 각종 공연에 출연하며 출연료를 받았고, 경연대회에 참가하여 대상으로 받은 디지털 피아노를 팔아 운영에 보태기도 했다. 우리 자체 행사를 기획할 때에도 다수의 기업을 후원사나 협찬사로 유치하여 제법 그럴듯하게 치르기도 했다. 첫 직장에 들어가서도 오지랖은 여전했다. 단순 사무업무만 담당해도 될 것을 난 스스로 영업을 자청하여 회사 매출의 상당 부분을 나 혼자서 창출하기도 했다. 항상 돈이 마를 것 같으면서도 마르지 않는 것은 분명한 나의 능력이라고 생각한다.

이렇게 몇 차례의 경험을 통해 여러 사례가 축적되자 나의 믿음은 확신으로 바뀌었다. 그래, 난 돈 버는 능력이 있다. '이 능력으로 난 무엇을 해야 할까? 어떻게 살아야 할까?'라는 고민이 한창일 때, 해결의 물꼬를 터준 것이 바로 그 기사 제목이다.

그 한 줄이 내 인생의 지향점에 대한 물꼬를 터주었다면, 요가를 하며 깨달은 '균형'과 '유연성'이라는 키워드는 일상에서 추구하는 삶의 방향과 지향해야 할 모습을 알려주었다. 물질주의의 최첨단이자 자본주의의 대표주자 격인 '돈'을 다루는 일과 정신적 풍요의 궁극점, 명상으로 대변되는 '요가'를 함께 하며 난 둘 사이의 묘한 줄타기가 만들어낸 짜릿함을 온몸으로 느끼고 있다. 둘을 소화해내는 본체는 나라는 한 지점이므로 그것들은 어떻게든 내 안에서 융합했고 서로의 장단점을 보완하여 최상의 시너지를 만들어낸다.

그리하여 나는 내 인생의 중심이 되며 내 삶의 지표가 되는 미션 선언문을 다음과 같이 완성했다.

"나는 항상 돈이 마르지 않는 능력으로 자본의 정글에서 번 돈을 자본의 그늘을 위해 쓰는, Balance와 Flexibility가 조화된 삶을 살아간다."

나는 이 미션 선언문을 곳곳에 써놓았다. 매일 들고 다니는 수첩은 물론, 지갑 속 모형 돈의 뒷면, 자주 들어가는 카페의 게시판 그리고 가장 중요한 내 마음속에도 또렷하게 새겨두었다. 내 삶은 이 미션 선언문대로 조금씩 바뀌고 있다.

여기 다른 사람들의 미션 선언문 몇 개를 소개해본다. 이를 참고

하여 당신도 자신의 미션 선언문을 만들어보는 것은 어떨까?

"나는 그냥 숨쉬듯 자연스럽게 살아가며, 세계평화에 기여하고, 모두 하나되어 사랑하는 세상을 만든다."

– 전일 (25세 · 휴먼네트워크 플랫폼 JWEEN Entertainment 대표)

"나는 올바른 가치를 추구하는 위대한 리더로서 선한 부를 이루고, 많은 사람들에게 선한 영향력을 전하는 삶을 살아간다."

– 마민하 (26세 · 청년사업가, 일원동 소재 '날으는 돈까스' 창업)

"나는 수많은 사람들에게 희망의 빛을 전해주는 세계적인 리더, 교육자, 작가이다. 나는 신의 도구로써 가장 풍요롭고 행복하게 쓰여져 가장 나다운 모습으로, 세상에 가치를 부여하고 사랑을 충만하게 베풀며 살아가는 이 충만한 순간들에 눈물 나도록 감사하다!"

– 조성희 ('조성희 마인드 스쿨' 대표 · '시크릿' 주인공 밥 프록터의 유일한 한국인 비즈니스 파트너)

"나는 행복한 성공자이다. 나의 멋진 꿈 '미래혁신 창업재단장'을 위해 매 순간 행복하게 몰입할 것을 생각하니 가슴이 두근거린다. 축복처럼 주어진 오늘 하루도 나의 소중한 꿈을 향해 나아가는 내 자신을 진심으로 응원한다. 파이팅!"

– 김윤경 (45세 · 미래혁신 창업재단장. 현 존슨앤드존슨 북아시아총괄 디지털마케팅이사)

"오늘보다 더 나은 내일을 꿈꾸는 사람들에게 필요한 정보와 인맥을 연결해주는 드림커넥터라는 사명으로 사람과 사람을 이어주는 일에 보람을 가지며 살아간다."

– 김욱진 (48세 · William E. Connor 한국지사 이사)

서른 살 1억 프로젝트 성공 스토리

명확한 목표를 세우고 미션 선언문으로 인생의 중심까지 잡았다면, 이번에는 정확한 목표금액을 설정해야 한다. 목표금액으로 1억 모으기, 10억 모으기 등도 나쁘진 않지만 이왕이면 명확하고 구체적인 목표를 위한 1억, 10억일 때 훨씬 더 좋다. 단순히 숫자만 정해놓는 것은 비현실적인 경우가 많기 때문이다. 내가 스물여덟 살에 마흔 살 100억을 꿈꿨던 것이 이에 해당한다.

이 숫자가 현실적인지 비현실적인지는 역산을 해보면 쉽게 알 수 있다. 당시 내 머니 멘토가 계산기까지 두드려가며 적나라하게 보여줬던 바와 같이, 스물여덟 살의 내가 마흔 살에 100억 원을 가지고 있으려면 한 달에 4천여만 원씩 저축을 해야 한다. 한 달은커녕 연봉이 4,000만 원이 되지 않았으니 내 손으로 잡기에는 너무 멀고 큰 목표였던 것이다. 그래서 남들이 한다고 따라서 하는 얼마 모으기는 자신의 상황과 동떨어진 허황된 숫자인 경우가 많다.

목표금액을 설정하기 위해서는 단순히 돈 자체에 대한 목표보다 인생의 목표가 더 확고해야 한다. 앞으로 인생에서 계획하고 있거나 예정된 이벤트들을 먼저 생각해본 후, 이를 최종 목표 달성 시한으로 정해놓고, 필요한 금액을 예상하여 현재부터 준비해야 하는 금액을 역으로 따져보는 것이다.

예컨대 5년 후 결혼을 계획하고 있다면 이때 필요한 금액이 얼마일지 생각해본다. 막연하게 '1억쯤 필요하지 않을까요?' 식으로 추정하지 말고 실제 주변의 결혼한 선배들에게 물어본다든가 평균 결혼자금이 얼마 정도 되는지 검색해보는 수고라도 해보자. 그렇게 해서 도출된 금액이 5,000만 원이라면 지금부터 5년간 이 자금을 어떻게 준비할지 역산해본다. 이때 각 금융권에서 제공하고 있는 무료 재무계산기를 활용하면 된다.

도표 2에서 계산된 결과를 보자. 5년 후 5,000만 원을 모으기 위해서는 연 5.17퍼센트의 단리 수익률로는 월 75만 원씩을, 연 18.09퍼센트의 수익률일 때는 월 60만 원씩을 저축하면 된다. 그런데 연 5.17퍼센트의 단리 수익률도 현재 시중에서는 찾아보기 어려우므로 저축액을 더 늘려야 할 것이다.

살다 보면 계획이 변경되는 경우도 발생하는데, 이때 자칫 투자성향에 맞지 않는 공격적인 투자로 손실을 보는 이들도 있다. 예를 들어 5년으로 예상했던 일이 3년으로 변경되었다고 해보자. 이때 매

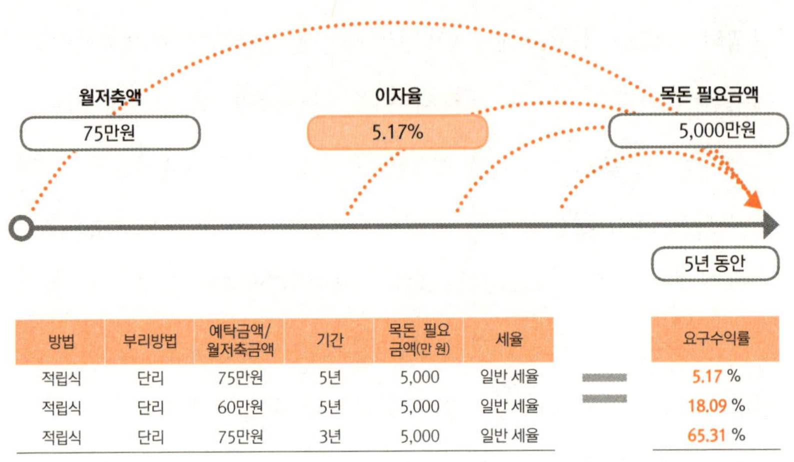

방법	부리방법	예탁금액/ 월저축금액	기간	목돈 필요 금액(만 원)	세율		요구수익률
적립식	단리	75만원	5년	5,000	일반 세율		5.17 %
적립식	단리	60만원	5년	5,000	일반 세율		18.09 %
적립식	단리	75만원	3년	5,000	일반 세율		65.31 %

월의 저축액을 늘릴 수 없는 처지라면 수익률이 65.31퍼센트가 되어야 한다. 그래서 종종 무리수를 둔 위험한 투자에 뛰어들기도 하는데 이는 결코 현명한 방법이 아니다. 차라리 목표자금을 수정한다든지 대출이나 부모님으로부터 원조를 받는 등의 방법을 찾아보는 편이 낫다.

주택자금을 마련하는 것도 마찬가지다. 구체적인 목표가 내 집 마련이라면 가까운 부동산 중개업소에 방문하여 정보를 얻고 여러 가지 도움을 받을 수 있다. 원하는 집의 규모와 목표금액이 정해졌다면, 역산을 통해 구체적인 계획을 세운다. 도표 3이 그 예를 보여준다.

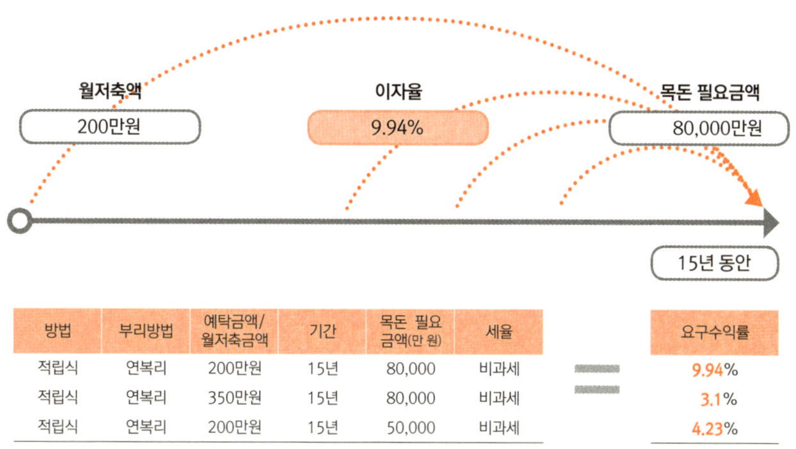

방법	부리방법	예탁금액/월저축금액	기간	목돈 필요금액(만 원)	세율		요구수익률
적립식	연복리	200만원	15년	80,000	비과세		9.94%
적립식	연복리	350만원	15년	80,000	비과세		3.1%
적립식	연복리	200만원	15년	50,000	비과세		4.23%

8억 원짜리 주택을 15년 후에 구매하는 것을 목표로 할 경우를 상정했으며, 준비 기간이 15년으로 비교적 장기라 연복리로 설정했다. 계산 결과를 보면 알 수 있듯이, 매월 200~350만 원을 저축해야 하므로 온전히 저축만으로 목표자금 전액을 준비하려 한다면 부담스러울 수 있다. 그런 경우 5억 원은 저축으로 준비하고 나머지 3억 원은 대출로 충당한다든지 하는 방법을 모색해볼 수 있을 것이다.

스물다섯 살의 우혜진(가명) 씨가 나를 찾아왔을 때, 나는 그녀의 젊음과 그녀의 인생에 앞으로 펼쳐지게 될 다양한 가능성이 부러웠다. 나는 부끄러움을 무릅쓰고 나의 스물다섯 살 시절과 마이너스로 맞이한 서른 살의 이야기를 해주었다. 수줍은 듯이 배시시 웃는 모습이 매력적인 그녀는 두 눈을 동그랗게 뜨고 놀란 듯이 물었다. "똑 부러지고 철저한 분 같아 보여서 그런 일이 있었을 줄은 몰랐어요. 처음부터 굉장히 잘하셨을 줄 알았는데…" 너무도 솔직한 그녀의 말에 가슴이 콕콕 찔리는 듯했다. 하지만 어쩌랴, 그것도 내 인생 일부였던 것을. 난 그녀의 인생 선배이기도 하다. 비록 좋지 못한 경험일지라도 앞이 낭떠러지인 길을 미리 다녀왔다면 그 길로 접어들어서는 안 된다는 것을 미리 알려줄 수 있고, 이 또한 의미 있는 일이 아니겠는가.

"난 혜진 씨가 나와 같은 서른을 맞이하지 않았으면 좋겠어요. 혜진 씨, 나랑 같이 '서른 살 현금 자산 1억 모으기 프로젝트'를 진행해보는 것은 어때요?"

그녀는 앞으로의 인생에 대한 구체적인 계획과 목표는 없었지만 나를 처음 찾았을 때부터 이미 월급의 절반을 저축하고 있을 정도로 성실함이 몸에 배어 있었고, 과소비를 하는 성향이 아닌 것으로 보였다. 그러니 충분히 가능한 목표액이라고 생각했다.

프로젝트를 함께 해보겠다는 그녀의 대답에 1억을 모으게 되면 그것으로 무엇을 하고 싶은지 생각해보라고 했다. 그녀는 결혼자금으로 활용하거나 새로운 것을 배우고 싶을 때 사용하고 싶다고 했다. 난 당장 그녀의 현금흐름표를 다시 점검하여 저축률을 약 60퍼센트까지 올렸다. 그리고 한 가지 다짐을 받았다.

"이 프로젝트 성공할 때까지 신용카드는 절대로 만들지 않기에요. 꼭

이요! 카드는 체크카드면 충분해요. 그리고 중간에 다른 용도로 이 자
금을 빼서 쓰는 일도 있어서는 안 돼요, 알았죠?"

혜진 씨와는 일종의 근황 업데이트도 할 겸, 매년 한 번씩은 꼭
만나 우리의 프로젝트가 잘 진행되고 있는지 확인하고 느슨해진 마
음을 다잡는 시간을 갖고 있다.

그녀는 이제 곧 서른 살이 된다. 지금 상황이라면 아마도 무난히
현금자산 1억을 가진 여자로 서른 살을 맞이할 것이다. 스물다섯 살
그녀를 처음 봤을 때 수줍은 미소에서 느껴지던 소녀다운 분위기가
언제부터인가 자신감 넘치는 진정한 '레이디'로 바뀌어가고 있다.
그녀는 그 1억으로 그녀가 원하는 공부를 할 수도, 여행을 갈 수도
있을 것이다. 아니면 그 1억을 종잣돈으로 하여 더 큰 자산을 축적
할 수도 있겠다.

확률 낮추는 탄탄한 밑작업

돈을 다루는 내가
요가를 시작한 이유

당신이 멈추지 않는 한, 얼마나 천천히 가고 있느냐는 중요하지 않습니다.

:: 공자

여기서는 조금 긴 이야기를 하려 한다. 지금 나의 생각이나 가치관이 어떤 과정을 통해 형성되었는지를 있는 그대로 보여주려 한다. 이것이 독자에게도 지난 삶을 되돌아볼 수 있는 계기가 되어 준다면 좋겠다.

우리는 살면서 수십 번도 넘게 꿈이 바뀐다. 살면서 현실에 맞게 조정한다는 표현이 더 맞는지도 모르겠다. 나도 어렸을 적 꿈을 되돌아보면 몸이 많이 아파 병원을 제집 드나들듯 할 적에는 의사가 되고 싶다고 했고, 예쁜 담임선생님을 만났을 때는 선생님, 영화 〈어퓨 굿 맨〉을 봤을 때는 변호사라고 하는 등 꿈이 휙휙 바뀌었다. 당시에 꾸었던 꿈은 중심 없이 이리저리 흔들렸고, 꿈의 크기도 내가 볼 수 있고 알고 있던 범위 안의 것으로 한정되어 있었다.

몸을 움직이는 것에 대한 관심이 언제부터였을까를 되짚어보면 여덟 살 때로 거슬러 올라간다. 아빠의 직장 동료들과 그 가족까지 동반한 대규모 모임에서 하이라이트는 아이들의 장기자랑이었다. 그때 난 꼬불꼬불 파마머리에 보라색 점퍼를 입고 당시 대유행이던 이상은의 〈담다디〉를 부르며 춤을 췄다. 꽤 잘 췄던 것 같다. 나만 신이 났던 게 아니라 어른들도 흥겨워했고 아이들 사이에서도 대번에 인기가 높아졌다. 그날 이후로 아빠 동료들은 나를 너무도 잘 기억하여 가끔 만날 때마다 "너 담다디 췄던 아이구나. 많이 컸네"라고 하시곤 했다.

내가 저학년 때 다녔던 초등학교는 기계체조로 유명했다. 체육관에 기계체조를 위한 시설까지 갖추고 있었다. 체조부 선배들이 철봉에서 휙휙 돌고 얇은 평행봉에서 고양이처럼 균형을 잡는 모습이 어린 나의 눈에는 신기하면서도 우아해 보였다. 날씨가 참 화창하던 어느 날의 일이다. 체육관으로 들어오는 햇살을 조명 삼아 서 있는 늘씬하게 뻗은 체조부 언니들의 모습은 마치 순정만화의 한 장면과도 같았다. 한동안 넋을 놓고 그녀들의 연습 장면을 구경했던 것 같다. 체조부에 들어가고 싶었다. 그래서 연습을 하겠다며 놀이터 철봉으로 달려가 방금 본 동작을 흉내 내기 시작했다. 그러다가 그만 바닥으로 떨어지고 말았다. 팔이 바깥쪽으로 꺾였다. 그런데 하필 그날, 동생이 집에서 소화기를 터트리는 사고를 쳤다. 평소 같았다면 저녁 먹으러 들어오라고 엄마가 부르러 왔을 텐데 그날은 온 집 안을 뒤덮은 하얀 가루를 치우느라 오지 못했다. 그래서 엄마는 그날 내가 팔을 다친 게 당신 탓이라고 오랫동안 자책하셨다.

이 사건은 이후 나의 삶뿐만 아니라 우리 가족의 삶에도 큰 영향을 미쳤다. 어렸을 때는 그날 내가 체조부 선배들을 보지 않았더라면, 동생이 소화기를 터트리지 않았더라면, 엄마가 나를 평소처럼 일찍 불렀더라면 하는 생각도 많이 했다. 하지만 20년이 훌쩍 지난 지금은 알고 있다. 마치 영화 〈나비효과〉의 주인공 에반처럼 과거로 돌아가 이 사건이 일어나지 않도록 바꾼다면 내 인생은 다른 방향으로 흘러갔겠지만, 그 삶이 결코 더 나을 것 같진 않다는 것 말이다. 그래서 에반처럼 그 순간으로 돌아가 사고를 막고 싶은 생각은 없다.

영화는 이런 문구로 시작한다. "It has been said that something as small as the flutter of a butterfly's wing can ultimately cause a typhoon halfway around the world.”

나비의 미세한 날갯짓 한 번이 지구 반대편의 태풍을 일으킬 수도 있다는 카오스 이론이다. 이 이론은 아주 사소한 사건이나 선택이 후에 막대한 영향을 미치는 데 인용된다. 그 사건이나 선택은 자의에 의한 것이든 타의에 의한 것이든 오랜 시간에 걸쳐 영향을 미친다.

어찌 보면 작은 사고였다. 팔이 부러지는 것 정도는. 어렸을 적 누구나 다 깨지고 부러지듯이 말이다. 그런데 부러짐이 참 유별나기도 해서 이 작은 사고는 회복하는 데 2년이 꼬박 걸렸고 상당한 비용이 소요되었다. 더욱이 평생 신체적 핸디캡을 가지고 살게 되었다. 그런데 내가 이 사건을 두고 가장 안타까워하는 것은 내 인생에서 꿈 하나가 고스란히 접혔다는 점이다. 고양이처럼 사뿐사뿐 걸어다니고 춤추듯 훨훨 날아다니는 체조선수나 댄서로서의 꿈이 그것이다.

초등학교 고학년이 되자 반에서 가장 예쁘게 생긴 아이가 무용부에 들어갔다. 고운 한복을 입고 운동회 때 부채춤을 추는 그 아이를 보고 집에 돌아온 난 세상에서 가장 불행한 아이인 것처럼 울었다. 내가 할 수 없는 것에 대한 부러움이었다. 중학교 체육 시간, 실기 시험을 무용으로 치렀다. 선정된 곡은 〈캐논 변주곡〉이었고 음악에 맞춰 안무를 배웠다. 그때 배운 안무의 도입부는 지금까지도 기억이 난다. 실기 시험에서 A+를 받고 선생님으로부터 무용부에 들어올 것을 제안받았다. 뛸 듯이 기뻤다. 하지만 기쁨도 잠시, 어렸을 적 팔을 다쳤으며 사용하는 데 어려움이 있다는 말씀을 드리자 선생님은 고개를 가로저으셨다. 무용에서는 군무도 춰야 하고 손의 표현도 굉장히 중요한데 다른 학생들과 똑같이 동작을 맞출 수 없다면 안 된다는 것이었다. 가슴속에서 무언가가 와장창 깨져버리는 느낌이었다. 춤추고 싶다는 내 꿈이 그렇게 막히고 말았다.

그 후로 몸을 움직이는 것에 대한 생각은 송두리째 접었다. 공부만이 내가 할 수 있는 것이었고 그 길밖에 없는 것 같았다. 특별한 꿈도 없었다. 그냥 좋은 대학을 가는 것만이 목표였다. 게임을 하듯 모의고사에서 점수를 높였고, 그것이 끝났을 때 난 무엇을 어떻게 해야 할지 몰라 방황했다. 고등학교 때까지는 그래도 선생님이나 부모님이 무얼 하라고 시키기라도 했는데 대학에서는 시키는 것도 없고 뭐라 하는 사람도 없었다. 전공에도 딱히 애착이 가지 않았다. 난 고삐 풀린 망아지처럼 여기저기를 기웃거렸다.

그러다가 선배의 권유로 힙합댄스 동아리를 만들게 되었고, 그간 가슴속에 묻어둔 채 잊고 지냈던 몸을 움직이는 것에 대한 욕망이 한순간 빵 하고 터져 나왔다. 깔맞춤 군무가 있는 무용과 달리 힙합댄스는 자유로웠다. 안무도 내가 짰기 때문에 내 팔의 핸디캡을 감출 수 있는 방향으로 바꾸거나 그런 동작을 빼버리면 그만이었다. 그때 알았다. 가슴속에 묻어놓은 욕망은 평생에 언젠가는 터지는구나 하는 것을 말이다. 난 꿈이 무언가로 인해 제한되는 것의 아픔을 잘 안다. 당사자를 두고두고 어떻게 괴롭히는지도 말이다. 하지만 억지로 눌러놓은 아픔도 나름의 방식대로 숙성되고 발효되어, 기회다 싶을 때는 끝내 터져 나온다. 난 우연히도 기회가 잘 맞아 한 기관에서 4년 9개월을 걸스힙합 강사로 일했고, 이후 재즈댄스 전문인 과정까지도 수료했다. 내 20대의 모든 순간을 춤과 함께했다.

춤에서 요가로 전향한 것은 2008년도였다. 다음의 세 가지 이유에서였다.

하나, 나이가 들어서도 할 수 있는 평생 운동이기 때문이다.

춤을 가르치기도 하고 공연을 하기도 했지만 시간이 흘러가고 나이를 먹을수록 느껴지는 것이 신체조건도 훨씬 우월하고 실력도 뛰어난 친구들이 점점 치고 올라온다는 것이었다. 이건 내가 어떻게 해볼 수 없는, 당연한 현상이다. 나도 그 시기가 있었고 누군가는 나의 젊음을 부러워했을 것이다. 이제 내 차례가 온 것뿐이다. 인정하고 넘어가야 한다.

그래서 위를 쳐다보았다. 내가 30대, 40대, 50대에도 춤을 추고 있다면 어떤 모습일까. 수업을 마치고 나온 선배 선생님들을 보면 또래 나이들보다 훨씬 젊고 건강해 보였다. 하지만 오랜 시간 과도하게 사용한 탓에 무릎이나 팔목 등의 관절이 성치 않았다. 공연이라도 할라치면 높은 힐을 신고 계속해서 발을 굴러야 하고 점프를 한 후 무리하게 착지를 하는 경우도 많다. 이 모든 충격이 고스란히 관절로 전해지는 것이다. 침 맞고 물리치료를 받는 것이 다반사인 그녀들의 모습에서 나이가 들어도 할 수 있고 몸에 이로운 운동이 없을까를 고민하게 되었다.

물론 신체적 나이에는 개인차가 있고 나이가 들어서도 춤을 추는 분들을 나는 매우 존경한다. 여전히 춤을 사랑하고 춤을 생각하면 가슴이 뛴다. 나 역시 나이가 들어서도 춤을 출 것이다. 다만, 흥에 겨워 춤을 즐기는 정도지 춤을 내 인생의 특정한 목적을 이루기 위한 수단으로 이용하지는 않을 것이라는 말이다.

운동은 해도 몸이 아프고, 하지 않아도 몸이 아프다. 업무가 몰려 운동을 하지 못할 때는 온몸이 쑤시고 기분이 가라앉고 정신이 피폐해진다. 그런데 막상 운동을 하면 근육통으로 종아리가 뜨끈뜨끈하고 계단을 오르내릴 때면 다리가 후들거리고 컵이나 펜을 잡은 손이 떨리기도 한다. 그런데 이 두 아픔은 질적인 면에서 확연히 차이가 난다. 운동으로 인한 근육통은 내 몸이 좋아서 비명을 지르는 것 같다. 마치 오르가슴orgasm처럼 말이다. 머리도 맑아지고 기분도 좋다. 그래서 난 즐거운 아픔을 감당하기로 하고 평생 지속할 운동을 찾아봤다.

여러 가지를 시도해보다가 내 신체적 조건에 딱 맞는 운동을 찾아냈는데, 그게 바로 요가였다. 사실 음악에 맞춰 춤을 출 때는 요가가 한없이 지루하고 재미없는 운동이라 여겨져 쳐다보지도 않았는데, 막상 시작해보니 또 다른 매력 넘치는 세상이 열렸다. 요가를 처음 해본 순간 내 신체적 조건에 최적화된 운동임을 단숨에 알 수 있었다. 요가의 핵심인 균형이 모두 잡히는 것이 아닌가. 요가가 내 몸에 옳다는 생각이 들었다. 요가도 종류가 무수히 많으므로 다음 단계는 나에게 맞는 것을 찾아내는 일이었다. 나는 땀을 잘 흘리지 않는 신체적 특징과 어렸을 때부터 쭉 가지고 살아온 핸디캡을 고려하여 오리지널 핫요가인 비크람Bikram 요가를 선택했다.

나의 10대와 20대는 임상실험의 연속이었다. 세상을 향해 나를 가지고 하는 끊임없는 시도였다. 그중에는 실패라고 할 수 있는 것들도 있었고 좌절도 있었다. 그런데 이러한 시도들을 통해 난 내가 무엇을 좋아하고 무엇을 싫어하는지, 무엇이 가장 나다운 것인지, 나에게 어울리는 것이 무엇인지 너무나도 잘 알게 되었다. 이 세상 누구보다 말이다. 그래서 난 청춘들이 많이 실패해봤으면 좋겠다. 처음부터 나에게 꼭 맞는 것을 찾아낸다는 것은 어찌 보면 욕심에 가까운 게 아닐까? 길이 보이지 않고 막막할 때는 인생에서 나와 맞지 않는 것들을 하나씩 제거해나가는 소거법도 써볼 만하다. 그렇게 하나둘 제거해나가다 보면 진짜가 남는다.

자신의 몸도 한번 잘 들여다보자. 그리고 몸이 하는 말에도 귀를 기울여보자. 우리는 몸을 너무 학대하고 과신하는 경향이 있다. 하지만 어쩌면 우리의 정신과 마음보다 더 솔직한 것이 몸인지도 모른다. 몸은 자신의 한계를 인정하고 신호를 보낸다. 나를 좀 돌봐달라고, 나를 좀 아껴달라고 말이다. 춤을 가르칠 때 거울 속에 비친 스스로를 쳐다보지 못하는 사람들을 종종 만났다. 그들은 바닥을 보거나 강사만 바라보며 춤을 춘다. 하지만 바닥만 보며 춤을 추는 댄서는 매력이 없고, 강사만 바라보고 춘다고 해서 강사와 내 몸이 똑같이 움직여지는 것은 아니다. 목욕을 하고 나와서 벌거벗은 자신의 몸을 찬찬히 살펴봐라. 내 신체의 장단점을 많이 알수록 어울리는 옷도 잘 찾아낼 수 있고 내 몸이 좋아하는 운동도 찾아낼 수 있다. 당신은 생각보다 오래 살 것이다. 그런데 병든 채 오래 살고 싶진 않을 것이다. 건강한 삶을 살고 싶다면, 지금 당장 당신의 평생 운동을 찾아보자.

요가로 전향한 두 번째 이유는 전 세계 어디에서든 할 수 있는 사업 원천이 되기 때문이다.

2007년도 크리스마스 날, 난 뉴질랜드로 가는 비행기에 앉아 있었다. 나의 첫 겨울나기 여행이 시작되는 순간이었다. 따뜻한 나라에서 겨울을 나는 건 나의 오랜 숙원사업이었다. 추위를 너무 많이 타다 보니 아침에 집에서 한 발짝 나가보고는 다시 들어와 와인 두세 모금을 홀짝 마시고 다시 나간 적도 있다. 우리나라가 무슨 시베리아도 아닌데 말이다. 그러면 몸이 따끈따끈하고 기분이 그렇게 좋을 수가 없다. 길거리에서 혼자 실실 히죽거리는 건 옵션이다.

난 그해 처음으로 겨울을 따뜻한 나라에서 보냈고 너무도 좋았다. 내 몸이 딱 좋아하는 게 느껴졌다. 그때의 경험은 내 인생에 또 하나의 터닝 포인트가 되었다. '따뜻한 나라에서 겨울나기'. 첫 시도 후 4년간의 준비 끝에 겨울마다 떠났고, 그때마다 기간을 달리하며 최상의 기간도 알아냈다. 나에게 최적의 시간은 3주다. 2주는 좀 짧고 4주는 길었다. 그런데 따뜻한 나라에서 겨울을 나는 건 더할 나위 없이 좋았지만, 최대 문제점은 쉽게 예상하듯이 바로 돈이다. 돈이 내 몸이 좋아하는 선택을 제한하는 것이다. 첫 겨울나기 남반구 여행은 그동안 모은 돈을 모두 싸 짊어지고 떠난 것이었다. 그 돈을 모으기까지 굉장히 힘들었는데 돌아오면 빈털터리가 되리라는 건 뻔한 일이었다. 난 이 구조를 바꾸고 싶었다. 그러려면 내가 따뜻한 나라로 나가 있는 동안 내 몸뚱이가 아닌 내 비즈니스나 돈이 돈을 벌어오게 하는 시스템을 구축해야 한다고 생각했다. 아니면 내가 따뜻한 나라에서도 돈을 벌 방법을 찾아 적어도 체류하는 동안 내 자산이 줄어드는 일만큼은 막을 방법이 필요했다.

따뜻한 나라에서 겨울을 나는 동안 금전적으로도 원활히 돌아가는 시스템을 구축하기까지는 시간이 필요해 보였다. 그래서 난 두 가지 방법을 병행해서 찾아보기로 했고, 때마침 만난 것이 비크람 요가였다. 비크람 요가는 현재 맥도널드 매장이 입점해 있는 나라라면 모두 스튜디오가 운영될 정도로 전 세계에 많이 퍼져 있다.

처음 이 요가에 대해 들은 건 댄스 스튜디오에서였다. 한 회원이 나한테 이런 얘기를 했다. "내가 지금 그 나이라면 비크람 요가 자격증 따서 전 세계를 돌아다니며 강사를 하며 살 거야. 많이 풍족하진 않겠지만 먹고사는 데 지장 없을 정도로만 벌고 자유롭게 사는 것. 그런 삶도 멋있지 않겠어?” 그래서 비크람 요가에 대해 알게 되었고, 그 강사 자격증이 전 세계에서 통용된다는 점이 내가 찾던 핵심 조건에 부합되었다. 남동생은 아주 어렸을 적부터 태권도를 해서 유단자인데, 한 번은 “난 전 세계 어디를 가든 태권도 가르치며 살 수 있어”라고 했다. 그런 능력을 가지고 있다는 것이 난 무척 부러웠다.

이윽고 나는 ‘따뜻한 나라에서 겨울나기 프로젝트’의 해결점을 비크람 요가에서 찾았고, 강사 자격 취득을 준비했다. 강사 자격증은 비크람 요가 본사에서 운영하는 ‘비크람 요가 강사 트레이닝’에 참가하여 창시자인 인도인 비크람 초우더리^{Bikram Choudhury}로부터 직접 사사받아야만 취득할 수 있다. 이 프로그램은 미국 LA에서만 운영되고 있기 때문에 이를 위해서는 미국으로 가야 했다.

사람들은 결과만 보고 내가 결심과 동시에 자격증을 취득했다고 생각하기도 하는데 이 자격증 취득을 위해서 자금을 준비해야 했고, 시간을 확보해야 했으며, 체력을 갖추어야 했다. 미국에서 체류하는 동안 한국에서의 일이 원활하게 유지될 수 있도록 대비해야 했고, 내 자산이 줄어드는 것을 방지하기 위해 현금흐름과 돈이 돈을 벌어오는 시스템도 구축해야 했다. 이 준비 기간은 비크람 요가를 처음 알게 된 시점으로부터 꼬박 4년이 걸렸다. 그리고 마침내 전 세계에서 통용되는 요가 자격증을 취득했고, 나는 이를 이용하여 따뜻한 나라에서 겨울을 나는 동안 그 나라에서 요가 강사로 일하며 적어도 체류비는 벌 수 있는 능력을 갖추게 되었다.

마지막으로 세 번째 이유는, 은퇴 후에도 요가를 제2의 직업으로 삼을 수 있기 때문이었다.

비크람 요가 강사 자격 취득은 전 세계 어디에서든지 요가 강사로서 살아갈 수 있다는 점 외에도 자신의 스튜디오를 직접 운영할 수 있는 기본 자격을 갖추었다는 의미도 있다. 실제 비크람 요가 강사 트레이닝에는 세계 곳곳에서 다양한 인종의 사람들 400여 명이 몰려드는데, 그중에는 시니어들도 굉장히 많다. 대개 자신의 스튜디오를 오픈하기 위하여 참가한 사람들이다. 고령의 나이에 아침 8시와 오후 5시 두 차례 요가를 하고, 그 사이 요가의 역사·동작 세부 설명·해부학 등의 이론 수업을 듣고, 두 차례 이론 시험을 보고, 티칭 실습을 하는 일은 결코 쉬운 일이 아니다. 젊은 사람들도 몇 번씩 나자빠지기도 하고 중도탈락하는 이들도 속출한다. 그런데 교육에 참가한 시니어들은 자신의 인생 2막을 맞이하여 요가로 새 출발을 하기 위해 젊은 사람들에게 결코 뒤지지 않는 열정과 노력하는 자세로 더 뛰어난 기량을 보여주기도 한다.

한 번은 요가 수업을 마치고 금방이라도 울 것 같은 표정으로 복도에 주저앉아 있었다. 몸이 너무 지치고 힘들자 외로움까지 한꺼번에 몰려들었다. 그때 나를 발견한 예순이 훌쩍 넘은 백발의 페기 할

머니가 다가오더니 위로하면서 이런 말을 해주었다.

"내가 한참을 살아보니 모든 것은 지나가면 한순간이더구나. 난 너와 똑같은 것을 예순이 훨씬 넘어서야 하고 있지 않니. 내가 이제야 깨닫고 지금 하고 있는 것을 나보다 반밖에 살지 않은 네가 똑같이, 심지어 나보다 더 잘하고 있다면 넌 나보다 훨씬 훌륭하고 앞선 것 아닐까? 난 네가 부럽구나. 지금 잘해나가고 있고 네 모습 자체가 빛이 난단다."

폐기 할머니는 교육을 마치면 돌아가 자신의 스튜디오를 오픈할 것이라고 했다.

나의 첫 직장이나 춤을 가르친 일 등은 내가 정말 좋아하는 일이었지만, 좋아하는 것을 직업으로 삼았을 때의 고난과 고통에 대해서도 잘 알고 있다. 그래서 아직 요가는 내 생계를 위한 수단으로 이용한다든가 평생의 직업으로 삼는 것에 대해서는 보류하고 있다. 하지만 한 가지 분명한 것은 나는 일흔, 여든이 넘어서도 요가를 하고 있으리라는 것이다.

통유리를 통해 바다 같은 호수가 내려다보이는 뉴질랜드 퀸스타운의 한 요가 스튜디오에 방문하여 요가를 한 적이 있다. 그리고 남아프리카공화국 케이프타운에 갔을 때는 그곳에 요가 스튜디오를 오픈하고 싶었다. 나와 함께 비크람 요가 강사 트레이닝 과정을 수료한 동기의 어머니는 태국의 아름다운 휴양지 코사무이에서 스튜디오를 운영하고 계신다.

나는 꿈꿔본다. 대한민국에 스튜디오 하나, 여기가 겨울일 때 따뜻한 나라에다 스튜디오 하나를 오픈하여 6개월씩 번갈아가며 사는 삶 말이다. 그때가 아주 오랜 후라도 상관없다. 내가 끈만 놓치지 않는다면 언젠가는 반드시 이루어질 것이기 때문이다. 4년을 준비하여 자격증을 취득했듯이 40년이 걸려도 괜찮다.

●

Balance & Flexibility, 삶의 균형과 사고의 유연성을 길러라

모니터를 보며 일하고 있는 아빠에게 딸 소피가 다가가 말한다.

"아빠, 놀자."

아빠는 말한다.

"아빠 일하는 중이야. 소피, 아빤 지금 놀 수 없어."

"왜?"

"아빤 일해야 하거든."

"왜?"

"그래야 돈을 벌지."

"왜?"

"그래야 돈을 쓰지. 너와 함께 놀 수 있는 공도 사고…."

"왜?"

"그래야 함께 시간을 보내지. 너랑."

아빠는 하던 일을 잠시 멈추고 소피를 안고 밖으로 나간다.

지금 이 순간, 소피와 소중한 시간을 보내기 위해서.

:: PhD(www.phdcomics.com)

요가 자격증을 취득하고 요가 수업과 일을 병행하던 때 우연히 페이스북에서 카툰 하나를 봤다. 그 내용은 가히 내 삶의 모토를 바꿀 만한 것이었다. 네 번이나 '왜'라고 묻는 소피를 보고 난 머리를 한 대 얻어맞은 것 같았다. '내가 왜 돈을 벌려고 하지?', '내가 왜 현재의 행복을 유보하지?', '내가 왜 현재 내 주변에 있는 소중한 사람들을 더 못 챙기지?'

아이들은 어른들처럼 복잡하게 생각하지 않는다. 원하는 것을 표현하는 데도 주저함이 없고, 모든 것이 자기중심적이다 보니 주변을 크게 신경 쓰지도 않는다. 덕분에 문제의 핵심에 본능적으로, 빨리 도달한다.

대학 가면 자유도 얻고 살도 빠지고 연애도 한다는 말에 중·고등학교 시절 전부를 컴컴한 교실에 처박혀 공부만 하라고 강요당하지 않았던가? 그런데 살아보니 어떤지 우린 이제 그 말의 진실을 알고 있다. 대학 가면 취업이라는 관문이 또 기다리고 있고, 살은 저절로가 아니라 죽어라 노력해야 빠지며, 연애는 남들은 다 하는데 나한테는 어려운 일이고…. 각자의 상황이 다르니 모든 것을 공감할 수는 없을 테지만 느낌은 알 것이다. 세상이 결코 만만치 않고 삶에는 수많은 변수가 있다는 것 말이다.

나는 소피가 던진 네 번의 '왜'를 접한 이후, 매 순간 내 삶의 밸런스를 고민하기 시작했다. 지금 이 순간 내 일과 삶, 돈, 관계, 건강, 마음, 정신 등이 밸런스를 잡고 있는지 말이다(이때 말하는 밸런스가 꼭 수평점을 말하는 것은 아니다).

요가는 Balace(균형 잡기)와 Flexibility(유연성)의 운동이다. 요가 동작에 'Balancing Stick Pose'라는 것이 있는데 두 발을 모으고 서서 팔을 머리 위로 올려 깍지를 끼면서 검지를 세워 권총 모양을 만든 후 한쪽 다리를 뒤로 들어 올림과 동시에 상체를 서서히 내려 균형을 잡는 것이다. 유연성과 근력, 균형 감각에 따라 숙련자들은 수평으로 똑바로 맞추어 한동안 멈춰 있을 수 있지만 초보자들은 한쪽 다리를 땅에서 떼는 순간 균형을 잃기 쉽다.

이 동작에서 중요한 것은 다리의 높이가 아니다. 다리는 시간이 지나면서 필요한 근육이 붙고 균형 감각이 생기면 서서히 높이 올릴 수 있고 꼭 높이 들어 올리는 것만이 능사도 아니다. 자신의 신체 조건과 체력에 맞게 다리를 들어 올리고 다리, 골반, 몸통, 팔 그리고 손끝을 이루는 하나의 선이 마치 젓가락^Stick처럼 일직선으로 균형을 이루기만 하면 충분한 효과를 볼 수 있다. 요가의 장점은 여기에 있다. 다리를 수평까지 들어 올리는 사람이나 지면에서 10센티미터밖에 들어 올리지 못하는 사람이나 동일한 효과를 얻는다는 것이다. 그리고 그 모든 것이 균형이다.

우리 삶도 마찬가지다. 어쩌면 이 동작의 다리 높이처럼 높은 지위나 많은 부만이 균형은 아니라는 것이다. 다리가 높으면 높을수록 균형이 무너졌을 때 큰 부상으로 이어질 확률도 더 높다. 균형은 삶의 어느 순간에서도 찾을 수 있다. 나도 한때 주 7일을 모두 바쳐 일했던 적이 있다. 내가 벌어들일 수 있는 돈의 한계가 어느 정도인지 파악해보려고 죽어라 돈 되는 일만 해봤던 적도 있고, 괴롭다고 술을 퍼마신 적도, 잠만 자본 적도 있다. 하지만 어딘가에 편중된다는 것은 부상과 상처를 가져온다. 균형이 깨졌다는 신호는 당신의 몸, 마음의 소리, 그리고 주변 사람들 등 어떤 것을 통해서든 보내진다. 이 신호를 무시하지 말자. 이 신호를 무시했다가는 더 큰 대가를 치러야 할 날이 반드시 찾아오기 때문이다.

외국 사람들과 비교할 때 우리나라 사람들은 유독 체면에 신경 쓰고, 그래선지 남과 비교하는 문화가 있다. 그런데 그렇게 비교 속에 괴로워할 필요가 전혀 없다는 걸 깨달은 에피소드가 하나 있다.

한 번은 공중파 퀴즈 프로그램에 출연한 적이 있다. 섭외된 유명 연예인이나 인사 한 명과 나머지 100명의 퀴즈 참가자들이 함께 퀴즈를 풀어가는 것인데 마지막까지 생존한 한 사람이 최종 우승자가 되는 '라스트맨 스탠딩' 방식이었다. 나는 물론 100명 중 한 명이었다. 건너 건너 아는 PD가 섭외하여 출연하게 된 것인데, 주변 사람들에게 TV에 출연했다고 여기저기 자랑했다. 내 세미나를 진행할 때도 얘기했으니 적어도 100명한테는 얘기했을 것이다. 그런데 녹화한 것이 방송되고 나서 이에 대해 말하는 사람을 몇 명 보지 못했다. 방송 직후 우연히 TV에서 봤다며 연락을 주는 사람들은 있었지만 내가 미리 얘기했던 사람들이 챙겨서 물어보는 경우는 거의 없었다. 그때 난 일종의 충격을 받았던 것 같다. 그리고 내 인생에서 매우 중요한 교훈을 또 얻게 되었다.

"사람들은 나에게 관심이 없다!"

나는 대학교 때 춤 공연을 했고, 항상 남들과는 다른 특색 있는 직업들을 거쳤으며 인생에 사건 사고도 많았다. 그래서 세상 사람들이 나한테 항상 주목하고 있다고 생각했다. 그런데 완전한 착각이었다. 이건 부모와 자식 간의 관계에서도 마찬가지다. 다들 그러하듯이 우리 부모님도 물론 나의 행복을 바라고 내 삶을 응원하시지만 기본적으로는 부모님의 삶이 우선이다. 경제TV에 고정 패널로 출연하기로 결정되었을 때 초창기에는 모든 회차를 꼬박꼬박 챙겨 보시던 부모님도 이제는 당신들의 일상이 먼저다. 그리고 난 이게 옳다고 본다. 부모가 자신의 삶을 희생하고 자식에게 지나친 관심과 기대를 쏟으면 오히려 역효과가 난다는 걸 우린 무수한 사례를 통해 알고 있다.

사람들이 나에게 관심이 없다는 사실을 받아들이자 내 사고가 유연해지기 시작했다. 주변을 관찰하게 되었고 평범한 사람들 개개인의 스토리에 주목하게 되었다. 모두 자신의 위치에서 바쁘게 열심히 살아가고 있었다. 당신이 벌거벗고 거리를 돌아다니지 않는 한 사람들은 당신에게 관심이 없다. 그러므로 더는 남들 시선을 신경 쓰며 남들이 다 가는 길, 남들이 맞추어놓은 기준으로 살아갈 필요가 없다. 당신이 공 들여 어떤 옷을 입었을 때 예쁘게 봐줄, 사랑하는 사람만 신경 써도 된다는 얘기다. 오늘 만날 비즈니스 미팅에서 깔끔하게 보이는 것에만 신경 쓰면 된다. 당신이 어떤 가방을 들었는지 어떤 구두를 신었는지는 누구도 관심이 없으며 설령 관심을 갖는 사람이 있다 하더라도 대부분 금세 잊고 만다.

서른 살이 넘어가자 인사처럼 결혼 얘기를 꺼내는 사람들도 많았다. 그런데 그런 말을 하는 사람들 대부분이 나를 진심으로 걱정하고 우려해서가 아니라 별로 할 말이 없어서이거나 으레 해야 하는 말 같으니까 하는 거라는 사실도 알게 됐다. 그렇게 내 결혼에 관심이 간다면 사람을 소개해준다든가 하는 보다 적극적인 행동을 보여줘야 했을 것이다. 생각 없는 일부 사람들은 "노산은 위험해. 빨리 결혼해서 애기 낳아야지"라는 말도 서슴없이 하곤 했다. 서른 살 넘은 여성들 중 이런 말에 불안감이 커져 떠밀리듯이 결혼을 하는 경우도 많이 보았다.

나의 경우, 단언컨대 내가 서른세 살 전에 결혼했다면 나는 현재 이혼녀가 되어 있을 것이고 아이가 있었다면 보통 엄마들처럼 사랑을 다해 키우지 못했을 것이다. 그만큼 그 이전의 나는 한 가정을 이루고 아이를 키울 만큼 성숙한 인격을 갖추지 못하고 있었다. 자신의 중심이 잡혀 있지 않은 사람은 주변의 영향을 고스란히 받아들여 주체 없이 이리저리 흔들린다. 아내가 흔들리면 남편도 영향을 받고 아이도 불안해한다. 그래서 중심 잡기는 중요한 것이다.

중심은 앞에서 말한 밸런스와 비슷하면서도 약간의 차이가 있다. 밸런스가 어느 한쪽으로 기울거나 치우치지 않음을 뜻한다면 중심은 한가운데, 즉 우리 몸이나 행동, 사고, 삶 등에서 매우 중요하고 기본이 되는 것을 뜻한다. 그래서 중심을 잡아야 균형을 이룰 수 있다고 말하고 중심이 단단해야 흔들리지 않는다고 얘기한다. 요가를 할 때도 중심이 잘 잡혀 있는 사람들은 균형을 잘 잡는다. 그런데 이 중심은 유연성이 동반되면 잡기가 더 수월해진다.

요가에는 집중력을 높여주고 중심 잡는 연습을 할 수 있는 동작으로 'Eagle Pose'가 있다. 두 발을 모은 상태에서 시작하여 두 팔을 머리 위로 올렸다가 큰 원을 그리며 아래로 내려 한쪽 팔은 위쪽, 한쪽 팔은 아래쪽에 놓이도록 꼬아준다. 그리고 한쪽 다리를 번쩍 들어 올려 서 있는 다른 한쪽 다리 위로 교차하여 꼬아주는데 이때 골반 고관절과 무릎의 관절이 유연하면 중심 잡기가 한결 수월하다. 아주 대표적인 요가 동작이므로 요가를 전혀 모르는 사람이라도 이 동작 정도는 여기저기서 많이 봤을 것이다. 이 동작은 중심이 아주 조금이라도 흔들리면 뒤로든 옆으로든 넘어지기가 쉽다. 그런데 이 동작을 할 때 앞서 말한 부위들의 유연성이 뒷받침되면 무게중심을 더 낮출 수가 있어 훨씬 더 중심이 잘 잡힌다.

살다 보면 기존에 사람들이 살던 대로, 미리 짜놓은 각본대로 평범하게 사는 것이 가장 어렵다는 것을 깨닫게 되는 순간이 온다. 그렇다고 이러한 삶을 정답이자 진리인 양 받아들이지는 말았으면 한다. 요즘은 드라마 각본도 네티즌의 의견에 따라 바뀌고 시청자 투표로 오디션의 위너가 바뀌는 시대 아닌가?

삶에 유연성을 발휘해보자. 유연한 사고는 편견이 없는 것이다. 유연한 몸은 당신을 각종 질병에서 지켜줄 것이고, 유연한 태도와 행동은 당신을 더 활기차게 해줄 것이다.

돈관 관련된 일을 하면서 '요가'를 하는 나에게 사람들은 자주 말한다. "둘 사이에 차이가 너무 큰데요? 어울리지 않는데요? 한 가지 일에 몰입해야 하는 것 아닐까요?"

그런데 단순히 보면 극단적으로 달라 보이는 이 둘이 물리적으로 한 몸에서 만나 삶에 적용되면, 그 안에서 융합이 이루어지고 시너지가 발생한다. 서로 완벽한 보완제 역할을 한다. 난 요가를 통해 얻은 강철 같은 체력을 통해 내 일과 생활에 활력을 얻었고, 머리가 너무 무거울 때나 각종 전자기기에 둘러싸인 탓에 전자파에 잔뜩 노출되어 머리가 아플 때면 모든 것을 내려놓고 요가를 하며 독소를 빼내는 시간을 가진다. 반대로 요가를 하며, 가르치며 오는 스트레스도 있다. 그땐 또 세속적인 돈에 몰입해보면 내가 또 다른 의미로 살아 있음을 느낀다.

결과적으로 난 요가를 인생에 들여놓기 전에 비해 훨씬 나은 사람이 되어 있다. 요가를 통해 배운 Balance와 Flexibility가 나의 미션 일부가 되어 내 삶에 적용되었기 때문이다.

나에게 요가에 해당하는 무엇을 당신도 꼭 찾았으면 좋겠다. 꼭 몸을 움직이는 것이 아니어도 좋다. 당신에게 꼭 맞는, 당신만의 무엇이 있을 것이다. 그리고 그것은 당신만이 찾을 수 있다. 그 과정을 귀찮고 쓸데없는 것이라고 여기지 말자. 그렇게 찾은 무언가가 당신의 삶에 들어왔을 때 더욱 자기다운 삶을 살아가게 될 것이다.

호모 헌드레드 시대 은퇴 준비, 돈으로? 능력으로?

내가 미국으로 비크람 요가 라이선스를 취득하러 가기 전, 우리나라 금융권들에서는 은퇴계획과 관련하여 공포 마케팅이 성행했다. 베이비붐 세대는 본격적인 은퇴를 앞두고 있었지만 은퇴 준비가 매우 미흡했다. 이는 그들 자신뿐만 아니라 이를 지켜보는 자녀 세대까지도 공포에 휩싸이게 하였다. 그래서 취업만 하면 바로 은퇴 준비를 위한 연금에 가입하라는 사회적 분위기에 금융기관의 마케팅이 더해졌다. 자신의 1년 후도 잘 그리지 못하는 젊은 세대는 떠밀리듯 연금에 가입했고, 3년에서 5년도 유지하지 못한 채 큰 손해를 보고 깨버리기가 다반사였다. 웬만한 사람들이 그리는 자신의 은퇴 후 모습에 따라 필요한 자금을 계산해보면 최소로 잡아도 10억 원은 훌쩍 넘어간다. 그런 상황에서 사람들은 지쳐가기 시작했다. 젊은 사람들은 현재를 살기도 힘든데 미래, 그것도 30~40년 후의 먼 미래까지 대비해야 한다는 부담 때문에 두려워 피하기 시작했다.

물론 은퇴 준비는 빠르면 빠를수록 좋다는 말은 사실이다. 똑같은 금액으로 준비해도 더 일찍 시작한 쪽이 유리하기 때문이다. 하지만 실망할 필요는 없다. 은퇴 준비라는 것이 비단 돈으로만 하는 것은 아니기 때문이다.

비크람 요가 라이선스를 따기 위해 참가한 미국 L.A. 트레이닝 강사 과정에서 에이미 선생님을 만났다. 그녀는 주로 아침 요가 수업을 담당하시며 강의 시간에 우리의 요가 동작을 교정해주었는데 나이는 여든 살이 훌쩍 넘었고, 요가를 수련한 것만 해도 60년이 넘었다고 한다. 60년! 아직 60년을 살아보지도 못한 나로서는 그 세월의 무게에 절로 고개가 숙여졌다. 수업이 끝날 때면 우리는 그녀의 지혜로운 말을 하나라도 더 듣고 그녀의 손길이 몸에 한 번이라도 더 닿기를 바라는 마음에 그녀를 에워쌌다(실제 그녀는 자신의 온몸을 사용하여 우리의 자세를 교정해주었다). 라이선스 취득을 위한 모든 교육 과정을 마치고 L.A.에 며칠 더 머무는 동안 난 본사 스튜디오를 방문하여 그녀의 Advanced Class를 들을 수 있었는데 그녀는 갓 졸업한 나를 알아보고 자신의 바로 왼쪽 옆에 서게 했다. 두 시간 동안 나를 'JEE'라고 부르며 동작 하나하나마다 나를 주목하여 보고 바로 잡아주었다. 그녀의 수업은 말 그대로 놀라웠다. 어디서 그런 힘이 나오는지 목소리는 또랑또랑했고 그녀가 말 한대로 움직이면 안 되던 동작도 되었다. 마법 같은 순간이었다. 그녀의 온몸 피부에는 세월이 쌓여 검은 반점투성이였지만, 60년간 수련한 그녀의 몸은 20대의 몸보다 더 유연했다. 나는 그녀를 보고 나의 80대를 상상했다. 여든 살이 넘어서도 요가를 하는 내 모습을 난 그녀를 통해 또렷하게 상상할 수 있었다.

뉴욕에서는 이런 일도 있었다. 뉴욕의 한 요가 스튜디오를 방문했는데 처음 간 곳이라 두리번거리고 있자 긴 머리의 백발 할머니가 나를 보고 "뭐 도와줄까?"라고 물었다. 그래서 난 그녀 앞에 놓인 수건을 보며 "수건 주세요"라고 말하고는 수건을 건네받고 탈의실로 들어갔다. 난 그때까지 그녀가 수건 주는 할머니인 줄로만 알았다. 그런데 수업 시간이 되자 그녀가 마이크를 착용하고 들어오는 것이 아닌가. 그녀의 이름은 조지아. 예순 살을 훌쩍 넘긴, 뉴욕에서 Hottest Trainer로 손꼽히는 유명한 요가 강사였다. 그런 그녀를 나는 알아보지 못하고 '수건 주는 할머니'로 생각한 것이다. 난 내 편견에 부끄러웠다. 요가 강사는 당연히 젊고 예쁜 어린 여자라는 보통 사람들의 시각에서 나 또한 크게 벗어나지 못했다.

미국에서 돌아와 보니 은퇴를 바라보는 우리 사회의 시선이 조금 바뀌었다는 것이 피부로 느껴졌다. 우선 지나친 공포 마케팅에 대한 금융권의 자성의 목소리가 높아졌다. 기본 10억 이상 되는 은퇴자금을 준비하는 데서도 단순히 '빨리 연금부터 들어라'에서 벗어나 은퇴 이후에 갖춰야 할 여러 가지 필요 요소가 구체적으로 조명되기 시작했다. 예를 들면 함께 있는 배우자, 취미생활, 취미생활을 공유할 친구들, 은퇴 후 재교육을 통한 재취업 등으로 말이다.

나는 30대에 이미 은퇴 이후에도 할 수 있는 취미생활이자 새로운 일로 '요가'라는 뚜렷한 길을 찾아냈고 필요한 라이선스까지 취득했다는 점에서 금융업계의 관심을 받기 시작했다. 실제로 내 마음도 전보다 편안했다. 지금 당장 요가로 무슨 일을 하고 있지 않아도 은퇴 이후에 스튜디오를 직접 차리든, 어디에서 강의를 하든 흔들리지 않고 살아가고 있으리라는 확신이 들었기 때문이다. 미래가 불안하지 않으니 현재에 더 집중할 수 있었다.

때마침 한국경제TV 〈인생 2막, 행복 포트폴리오〉라는 프로그램에 고정 패널로 출연하게 되어 인생 2막을 여는 시니어들에게 관심이 더 갔다. 이 프로그램을 위해 신규영 대표를 인터뷰했는데, 그의 인생 스토리는 우리가 은퇴 이후의 삶을 어떻게 계획해야 하는지에 대해 잘 보여준다.

이탈리안 푸드 앤 와인 비스트로 보나베띠 공덕점의 신규영 대표는 고등학교를 졸업하기도 전 은행권 취업이 확정되어 32년 4개월을 꼬박 금융맨으로 살았다. 30년이 넘도록 한 업종에 종사하던 그가 금융권에서 은퇴한 후 와인 전도사가 된 이야기를 살펴보자.

직장생활을 하던 당시 그는 명절 선물로 와인을 주면 어떻겠느냐는 직장 상사의 말에 오히려 "양주나 해주시죠", "소주 회식이나 하죠"라고 말할 정도로 와인과는 동떨어져 있었다고 한다. 그러던 그가 우연히 방문한 와인바에서 다양한 와인의 맛에 빠져버렸다. 그 후 그는 직장생활을 하며 여러 와인동호회 활동을 하고 끝내 소믈리에 과정까지 수료하는 등 와인에 대한 사랑을 더해갔다.

그러다가 우연히 직무상 헤드헌터 교육을 받게 되었는데 이력서를 써오라는 강사의 말에 이력서를 쓰다가 큰 충격을 받게 된다. 고등학교를 졸업하기도 전 은행권에 취업이 되었으니 자신의 이력서는 딱 한 줄이면 끝났던 것이다. 이때부터 신 대표는 6개월마다 이력서 업데이트를 해나가기로 마음먹는다. 그런데 6개월마다 경력을 추가하기 위해서는 무언가를 새로 시작해야 했고 각종 기관에서 개설된 과정 등을 배워야 했다. 피곤하고 힘들었지만 그는 꾸준히 자기계발에 힘썼다.

이러한 과정을 거쳤기에 신 대표는 임원으로 승진하는 것에 실패했어도 스스로 퇴사를 결정할 수 있었다. 회사생활을 하던 중 발견한 '와인'을 아이템으로 하여 창업에 성공한 것이다. 이전에 그가 직장생활을 하면서 소믈리에 과정을 수료하기 위해 뛰어다닐 때 그를 보고 비아냥거리던 동료들이나 주변 사람들은 지금 모두 은퇴하여 일자리를 찾아 고민하고 있다. 반면 신 대표는 젊은 세대들과 누구보다 활발히 소통하며 멘토로서 존경받고 있고, 자신의 공간을 커넥팅 아지트로 자리 잡도록 하는 데 매진하고 있다.

와인, 그리고 이를 통해 좋은 사람들과 함께하는 현재의 삶에 그는 대단히 만족스러워한다. 멋진 인생 2막을 살아가고 있는 그의 모습은 많은 사람에게 본보기가 되고 있다.

다시 말하지만 호모 헌드레드 시대에 은퇴 이후의 삶을 꼭 돈으로만 준비할 필요는 없다. 돈으로 해결되지 않는 것도 많을뿐더러, 원하는 모습을 돈으로만 준비하려고 하면 지금 현재 벌어들이는 수입 대부분을 은퇴 준비로만 할당해도 모자랄 것이다. 하지만 일정 부분은 떼어내 은퇴자금을 준비하는 것은 꼭 필요하다. 그리고 그 시기가 빠르면 빠를수록 좋다는 것도 맞는 말이다. 그럼에도 잊지 말아야 할 것은 자신의 능력도 일정 부분 함께 준비해가야 한다는 것이다. 그러면 금액상의 부담을 한결 덜 수 있고 더욱 가벼워진 마음으로 현재에 집중할 수 있을 것이다. 나에게는 '요가', 신 대표에게는 '와인'에 해당하는 그 무언가를 당신도 꼭 발견해내길 바란다.

이를 위해서는 다양한 시도가 필요하고 시간이 필요하다. 나는 요가를 발견하기 전에 춤을 췄던 10여 년의 시간이 있었고, 요가 라이선스를 따기 위해서는 4년을 꼬박 준비했다. 신 대표 또한 와인을 만난 이후로 명품 와인만큼이나 오랜 숙성의 시간을 거쳤다는 점을 잊지 말자. 충분한 시간을 들여 자신을 찬찬히 들여다보고 노력한다면 분명 발견할 수 있을 것이다.

바빌론 부자들에게 배우는
빚 갚는 방법

"네 적이 무엇이겠느냐? 네 빚이 바로 네 적이다. 그 빚 때문에 바빌론에서 쫓겨나온 것이 아니냐. 빚을 갚지 않는다면 빚은 눈덩이처럼 불어나게 마련이다. 적을 그대로 내버려두면 그 적이 점점 강해지는 것이나 마찬가지이다. 남자답게 적과 맞서 싸우거라."

:: 《바빌론 부자들의 돈 버는 지혜》, 조지 S. 클래이슨, 국일미디어

고대 가장 부유했던 도시 바빌론에서 빚을 지고 쫓겨나 시리아에서 노예 생활을 하고 있던 다바시르에게 주인 시라가 한 말이다.

요즘에는 제로금리를 넘어 실질금리 마이너스 시대다. 그래서 조금이라도 높은 이자를 준다는 곳이면 아무리 먼 곳이든 이름이 낯선 저축은행이든 가리지 않고 달려간다. 근무 중 점심시간에 잠깐 짬을 내어 택시를 타고 다녀오기도 한다. 그렇게 수고스러움을 감수했는데도 그 금융기관이 제공하는 금리는 원금에만 이자가 붙는 단리에 불과하다. 하지만 직장생활 시작과 함께 은행에서 너무도 쉽게 만들어주었던 마이너스 통장은 원금과 이자를 합쳐 이자가 붙는 복리다. 이런 사실을 인식하고 있는 사람은 의외로 많지 않다. 시라의 '빚이 눈덩이처럼 불어난다'는 말은 바꿔 말하면 '빚은 복리로 불어난다'는 말과 같다.

가계부채가 1,000조 원을 돌파했다. 경기 불황이 장기화되자 비은행 예금 취급기관을 통한 대출도 늘고 있고, ‘하우스푸어’니 ‘렌트푸어’니 하는 말을 양산한 주택담보대출은 전체 가계부채의 75퍼센트가량을 차지한다. 여기에 높은 사교육비도 단단히 한몫하고 있고, 학자금 대출도 증가 추세다. 금융업에 몸담고 있기에 이런 추세를 더욱 실감하게 된다. 우리나라 사람들의 빚지기 싫어하는 성향 때문인지는 모르겠지만, 몇 해 전만 해도 상담을 하는 고객들은 웬만하면 빚을 지지 않으려고 했고 빚이 있더라도 빠른 시일 내로 상환하려고 부단히 애쓰는 모습이었다. 그런데 최근 들어서는 빚을 당연하게 받아들이는 분위기가 너무나 확연하다. 우리 부모 세대들은 젊은 시절 전세를 옮겨 다니면서 어떻게든 저축에 힘썼지만, 요즘 신혼부부들은 아이만 생겼다 하면 바로 차와 집부터 산다. 차는 할부로 집은 주택담보대출로 생활비는 카드로, 소비를 먼저 한다. 그러면서 또 끌어다 쓰는 핑계가 현재 삶의 질과 행복이 중요하기 때문이라고 한다.

이렇게 된 데에는 정부와 금융기관들도 단단히 한몫했다. 전셋값이 매매가격과 비슷해질 정도로 올라가자 이에 대한 대책으로 정부는 생애 첫 주택 구입자에게 한시적으로 1퍼센트대 저금리 대출과 세제혜택을 제공하면서 빚내서 집 사라고 부추겼고 카드사에서는 경쟁적으로 현금서비스 금리 인하를 미끼로 고객을 유치하고 있다. 사방천지 빚 권하는 사회다. 베이비붐 세대의 은퇴가 본격화됨에 따라 노후자금조차 제대로 준비되지 않은 이들 가정의 자녀들은 학자금 대출을 떠안고 사회에 진출한다. 사회생활 초창기 월급은 고스란히 빚 갚는 데 쓰인다. 직장 상사와 마찰이라도 있는 날이면 그만두고 싶은 생각이 들다가도 빚이 있다는 생각에 움츠러든다. 이쯤 되면 빚 갚으려고 일하는 셈이다.

빚을 갚아나가는 과정에도 계획과 전략이 필요하다. 어떤 종류든 빚이 있다 보면 저축과 투자에 소극적이 된다. 부채 상환과 관련해서 6,000년 전의 바빌론 부자들은 어떻게 했을까. 바빌론 부자들은 풍요롭고 행복하게 살겠다는 목표를 달성하기 위해 수입의 1할은 무조건 저축했다. 7할은 생활비로 썼는데 그 이상의 어떤 지출도 하지 않는다고 결심한다. 그리고 마지막으로 2할을 가지고 빚을 충실히 갚아나갔다.

일단 빚이 있으면 저축하기로 한 1할까지 더하여 총 3할을 빚 갚는 데 먼저 집중해야 하는 게 아닐까 하는 생각이 들 것이다. 그런데 바빌론의 부자들은 그렇게 하지 않았다. 다음의 사례를 보자.

몇 년 전, 한 신혼부부와 상담을 했다. 남편은 전문직이고 아내는 교직원으로 맞벌이 부부여서 아무래도 보통의 가정보다는 한 달의 현금흐름 규모가 꽤 큰 편이었다. 결혼할 때 전세자금을 대출받아 신혼집을 마련한 터라 상당한 빚을 안고 출발했는데 아내의 월급으로 생활하고 남편의 월급은 부채 상환에 집중했다. 한 달 현금흐름의 70퍼센트에 육박하는 금액을 빚 갚는 데 쓴 것이다. 빠른 시일 내에 부채로부터 자유로워지고 싶어서라고 했다.

당시 나는 부채 상환 비율을 전체 수입의 40퍼센트 정도로 낮추고 그렇게 확보된 자금으로 저축과 투자를 하는 것이 어떻겠냐고 제안했는데, 부부는 빚부터 갚고 싶다고 했다.

돌아가는 그들에게 나는 이렇게 말했다.

"현재 살고 있는 전셋집 계약 기간이 만료되면 또다시 빚을 지게 되실 듯한데, 빚 갚는 데 지치고 힘드시면 다시 한 번 찾아오세요."

정확히 2년 후 그 부부는 다시 나를 찾아왔다. 2년 동안 쓸 것 안 써가며 남편의 월급으로 빚을 다 갚았다고 한다. 하지만 전세 계약이 만료되어 알아보니 전셋값이 껑충 뛰어서 또다시 대출을 받아야 한다고 했다. 자신들의 처지가 너무나 서글프고 이젠 지칠 대로 지쳤다면서, 그때 내가 한 말이 생각났다고 한다.

그런데 이 부부는 나를 찾아오기 전 이미 집을 덜컥 사버린 상태였다. 어차피 평생 빚지고 사는 인생, 편하게라도 살자는 심정에 일을 저지른 것이다. 물론 이 부부가 집을 사도록 부추긴 것은 빚 권하는 사회였고, 이 부부를 지치게 한 것은 비정상적으로 높은 집값이었다. 그런데 재미있는 것은 이 부부가 어느새 철저히 집주인의 입장이 되어 "정부가 집값이 떨어지도록 내버려두진 않겠죠?"라고 묻는다는 것이다. 참 씁쓸하다.

바빌론 부자들이 왜 빚 갚는 데 3할을 배정하지 않았는지 이제 알겠는가? 빚을 갚는 데 모든 것을 올인한 부부는 희망까지 꺾여버린 것이다. 이 부부가 부채 상환 비율을 조금 조정하여 저축과 투자도 병행했더라면 빚을 모두 갚는 시기는 조금 지연되었을지라도 자산 항목에 현금성 자금이 모여 있었을 것이다. 그 자금이 그들에게 희망의 불씨가 되어 판단이 흐려지는 걸 막아주었을 것이다. 2년 전보다 더 큰 부채를 떠안게 된 이 부부에게 지금 필요한 것은 체계적인 부채 상환계획과 희망을 심어줄 수 있는 바빌론 부자들의 1할 저축이다.

혹시 당신도 빚의 무게에 짓눌려 가슴이 답답한가? 빚이 있어서 지금 당장은 저축도 재테크도 할 수 없다고 생각해왔다면, 오래전 바빌론 부자들이 실천한 1할의 저축에 대해 곰곰이 생각해보길 바란다.

지금 바로 실천할 수 있는 돈 공부법

몇 해 전 한 증권사에서 진행하는 7주 과정의 증권대학 코스를 수료한 적이 있는데, 그때 함께 배웠던 한 80대 백발 할머니가 지금도 인상에 남는다. 할머니는 같은 과정을 세 번째 듣는다며 세 번쯤 들으니 이제야 이해가 되는 것 같다고 하셨다. 그리고 그 7주 과정이 끝나자 주식

투자에 본격적으로 뛰어드셨다. 남의 말만 듣고 아무 정보 없이, 사전 학습도 없이 주식투자를 시작하는 사람들과 비교되는 모습에 무척 존경스러웠다.

관련 기관 사람들 말로는 그분은 상당한 자산가라는데 지하철역에서 증권사까지 천천히 걸어오시는 모습에서 또 한 번 놀란 기억이 있다. 한번은 걸어가며 이런저런 이야길 나누게 되었다. 할머니는 무언가를 배우러 오는 날이면 집에서 목욕을 싹 하고 몸을 정갈하게 한 후, 운동도 할 겸 지하철역에서부터 증권사까지 걸어서 오신다고 했다. 주식투자도 꽤 잘되어 요즘 표정관리가 어렵다는 할머니의 모습에서 다시 한 번 '돈 공부'의 중요성을 깨달았고, 배움은 나이와 상관이 없다는 것을 마음속 깊이 새기게 되었다.

부자가 되고 싶다면, 끊임없이 '돈 공부'를 해야 한다. 요즘에는 곳곳에 정보가 넘쳐흐르므로 조금만 관심을 갖고 주변을 살펴보면 쉽게, 심지어 무료로 돈 공부를 할 수 있는 곳을 찾을 수 있다. 포털 사이트에서는 유명한 경제학자들이 쓴 경제 칼럼을 특정 세션으로 분류하여 제공하기도 한다. 아주 잠깐 간단한 검색만으로도 양질의 경제 정보들을 찾아볼 수 있는데, 틈틈이 이러한 경제 칼럼을 읽는 것도 많은 도움이 된다. 또 아침에 출근 준비를 하거나 운전을 할 때 경제방송을 틀어놓는 것도 좋은 공부가 된다. 무의식적으로 교통방송을 틀어놓고 있었다면 경제방송으로 바꾸어보자. 흘러가듯 들리는 경제 정보들이 모이고 쌓여 경제 감각을 깨워줄 것이다. 각종 금융기관에서 주최하는 경제 전망 세미나 등에 참석하는 것은 집중적으로 돈 공부를 할 수 있는 좋은 방법이다. 금융기관에서 진행하는 세미나는 수준이나 내용이 어느 정도 검증되었다고 볼 수 있고, 금융시장 현장에서 직접 뛰는 전문가로부터 생생한 정보들을 얻을 수 있어 유용하다.

당신이 돈에 대해 잘 알고 돈이 당신을 따르게 하고 싶다면, 일단 당신이 돈을 좋아해야 하고 돈도 당신을 좋아하게끔 만들어야 한다. 그러기 위해 가장 먼저 할 일이 돈을 공부하는 일이다.

다음은 당신이 지금 당장 실천할 수 있는 돈 공부법들이다.

첫째, 경제신문을 정기구독하라.

나는 아직도 종이 신문을 집으로 배달시킨다. 요즘엔 인터넷이나 앱을 통해 무료로 볼 수 있는데 왜 굳이 비용을 들여가며 보느냐는 사람도 있다. 하지만 이는 경제신문 읽는 것을 나 스스로에게 강제하는 하나의 조치다. 비용을 들인 것에 대해서는 어떻게든 그 비용을 넘어서는 효용가치를 얻고자 하는 것이 사람의 마음이다. 한 달 구독료가 15,000원이니 한 달 평균 25일 정도 배달된다고 봤을 때 한 부당 600원꼴이 된다. 바쁜 일상 탓에 하나도 보지 않고 버려지는 때도 있다. 이런 날이면 나는 소중한 돈 600원을 그냥 버린 것이다.

경제신문 정기구독은 대학교 때부터 시작되었다. 솔직히 말하면 그때는 경제신문이 너무 재미없었고 모르는 용어투성이였다. 그나마 들춰보는 섹션이라고는 몇 장을 획획 넘겨 가장 뒤편에 있는 사회, 문화 면뿐이었다. 하지만 그 섹션으로 가기 위해 넘기면서도 굵은 글씨는 무의식적으로 내 눈에 담겼고, 넘기다가 관심이 가는 기사 꼭지에서는 잠시 머물러 읽게 되기도 했다. 그렇게 두툼한 신문에서 뒤의 몇 장만 읽던 시간이 상당 기간 흘러갔다. 어느 순간 경제신문이 재미있어지고, 읽는 면 수도 늘어나고 급기야 나중에는 경제신문 전체를 정독하고 있는 내 모습을 발견했다.

익숙하지 않고, 모르는 것과 친해지기까지는 어느 정도 시간이 필요하다. 만약 당신이 경제신문 읽기를 처음 시도한다면 나와 같은 경험을 할 확률이 높다. 처음에는 600원짜리 신문에서 50원어치도 읽지 못할 수도 있다. 하지만 어느 날은 이 600원짜리 신문에서 당신의 미래를 결정지을 번뜩이는 10억 원짜리 아이디어를 얻을 수도 있다.

경제신문을 활용하여 돈 공부를 하는 방법 중 하나는 노트에 굵은 글씨, 즉 제목만 베껴 적는 것이다. 기자들은 제목을 허투루 뽑아내지 않는다. 기사 전문의 내용을 가장 잘 드러낼 수 있고 제목만 봐도 기사의 내용이 추측되도록 고심해서 만든다. 그러므로 제목은 그만큼 유용하다. 처음에는 제목만 쭉 베껴서 쓰고, 모르는 경제 용어가 있으면 바로 인터넷으로 검색한다. 그렇게 지식을 채워가면 굉장히 빠른 시일 내에 경제 용어와 시사상식을 보강할 수 있다.

둘째, 휴대폰의 바탕화면 위젯을 경제신문이나 경제방송으로 바꾸라.

애플의 아이팟이 세상을 휩쓸자 "당신의 아이팟에는 무슨 노래가 들어 있지요?"라는 질문이 유행했다. 아이팟에 담겨 있는 노래들을 통해 그 사람의 취향과 성격, 관심사 등을 알 수 있다는 질문이다. 스마트폰 시대에는 질문을 이렇게 바꿀 수 있을 것이다. "당신의 스마트폰에는 어떤 앱들이 있지요?"

당신의 앱들은 당신의 생활 패턴을 비롯하여 관심사들을 보여줄 수 있는 대표적인 상징물이 되었다. 하루에도 수십 번을 들여다보고 만지는 당신의 휴대폰 바탕화면에 돈 공부를 할 수 있는 앱을 설치해보자. 나는 두 군데 경제신문사에서 제공하는 위젯을 자동 스크롤이 되도록 지정하여 깔아두었다. 이 위젯들은 다양한 경제 기사들을 나에게 보여주며, 나는 흥미롭거나 꼭 알아야 할 정보가 담긴 기사가 뜰 때면 클릭해서 전문을 읽어본다. 이렇게 해두면 이동 중이거나 잠깐 짬이 날 때 틈틈이 경제 기사를 접할 수 있어 돈 공부에 도움이 된다.

셋째, 인터넷 홈 화면을 경제 관련 웹사이트로 지정해두라.

당신의 컴퓨터 홈 화면은 무엇인가? 세미나를 할 때마다 조사해보았더니 많은 사람이 포털사이트를 지정해두고 있는 것으로 나타났다. 그리고 대다수가 지정된 포털사이트에서 연예인의 불륜이라거나 이혼, 섹시화보, 과거 사진 등 자극적인 제목의 기사에 낚여 의도와는 상관없이 클릭을 한 경험이 있다고 했다. 어떨 때는 하나의 기사에서 다른 기사로 꼬리에 꼬리를 물고 빠져들어 상당 시간을 낭비하기도 한다.

아주 사소한 일 같지만, 지금 당장 인터넷 홈 화면을 돈 공부를 할 수 있는 사이트로 지정해보자. 각종 경제신문이나 경제방송사, 한국은행, 한국거래소 등의 홈페이지 또는 자신이 거래하고 있는 금융기관의 홈페이지도 좋다. 의도적으로 이러한 사이트들을 홈 화면으로 지정해두면 비록 몇 초 만에 당신이 필요로 하는 페이지로 이동한다 하더라도 경제 관련 기사나 지표들을 슬쩍 볼 수 있다. 간혹 포털사이트에서 특정 프로그램을 내려받으면 홈 화면이 포털사이트로 바뀌기도 하는데 그게 바로 당신의 의지를 꺾으려고 끊임없이 찾아오는 유혹이다. 발견 즉시, 다시 바꿔놓자.

넷째, 탁상 달력과 스케줄러 등에 경제지표를 기록해보라.

내가 처음 돈 공부를 시작할 때 금융기관에서 일하는 선배한테 배운 방법이다. 매일 보는 탁상 달력이나 휴대하는 스케줄러, 업무용 수첩 등에 경제 주요 시세를 기재하는 것이다.

처음에는 코스피 지수와 환율만 기재하는 것으로 시작한다. 그리고 점차 늘려 코스닥 지수, 미국 다우존스 지수, 국고채 금리, CD 금리, 유가, 금값 등도 기재한다. 나는 매일 아침마다 꼬박 3년을 적어보았다. 그랬더니 어느 순간 경제 지수를 통해 시장의 흐름이 보이기 시작하는 게 아닌가. 또 현재 지수를 적으며 '연초에는 어땠지?', '작년 이맘때는 어땠지?' 하는 궁금증이 들면 이전에 적어놓았던 곳을 찾아가 바로 비교해볼 수 있다. 물론 이러한 지표들은 검색만 하면 바로 조회가 된다. 하지만 자기 손으로 직접 쓰며 익힌 경제지표는 보다 선명하게 기억에 남는다. 1분도 채 걸리지 않는 행동이지만 돈 공부에 상당히 도움이 된다. 꼭 실천해보기를 강력하게 추천한다.

이상의 실천 방법들은 공통으로 당신의 눈과 손, 귀가 많이 머무르는 곳에 돈 공부를 할 수 있는 장치를 마련하는 것이다. 배움은 끝이 없고, 나이도 상관없다. 부자가 되고 싶고, 돈이 당신을 따르게 하고 싶다면 돈 공부는 필수적이다.

자신의 수준에 맞는 것부터 시작하여 지속적으로 공부해보자. 어린이 경제 동화부터 시작해도 좋다. 경제 동화는 스토리를 통해 경제 용어와 이론, 저축 및 투자 방법 등을 어린이의 눈높이에서 소개하므로 이해하기 쉽고, 무엇보다 재미가 있다. 모르는 것은 부끄러운 것이 아니다. 어린이 경제 동화를 손에 쥐고 있으면 어떤가. 경제 세미나에 참석하자니 모두 자신보다 나이 어린 사람들이고 그 사이에 끼어 있기가 창피하게 느껴질까 봐 두려운가? 모르는 것을 숨기고 무지로 인해서 나의 돈을 잃는 실수를 한다면, 그것이 더 부끄러운 것이다. 체면보다는 실리를 따르자.

한 달에 한 번 쓰는
초간편 베짱이 가계부

스물여덟 살, 직장인 3년 차 신혜미(가명) 씨의 어느 날 가계부다.

- 출퇴근 대중교통 이용료: 2,100원

- 점심값: 6,000원

- 카페 라떼: 5,600원

- 책값: 37,000원

- 영어학원 등록비: 150,000원

- 장 보기: 38,500원

가계부를 통해 그녀의 하루를 되짚어보자.

- 그녀는 아침에 일어나 대중교통을 이용하여 회사로 출근했다.

- 오전 근무를 마치고, 점심시간에는 같은 팀 동료들과 돌솥 비빔밥을 먹었다.

- 절친한 선배 언니와 잠시 커피 타임을 가졌다.

- 사무실로 돌아와 보니 주문한 책이 배달되어 있었다.

- 근무를 마친 후, 회사 근처 영어학원에 등록하고 1시간 수업을 들었다.
- 대중교통을 이용하여 집으로 돌아오는 길에 마트에 들러 간단하게 장을 봐 왔다.

만약 어떤 날 무엇을 했는지 기억이 잘 나지 않는다면, 그날 돈의 흔적을 되짚어봐라. 돈의 흔적이 삶의 흔적이다. 당신의 모든 것을 말해주는 것은 아니지만 일정 부분은 보여준다는 것을 발견하게 될 것이다. 당신이 언제, 어디에서, 누구와 함께, 무엇을 위해, 어떻게, 왜 돈을 썼는지는 당신의 히스토리가 될 수 있다.

혜미 씨가 선배와 마신 카페 라떼 5,600원에 대해 생각해보자.

점심시간을 이용하여(언제) 회사 근처 카페에서(어디서) 선배 언니와 함께(누구와 함께) 수다를 떨기 위해(무엇을 위해) 카드 결제로 지불한(어떻게) 5,600원은 꼭 카페 라떼가 마시고 싶어서라기보다는 회사 건물을 벗어나 선배와 수다를 떨 장소를 이용하고(왜) 싶다는 목적이 컸다.

5,600원의 소비는 반드시 필요한 것이었을까? 선배와 함께 얘기하는 자리가 필요했다면 회사 주변을 함께 산책하는 것으로도 충분하지 않았을까? 단순히 회사가 아닌 곳에서 다른 동료에 대한 사담을 나누기 위해 자리를 함께한 것이라면 5,600원은 단순한 유흥비 정도밖에 되지 않는다.

사실 점심 때 마신 카페 라떼 한 잔의 효용을 그때마다 따진다는 것은 매우 피곤한 일이다. 하지만 가계부는 한편으로는 꽤 괜찮은 당신의 삶의 기록이 될 수도 있다. 즉, 돈의 흔적을 통해 삶을 되돌아볼 수 있는 당신만의 머니 다이어리가 될 수 있다.

금액을 떠나 당신이 오늘 어디에서 누구와 함께 돈을 썼는지는 당신의 미래와도 연결될 수 있다. 프레젠테이션 스킬을 늘리기 위해 등록한 강의 수강료, 여기에는 프레젠테이션을 더 잘하고 싶다는 당신의 열망이 담겨 있다. 외부에서 비즈니스 파트너와 미팅을 하기 위해 지불한 카페의 찻값, 그 아메리카노 두 잔의 값에서 1억짜리 아이디어가 나올 수도 있다. 퇴근 후 직장상사와 함께한 술 한잔, 그 술자리를 통해 그동안 서운했던 회포를 풀 수도, 앞으로의 전의를 다질 수도 있다. 가족과 함께하는 주말 외식, 모처럼 바깥에서 기분 내며 함께 모여 대화할 수 있는 좋은 시간이 되었을 것이다.

당신이 오늘 소비한 돈이 현재의 행복에 도움이 되고 미래를 위해 가치 있는 것이었는지에 대한 판단은 누구보다 당신 스스로가 가장 잘할 수 있으며, 이미 매우 잘 알고 있다. 여기에 짧은 메모를 붙여보면 그것 자체가 당신의 머니 다이어리가 된다.

그런데 조금만 해보면 누구나 자신의 소비에 대한 반성이 따르게 된다. 충동적이며 비생산적인 소비들이 눈에 들어올 것이다. 이러한 소비를 조금씩 줄여나간다면 어느새 당신의 소비는 '수준'과 '질'이 달라지고, 달라진 소비로 좋은 사람과 양질의 삶이 뒤따르게 된다.

이제 당신의 머니 다이어리를 써볼 시간이다. 앞서 수입을 늘리는 활동을 추가하는 것이 상당한 노력과 긴 시간이 필요한 부분이라면, 지출을 줄이기는 가장 쉽고 빠르게 지금 당장 실천할 수 있는 방법이라고 했다. 지출을 줄이기 위한 첫 번째 단계는 현재 지출되는 항목을 꼼꼼히 따져보는 일이다.

이를 위해서 전문가들은 3개월 동안만이라도 가계부를 써보라고 흔히들 조언하는데, 바쁜 일상에 쫓기다 보면 생각만큼 쉽지 않다. 요즘에는 가계부 앱도 다양하고, 금융권을 포함한 각종 기관이나 기업에서 제공하는 가계부 프로그램들도 있다. 그런데 이를 적극적으로 활용하는 사람은 드문 편이다. 지출 대부분을 신용카드로 하는 추세인지라 신용카드 사용 시마다 문자로 통보되고 이 문자들이 자동으로 등록되는 가계부 앱도 등장했다. 이때는 앱만 설치해두면 자동으로 모든 것이 기록되고 통계를 내주어 좋긴 하지만, 기록으로 끝나는 경우가 많다. 가계부 작성의 기본적인 목적이 불필요한 지출을 줄이고 소비를 통제하는 것이었다면 기록으로 그쳐서는 안 된다.

워낙 번거롭고 귀찮은 것 싫어하는 성격 탓에 나도 매일 꼬박꼬박 쓰지 않는 가계부를 당신한테 추천하고 싶지는 않다. 그래서 직접 고안해낸 것이 한 달에 한 번 쓰는 '초간편 베짱이 가계부'다. 가계부는 써야겠는데 번거롭고 귀찮다면 한 달에 딱 하루, 잠깐의 시간을 내어 그동안 지출이 일어났던 항목들에 직접 숫자를 기재해보고 분석해보길 바란다.

도표 4 초간편 베짱이 가계부

⑩	항목			January	February	March	April	합 계
In			급여/사업소득	3,500,000				
			인센티브	–				
			이자소득	–				
			기타소득	–				
			IN 합계	3,500,000	–	–	–	3,500,000
Out	저축 및 투자	단기	수시입출금	–				
			적금	500,000				
		중기	펀드	–				
			주식	–				
		장기	개인연금	–				
			국민연금	–				
			소 계	500,000	–	–	–	500,000
			소득 대비 저축/투자 비중	14.3%				14.3%
	고정지출	부채	대출상환원리금					
		주거 관련	월세					
			공동 관리비					
		착한돈	부모님 용돈					
			기부금					
		세금 및 보험료	생명보험					
			손해보험					
			재산세 / 종합소득세					
			자동차 / 여행자					
			소 계	–	–	–	–	–
	변동지출	공과금	전기요금					
			가스요금					
			수도요금					
		통신비	휴대폰					
			휴대기기					
			집 인터넷					
		교통비	주유비 / 차량유지비					
			대중교통					
			택시비					
		의료비	병원비 / 건강검진					
			건강식품					
		교육 및 자기계발	문화생활비					
			교육비 / 수강료					
		관계	경조사비 / 모임회비					
			명절 / 기념일					
		생활비	A은행 카드					
			W은행 카드					
			체크 카드					
			현금 사용분					
		기타	기타					
			소 계	–	–	–	–	–
			OUT 합계	500,000	–	–	–	500,000
			IN – OUT	3,000,000	–	–	–	3,000,000

초간편 베짱이 가계부는 돈을 IN(들어옴)과 OUT(나감)으로 구분한다.

IN은 수입을 기재하는 부분인데 우리는 대부분 수입은 비교적 정확히 파악하는 편이다. 자신의 수입조차 파악하고 있지 못하다면 문제가 있다. 근로소득자라면 관련 부서에 요청하여 원천징수 영수증을 떼어달라고 하자. 거기에는 당신에게 준 돈이 정확히 기록되어 있으므로 쉽게 파악할 수 있을 것이다. 인센티브나 비정기적 수입은 들어오는 해당 월에만 기재해주면 되고 짝수 달과 홀수 달의 급여가 다른 사람도 마찬가지다. 1년 치 연봉을 12로 나누어서 기재하는 것보다는 매월 수입이 다르다면 다른 대로 기재하자. 있는 그대로 써넣는 것이 가장 좋다. 그리고 될 수 있는 대로 세후 소득으로 기재한다. 세금으로 떼어가는 부분은 어차피 당신의 통제영역 밖의 일이다. 또 연말정산 환급액은 엄밀히 말하면 1년 동안 더 낸 세금을 돌려받는 것이지만, 소득으로 간주하여 해당 월의 수입 중 기타소득 등의 항목으로 기재한다. IN에 대해서는 이 정도로 기재하면 충분하다. 크게 어렵지 않을 것이다.

이 가계부의 핵심은 OUT을 기재하는 것에 있다.

먼저 저축 및 투자 계정이다. 이 계정은 당신의 자산으로 형성되지만 가계부를 쓸 때는 단순히 돈이 나간다는 점만 보자. 단기·중기·장기로 나눠 현재 저축 및 투자를 하고 있는 형태나 상품명 등으로 구분하여 현재 납입하고 있는 금액을 기재하면 된다. 아마도 매월 같은 금액을 자동이체로 빠져나가도록 설정해두는 경우가 대부분일 것이다. 그럴 때는 한 차례만 확인해서 정확한 금액을 기재한 후 O/×나 구분되는 컬러 표시를 함으로써 해당 월에 저축 및 투자를 했는지 못 했는지 정도만 구분해도 좋다.

소득 대비 저축과 투자의 비중을 백분율로 파악해보는 것은 매우 의미가 있다. 앞서 봤듯이 세계에서 가장 부유했던 도시 바빌론의 부자가 되는 법칙도 소득의 10퍼센트를 저축하는 데서 시작되었다. 매월 소득 대비 몇 퍼센트나 저축 및 투자를 하고 있는지 파악해보자. 반드시 몇 퍼센트는 되어야 한다는 정답은 없다. 소득수준과 재무목표가 저마다 다르기 때문이다. 계속 기록해가며 자신의 상황과 목표에 맞는 비중을 계획해보자.

다음은 고정지출과 변동지출이다. 고정지출과 변동지출 간의 구분은 오로지 스스로 통제할 수 있는지 여부로만 나눈다. 나의 통제권을 벗어나 어찌할 수 없는 항목은 고정지출이고, 나의 노력에 따라 소비하는 금액을 조금이라도 줄일 수 있다면 변동지출로 기재한다. 그래서 주거비와 관련해서 매월 고정적으로 내는 월세나 공동관리비는 고정지출에 속하지만 성격이 비슷하여 한 항목으로 묶을 수도 있는 공과금은 절약 습관에 따라 얼마든지 줄일 수 있으므로 변동지출이 되는 것이다. 고정지출은 금액도 거의 고정적이고 항목도 뚜렷하여 기재하기가 쉽다. 이에 비해 변동지출은 항목도 많고, 무엇보다 대부분의 지출을 신용카드로 결제하는 경우가 많아 구분하기가 쉽지 않다고들 말한다. 한 달에 한 번 쓰는 '초간편 베짱이 가계부'는 시장에서 콩나물 한 움큼 산 것까지도 기재해야 하는 꼼꼼한 가계부가 아니다. 해야 할 일도 많고 바쁜 당신이 한 달에 한 번 아주 잠깐의 시간만 들이면 쓸 수 있는 가계부다. 스트레스까지 받으며 처음부터 모든 항목을 완벽하게 채워나가려고 하거나 항목들을 모두 세세하게 분리하려 하지도 말자. 일단 가계부를 쓰려고 시도하는 것만으로도 스스로 대견하지 않은가.

변동지출 항목을 기재하기 위해서는 신용카드 사용내역서를 열람해야 할 것이다. 매월 카드사에서 우편이나 메일 등으로 발송하는 것을 편한 방법으로 챙겨두도록 한다. 나는 메일로 수령할 때마다 PDF 파일로 내려받기를 하여 신용카드 명세서 폴더에 따로 저장해둔다. 결제일에 따라 달라지므로 사용 기간이 반드시 1일부터 31일은 아닐 것이다. 하지만 크게 상관없다. 다만, 성격상 기간 구분을 명확하게 하고 싶다면 청구서 2개월분을 모아서 보면 날짜를 1일부터 31일까지 맞추어 파악해볼 수 있을 것이다. 이게 귀찮다 싶으면 한 달에 한 번 수령하는 신용카드 청구서를 해당 월 지출로 간주하면 된다.

예를 들어 1월 청구서에 나와 있는 지출 내역은 모두 1월 지출분으로 잡는 것이다. 사용내역서를 보며 금액이 유독 큰 지출은 새로운 항목으로 만들어도 좋다. 이미 구분된 항목에 해당하는 금액은 따로 떼어내어 합산하고 금액을 기재한다. 예를 들어 교통비의 경우

카드사에 따라 사용내역서에 대중교통 이용비가 합산되어 기재된 경우도 있다. 이때는 그 금액을 그대로 기재하면 되고, 그렇지 않은 경우에는 조금 번거롭지만 직접 합산하여 기재한다.

택시비의 경우 물론 대중교통 항목에 포함할 수 있다. 그런데 조금만 더 서둘러 집에서 나오면 될 것을 게으름을 피워서라든가, 단지 걷기 싫어서 택시를 이용하는 경우가 많아 이 부분을 좀 절제해야겠다는 생각이 든다면 별도의 항목으로 구분해놓아도 좋다.

이렇듯 항목의 구분은 통제의 가능성과 자신의 의지에 기준을 둔다. 항목별로 구분된 칸을 모두 채웠다면 나머지는 생활비라는 한 항목에 모두 기재한다. 생활비는 소지하고 있는 카드와 현금 사용분으로 구분하면 충분하다. 카드 사용분은 앞서의 항목(구분된 항목에 해당하거나 금액이 커서 따로 생성한 항목)들을 뺀 나머지 항목을 모두 합산하여 카드 종류별로 구분해서 적는다. 웬만한 굵직한 항목들은 모두 분리되어 빠져나갔으므로 자잘한 소비 항목들의 합계 금액만이 남을 것이다. 현금 사용분도 별도로 사용처를 기록해놓은 것이 있으면 항목별로 구분해서 기재하고 기억이 나지 않는다면 통장 거래내역에 인출 기록이 남아 있으므로 그 금액을 기재한다. 다시 한 번 말하지만 100원, 1,000원 단위까지 완벽히 맞추려고 할 필요는 없다. 제풀에 지쳐 얼마 가지 못하고 포기해버리는 것보다는 조금 허술해도 1년을 쭉 작성해보는 것이 훨씬 낫다.

이렇게 하면 마지막 줄의 IN-OUT은 저절로 계산된다. 마이너스가 되는 경우도 있을 것이다. 이런 경우는 보통 부채가 생겼거나 기존에 저축 및 투자를 한 것에서 자금을 인출하여 사용했을 때다.

메모란에는 큰 지출에 해당하는 것 중 특별히 기록이 필요한 것들을 기재해놓는다. 예를 들면 병원에서 검진을 받은 기록이나, 누구를 위한 경조사비 지출이었는지, 어떤 교육을 받았는지 정도가 될 수 있겠다.

여기까지는 기록이다. 물론 기록만으로도 현재 상태를 파악할 수 있는 계기가 되므로 의미가 있다. 그렇지만 더 중요한 것은 전체 들어오는 수입에서 저축 및 투자의 비율을 높이고 변동지출을 줄이는 것이다. 이것이 바로 가계부를 쓰는 주된 목적이니 말이다.

변동지출 항목들을 하나씩 찬찬히 들여다보자. 그리고 각 항목에서 비용을 줄일 방법들을 찾아보자. 이때도 너무 욕심을 내면 금방 지치니 주의한다. 한 달에 하나의 항목에 해당하는 비용을 줄이는 노력을 집중적으로 해보고 이를 습관으로 만들면 성공이다. 가령 이번 달에는 건강도 챙길 겸 택시 타지 말고 걷기를, 다음 달에는 안 쓰는 전기 콘센트 빼놓기와 반드시 불 끄고 자기 등을 실천하는 식이다.

변동지출 중에서 특히 주목해야 할 부분은 '생활비'다. 구분할 수 있는 것들은 모두 별도 항목으로 구분되어 있으니 생활비라고 뭉뚱그려진 항목에 숨어 있는 자잘한 지출들의 비밀을 캐내야 한다. 이를 통제하고 싶다면 다시 한 번 신용카드 사용내역서를 꼼꼼히 살펴보자. 그중에 꼭 하지 않아도 되는 지출, 즉 불필요한 지출을 한 내역이 있는지 찾아보고 표시한다. 그렇게 표시된 금액들의 합이 바로 당신이 다음 달에 줄일 수 있는 생활비 금액이다.

나는 머니 세미나에서 참가자들에게 신용카드 사용내역서를 가져오도록 하여 두 명씩 짝을 지어주고 서로의 것을 교환하여 불필요한 소비로 여겨지는 항목을 표시해보도록 한다. 이렇게 하면 객관적인 타인의 시선에서 본 나의 소비에는 합리적이지 않은 것들이 수두룩하게 나온다. 이내 세미나장은 자신의 소비에 대한 이유와 변명을 대느라 아수라장이 되는데, 그동안 해왔던 소비가 스스로는 쉽게 이해할 수 있어도 단 한 사람의 타인도 설득하기 힘들다는 것을 금세 깨닫게 된다.

소비의 형태에 따라 항목은 자신에게 맞게 얼마든지 수정할 수 있다. 일단 자신의 소비 형태에 맞게 항목만 잘 구분해서 나눠놓으면 그다음부터는 소비가 이루어지는 금액을 해당 항목에 기재하기만 하면 된다. 그러므로 쉽게, 간단히 작성할 수 있다. 한 달에 한 번, 아주 잠깐의 시간을 들여 게으른 베짱이도 하는 '초간편 베짱이 가계부'만이라도 기재해보자. 그렇게 열두 번이면 당신만의 1년 치 수입·지출 데이터가 쌓인다. 이렇게 축적된 당신만의 데이터를 가지면 앞으로의 재무계획도 더 현실적으로 수립할 수 있다.

매년 '올해는 꼭 써야지'라고 시작했다가 얼마 못 쓰고 포기해버린 가계부. 이번에는 한 달에 한 번만 쓰면 되고 1년 치 데이터가 종이

한 장에 모두 담기는 '초간편 베짱이 가계부'로 시작해보자. 그리하여 자신의 돈을 스스로 파악하고 통제하는 통쾌함을 느껴보길 바란다.

3초 결정, 3일 내 행동 원칙

지금까지 여러 차례 이야기했듯이 부자가 되는 공식과 비법들은 이미 아주 오래전부터 모든 사람에게 공평하게 공개되어 있었다. 그런데 사람들은 부자들만의 특별한 비법과 정보가 있지 않겠느냐는 생각을 버리지 못한다. 그런데 몇 해에 걸친 다양한 시도와 관련된 책들을 통해 알게 된 것은 내가 처음 돈 공부를 시작할 때부터 알고 있었던 것에서 크게 벗어나지 않았다.

앞서 소개한 《바빌론 부자들의 돈 버는 지혜》에서 조지 S. 클래이슨은 '얄팍한 지갑에서 벗어나는 일곱 가지 비결'도 전해주었다.

첫 번째 비결: 일단 시작하라.

두 번째 비결: 지출을 관리하라.

세 번째 비결: 돈을 굴려라.

네 번째 비결: 돈을 지켜라.

다섯 번째 비결: 당신의 집을 가져라.

여섯 번째 비결: 미래의 수입원을 찾아라.

일곱 번째 비결: 돈 버는 능력을 키워라.

어떤가? 6,000년 동안 전해져 내려온 비결을, 20세기에 살았던 사람이 정리했고, 그것을 21세기에 살고 있는 우리가 보고 있다. 이 일곱 가지 비결 중 당신이 몰랐던 것이 있는가? 모두 어딘가에서 어떤 방식으로든 한 번 이상 들어봤음직한 내용 아닌가?

역사적으로 많은 사람이 이 비결에 따라 큰 부를 이루어냈다. 한 해에만도 수많은 책이 이 일곱 가지 비결을 담고 쏟아져 나오고 있다. 이렇게 부자가 되는 비결이 모두 알려져 있는데 왜 모두가 부자가 되지는 못하는 걸까?

나는 부자들이 보통 사람들과 구분되는 가장 큰 특징을 발견했다. 바로 '결정과 행동'이었다. 이것이 바로 가장 중요하고 핵심적이기에 바빌론의 부자들도 첫 번째 비결로 꼽은 것이다. 사람들은 비슷한 것들 사이에선 결정을 내리지 못한다. 그래서 결국엔 시작조차 하지 못한다. 부자가 되길 소망하고 부자가 되겠다고 결심하지만 행동하지 않는다.

예를 들어 직장 동료들과 점심을 먹으러 나가며 누군가 "오늘 뭐 먹지?"라는 질문을 던지면 대개가 "글쎄, 아무거나", "크게 상관없는데"라고 답하는 것만 봐도 그렇다. 용케 음식점 하나를 정해 들어가서도 메뉴판을 보며 한참을 고민한다. 중국집에서 하는 '짜장면이

냐 짬뽕이냐'의 고민은 앞으로도 영원한 난제로 존재할 것이다. 그런데 주식거래를 해본 사람은 알 것이다. 0.5초, 아니 어쩌면 0.1초만에도 내가 원하는 종목을 원하는 가격에 사거나 팔지 못하게 되는 경우가 수두룩하다. 이 찰나적인 선택으로 큰 손해를 입기도 하고 반대로 큰 수익을 내기도 한다.

재무 상담을 하다 보면, 저축이나 투자를 시작하기로 마음을 먹고 나서도 다양한 금융상품 사이에서 끝내 선택하지 못해 다음 스텝을 내딛지 못하는 사람들을 수없이 보게 된다. 이들은 스스로 판단하여 결정하지 못하고 인터넷이나 지인들의 도움을 받으려 한다. 그런데 잘 생각해보자. 인터넷에 "OOO상품 좋은가요?"라고 물어봐서 현명한 결론을 얻을 수 있을까? 거기에 답변을 다는 사람들은 그 분야와 전혀 상관이 없는 사람들일 공산이 크다. 진짜 전문가들은 그런 곳에 있지 않기 때문이다. 불특정 다수에게 묻는 말에 굳이 전문가가 나서서 답변을 달아줄 이유도 시간도 없는 것이다. 엄마한테 물어보는 건 더 기가 막힌 일이다. 휴대폰을 산다고 가정해보자. 당신은 최신 휴대폰을 엄마한테 물어보고 사는가? 정말 엄마가 당신보다 휴대폰에 대해 더 잘 안다고 생각하는가? 그런데 금융상품은 휴대폰보다 훨씬 복잡하고 돈의 단위도 더 크다. 은행에서 10퍼센트대의 이자를 너무도 안전하게 지급받았던 경험이 있는 엄마에게 현재 금융상품들은 모두 위험해 보이고 수익률도 성에 차지 않는다. 엄마는 20~30년 전의 상품들을 기준으로 판단하여 이런저런 조언을 할 것이다. 물론 중요한 선택이기 때문에 다양한 정보를 수집하는 것은 필수적인 과정일 수 있다. 하지만 불확실한 정보와 오락가락하는 판단 근거들을 주워듣고 고민만 하다가는 결국 아무것도 시작하지 못하게 된다.

물론 부자나 성공한 이들에게도 보통 사람들과 같이 평범했던 시절이 있었다. 처음부터 그들의 한순간 결단이나 결심들이 엄청난 후폭풍을 일으킨 것은 아니었다. 큰 부를 이루고 책임져야 할 일들이 더 많아진 지위에 이르다 보니 그들의 결정 하나하나가 자신의 미래와 재산, 심지어 타인의 인생에도 커다란 영향력을 끼치게 되었다. 그래서 그들의 결정에는 힘이 실리게 되었고 결정의 타이밍 또한 중요해진 것이다. 그들도 처음에는 결정의 내용보다는 시작 자체에 더 큰 의미를 두었을 것이다. 그래서 일단 시작하는 것은 누구에게나 가장 중요한 첫 번째 단계다. 일단 시작이라는 결정이 내려졌으면, 그다음은 반드시 행동이 따라야 한다.

부자와 성공한 이들의 '결정과 행동'에서 착안하여 나는 내 인생에 '3초 결정, 3일 내 행동 원칙'을 도입하여 실천하고 있다. 나는 어떤 일에 대한 제안을 받거나 심지어 "이번 주말에 놀러 갈래?"라는 사소한 질문에 대해서조차 3초 안에 결정한다. 듣는 순간 단 하나만 판단한다. '내가 할 수 있는 것인가, 할 수 없는 것인가?' 할 수 있는 것이라고 판단되면 일단 'OK' 사인을 준다. 그리고 스케줄을 체크하여 언제까지 할 수 있을지를 결정하고 언제까지 하겠다는 구체적인 답을 준다. 상대방은 나의 빠른 수락에 감탄하는 경우가 많고, 단호함이 느껴진다며 높게 평가해주기도 한다. 내가 할 수 없는 것이나 하기 싫은 것에 대해서도 3초 안에 거절한다. 단숨에 판단하기 어려운 제안이라 시간이 필요하다고 여겨질 때면 '언제까지 답변을 주겠다'고 얘기한다. 이 또한 3초를 넘지 않는다.

만약 당신이 유독 결정을 못 내리는 성격의 사람이라면 음식점은 '결정하는 힘'을 키우는 연습을 하기에 최적의 장소다. 주문을 할 때마다 실습해보라. 바로 3초 안에 메뉴 고르기다. 그랬을 때 재미있는 것은 대부분 당신과 함께 간 사람들이 당신의 결정에 따른다는 것이다. 사람들은 보통 단호한 결정을 내리는 사람에게 편승하려는 경향을 보인다. 자꾸 연습하다 보면 결정하는 힘, 즉 결정의 근육이 서서히 강화된다. 일단 이 근육이 강화되면 시간이 지날수록 속도가 점점 더 빨라진다.

어느 순간부터 우리나라에도 강연 문화가 정착되고 여러 다양한 강연을 시간과 돈을 지불하면서 찾아다니는 사람들이 많이 늘었다. 그런데 강연을 들을 때면 앞으로 무엇이든 할 수 있을 것 같은 강한 동기부여로 가슴이 두근두근 뛰었다가도 막상 강연장을 빠져나오면 언제 그랬냐는 듯이 다시 일상으로 돌아와 전과 다르지 않은 삶을 살아간다. 그러고는 다시 마치 중독자처럼 순간적인 가슴 떨림과 자극을 찾아 여러 강연장을 영혼 없이 떠돌아다닌다. 아무리 강연이 훌륭한들 태도와 행동에 변화가 일어나는 것은 순전히 당신이 어떻게 하는가에 달려 있음을 잊지 말자.

내 강의를 듣는 사람들도 마찬가지다. 내 강의는 유독 액션 플랜이 많다. 나는 강의가 그 자리에서만 반짝 느끼는 단순한 감흥에 그치면 안 된다는 생각에 강의 때 제시한 액션 플랜에 대해 3일 그리고 3개월 후에 피드백을 해주곤 한다. 하지만 결심을 행동으로 옮기는 사람들은 그렇게 많지 않았다. 물론 내 역량이 부족한 탓도 있겠지만, 수강생들 스스로도 자극과 의지를 오래 지속시키고 행동에 옮기려는 노력을 더 해야 한다고 생각한다.

그래서 나는 하나의 강연을 들으면 너무 욕심내지 않고 내 삶에 적용할 수 있는 하나의 메시지를 뽑아낸다. 그리고 3일 이내에 이를 실행하는 것을 원칙으로 하는데, 예를 들면 이런 것이다. 70권 이상의 책을 집필한 작가이자 지식생태학자인 유영만 교수의 책 쓰기 관련 특강을 들은 적이 있다. 그는 아무리 술을 많이 마신 날이라도 반드시 A4용지 1장 분량 이상의 글을 쓴다고 한다. '책 쓰기'라는 큰 목표가 아니라 매일 꾸준히 글을 쓰는 작은 실천의 중요성을 강조한 얘기였다. 이 강연을 듣던 때가 마침 이 원고를 한참 쓰던 때였다. 강연을 듣고 돌아와 강연 때 노트 필기한 것을 다시 보며 포스트잇에 이렇게 적어 모니터에 붙여놨다. "5장 못 썼으면 침대로 가지 마!"

그날 이후 거실에서 자는 날이 많아졌다. 하지만 그날 유영만 교수의 강연은 나에게 많은 자극이 되었고 원고 쓰기에 엄청난 탄력을 붙여주었다. 덕분에 기한 내에 원고 작업을 끝냈음은 물론이다.

　부자들의 또 다른 공통점은 바로 자신의 모든 것을 걸고 집중하던 시기가 반드시 있었다는 것이다. 30대에 자수성가한 백만장자 엠제이 드마코는 빠르게 부자가 되는 길을 안내한《부의 추월차선》에서 자신의 방식은 기존의 전통적인 돈 버는 방법들에 반기를 드는 '하지 마 조언anti-advice'들이라고 했다. 따라서 이 책의 마케팅도 기존의 재테크 서적들과는 완전히 다른 무언가 특별한 공식을 제시하는 것처럼 했지만, 결국 이 책에서 말하는 부자 되는 공식도 하나로 통했다. 무언가 특별한 비밀 공식들을 기대했던 사람들이라면 크게 실망할 수도 있겠지만 그의 조언들 역시 결단과 행동으로 마무리된다.

　그는 서른한 살에 100만 달러를 벌고 서른일곱 살에 은퇴했다. 대학 졸업 후 백수로 지내며 우울증에 시달리던 그가 이토록 빨리 백만장자가 된 것은 주중과 주말의 경계 없이 주당 60시간씩 열정을 가지고 빠져든 처음이 있었기 때문이다. 그는 찰나적인 사건으로 부자가 된 것이 아니라 부자가 되는 과정을 차근차근 거쳤음을 수차례 강조했다.

　이 책을 읽을 때쯤 마침 내로라하는 한 부자와 인터뷰를 하게 되었는데 그의 성공 스토리가 엠제이 드마코가 말한 공식에 꼭 들어맞아 매우 놀랐다. 이뜨랜리조트 윤광중 대표가 그 주인공이다. 그는 10년의 연구원 생활 끝에 IT 기업을 세우고, 그 회사를 1억 달러가 넘는 가격에 성공적으로 매각하면서 큰 부를 거머쥐었다. 그와 인터뷰하며 그가 거친 연구원 생활과 창업한 회사에서 겪은 여러 가지 고충에 대해 들었는데, 그가 큰 부를 형성할 수 있었던 회사 매각이라는 것도 결국 하나의 사건이 아니라 과정이었음을 깨닫게 되었다.

그가 회사를 매각하는 데 성공한 때가 2007년이었고, 매각을 위한 준비는 이보다 훨씬 더 앞서 이뤄졌다. 그런데 만약 그의 결단이 1년만 늦었더라면 어떻게 되었을까? 알다시피 2008년에는 전 세계적으로 금융위기가 강타했으니, 그 이후에도 성공적인 M&A로 이어졌을지는 누구도 알 수 없다. 창업한 회사를 이끌 때, 아침 일찍 나와 새벽 한두 시에 들어가는 것은 다반사였다는 그는 전쟁터를 방불케 할 정도로 치열한 하루하루를 보냈다고 한다.

이들과 같이 큰 부를 이루거나 성공한 사람들에게는 결단의 순간과 몰입의 과정이 반드시 있었다. 모든 것을 바쳐 열정을 다했던 시기에 대한 회상은 내공으로 자리 잡아 어떤 위기가 닥쳐도 본능적인 저력으로 발산된다.

인생에서 한 번이라도 모든 것을 바쳐 열정적으로 빠져든 때가 있는가? 대학 입시를 위해 공부하던 때 빼고 말이다. 만약 지금까지 단 한 번도 그런 시기가 없었다면 지금이라도 늦지 않았으니 시작해보자. 딱 한 번이라도, 자신의 모든 것을 걸고 몰입하여 행동하는 시기를 만들어보자. 이 시기에 대한 기억은 앞으로 당신이 무슨 일을 하든 앞으로 나아갈 수 있는 탄탄한 원동력이 되어줄 것이다.

쉽게 따라 하는 재테크, 기초부터 관리까지

알아서 굴러가도록 시스템을 만들자

현재와 미래를 모두 갖게 해주는
My Dream Account

결혼을 앞두고 남자는 여자에게 말한다. 결혼하면 멋진 차 타고, 맛있는 것 많이 먹으러 가고 좋은 집에서 살게 해줄 테니, 지금 꾹 참고 열심히 돈을 모으자고.

결혼하고 남자는 또 말한다. 조금만 더 참으면 곧 더 넓은 집에서 훨씬 더 좋은 것들을 누리게 해주겠다고. 그러면서 새벽 일찍 나가 밤늦게 들어오며 일에 빠져 산다. 그 사이 딸아이가 첫걸음을 내딛는 감격스러운 순간도, 학예회에서 예쁘게 춤추는 모습도 보지 못한다.

사업이 크게 성공을 거두어 돈도 많이 벌고 남들이 부러워할 만한 큰 집, 큰 차 등 모든 것을 가진 남자는 당당하게 말한다. 이제 많은 것을 가졌으니 맛있는 것도 많이 먹으러 다니고 좋은 곳으로 여행도 가자고. 하지만 다 큰 딸은 이제 아빠와 함께 있고 싶지 않다며 따로 나가 살겠다고 하고, 아내는 병이 들어 여행을 다닐 수가 없다. 거울을 보니 늙고 배 나온 중년의 남자가 쓸쓸한 얼굴로 서 있다.

내가 알고 지내는 사회적으로 꽤 큰 성공을 거둔 한 기업체 대표의 이야기다. 자신은 항상 앞만 보고 더 나은 미래를 위해 달렸는데 자신의 그런 태도가 가족들은 물론 자신도 해쳤다는 것이다.

남 얘기가 아니라는 생각이 드는 사람도 많을 것이다. 재무계획을 수립하고 지켜나가다 보면 어느 순간 이런 회의감에 빠질 때가 있다.

'미래에 대한 준비에 치우쳐 현재를 희생하는 것은 아닐까?'

'지금 이 순간도 다시는 돌아올 수 없는 소중한 때인데, 지금 행복하고 즐거운 것이 더 좋은 것 아닐까?'

'미래에는 어떻게 될지도 모르는 판에 현재라도 즐겨야 나중에 덜 억울하지 않을까?'

어떤 사람들은 페라리를 타는 대머리 배불뚝이 할아버지가 무슨 의미가 있느냐면서 젊었을 때 즐기는 것이 더 아름답다고 찬양한다.

나도 일정 부분은 동감한다. 한 중년의 기업체 대표에게서 앞의 예와 비슷한 얘길 들은 적도 있다. "젊은 시절 사회적인 성공과 부를 이루기 위해 앞만 보고 달렸어요. 자식들이 성장하는 소중한 순간을 모두 놓쳤고 제대로 신 나게 놀아보지도 못했죠. 모든 것을 이룬 후에 돌아보니 가족들과의 관계가 소원해져 있었습니다. 어떻게 놀아야 할지도 모르겠고, 놀 만한 체력도 남아 있지 않으며 주변에 진정한 친구도 얼마 남지 않았죠. 뭔가 잘못 산 것 같아요." 착잡한 표정으로 한숨짓던 그의 얼굴을 잊을 수가 없다.

정해놓은 것은 아니지만 어린 시절, 꼭 그 나이에 해보고 가봐야 할 곳들이 있다. 그 나이에 어울릴 만한 것들 말이다. 어른들은 흔히 어린 친구들을 보면 이렇게 얘기한다. 청바지에 흰 티셔츠만 입어도 예쁜 시기. 솔직히 이때는 고가의 명품 가방이 오히려 어울리지 않는다. 할머니 가방 같은 누런색 가방을 명품이라는 이유만으로 너도 나도 들고 다니고 서로 자랑하거나 부러워하는 모습은 뭔가 비정상적이다. 그 가방을 갖기 위해 거의 1년 치의 용돈을 모았거나 부모님이나 애인에게 사달라고 졸랐을 것이다. 이런 과정을 거쳐 손에 든 가방이 과연 얼마나 큰 의미가 있는지 의문스럽다. 그런 가방을 들고 있는 어린 친구들을 보면 마치 어린 여자아이가 엄마의 하이힐을 질질 끌고 다니는 모습이나 화장을 처음 해봐서 얼굴이 온통 분칠이 된 채 둥둥 떠다니는 모습이 연상되어 실소를 머금게 된다.

또 역으로, 나이가 들어가면서 그 나이에 어울리는 것과 갖추어야 할 품격도 있다. 젊은 시절 충분히 놀아보지 못한 어른들이 뒤늦게 노는 것에 재미를 붙여 엉뚱한 방향으로 에너지를 발산하는 모습을 목격할 때면 적지 않게 당황스럽다.

그렇기에 지금 이 시기를 놓치면 후회할 만한 것들, 이 시기에 하면 더 좋을 것들은 충분히 즐기고 누리면서 현재를 살아야 한다. 문제는 애써 외면해도 문득문득 고개를 드는 미래에 대한 불안이다. 그렇게 살다 나중에 어쩌려고 그러느냐는 주변의 핀잔을 듣거나 몹시 쪼들리는 듯한 어른들의 모습을 볼 때 그런 불안감은 더욱 커진다. 현재를 희생하고 미래만 준비하는 사람은 영원히 현재를 살 수가 없다. 하지만 미래를 준비하지 않고 현재를 살아가는 사람은 그 미래가 현재가 되었을 때 곤란에 처할 수 있다. 지구 종말이 오지 않는 이상 시간은 계속 흐르며, 미래가 현재가 되는 시기는 반드시 올 것이기 때문이다.

마치 말장난 같은 현재와 미래와의 관계에서 난 이 두 가지를 모두 갖기로 했다. 무엇도 희생하거나 포기하고 싶지 않다고 욕심을 부린 것이다. 미래를 두려워하지 않기 위해 은퇴자금 준비를 포함한 미래 재무계획을 짜고 유지해나가되 목적별로 계정들을 나누어 그 비율을 적정하게 배정했다. 그리고 매월 들어오는 수입을 그 비율에 따라 꾸준히 적립해나가도록 설정했다. 이와 동시에, 미래를 준비하는 것만큼 현재를 즐기는 것도 중요하므로 오로지 나만의 꿈을 위한 'Dream Account'라는 계정을 만들었다. 이 계정은 존재만으로도 나를 행복하게 했다.

이 계정에 쌓인 돈으로 무엇을 할지 상상하며 기쁜 마음으로 돈을 모아갔다. 현재를 즐기면서도 미래를 준비할 수 있는 것이 있다면 일석이조가 되므로, 그때는 이 계정에 모인 돈을 썼다. 대표적인 게 무언가를 배우는 것이다. 요가 라이선스를 취득하는 것, 책 쓰기와 관련된 다양한 강의를 듣는 것, 앱 개발을 위해 변리사 비용을 들이는 것 등이 여기에 해당되었다. 미래에 새로운 수입원이 되어 다시 돌아올 수 있는 것들이라고 판단되면, 평소 자금을 계속 모아온 이 계정 덕분에 돈 고민을 덜고 시작할 수 있었다. 또한 여행자금도 이 계정에서 충당했다. 휴식이 필요하거나 좀 쉬고 싶다는 생각이 들면 이 계정에 돈이 조금만 모여도 빼서 가까운 근교라도 놀러 갔고, 좀 굵직한 여행을 가고 싶다는 생각이 들면 이를 목적으로 수개월간 돈을 모아서 떠났다.

Dream Account는 말 그대로 미래를 준비하는 전반적인 재무계획에 숨통을 틔워주는, 사막의 오아시스 같은 존재다. 이 계정에는 내 꿈과 행복이 담겨 있다. 하루하루 열심히 모은 돈이기 때문에 신용카드로 단숨에 쉽게 하는 부채성 소비와는 사용할 때의 기분도 달랐다. Dream Account의 존재만으로도 삶이 더 여유로워지고 행복해진다는 것을 체험한 나는 고객들의 재무계획을 세울 때도 이 계정을 탑재해주었다. 적어도 이 계정에 있는 돈은 마음껏 써도 좋다고 했다. 자신을 위해서 그리고 현재의 행복을 위해서라면 무엇을 사도 좋고 어디에 써도 좋다고 말이다. 그런데 흥미롭게도, 사람들은 오히려 이 계정의 돈을 사치성 소비에 쓰지 않았다. 또한 이 계정에 돈이 모이는 대로 금방 써버리지도 않았다. 그들도 나와 같이 이 계정의 존재 자체에 행복을 느꼈고 이 계정에 돈이 모이는 과정을 즐겼다. 무엇보다도 즐거운 일은 이 돈으로 할 수 있는 것들을 상상하는 것이었다.

나는 상담을 하며 사람들이 미래를 준비하는 데 어려움과 귀찮음에 대한 핑계로 현재의 행복을 드는 경우를 많이 봤다. 예를 들면 이런 식이다. 현재의 수입에서 일정 부분을 떼어내 저축이나 투자를 하려니 현재 자제해야 하는 것들이 생기고, 이것이 현재의 행복을 해친다는 것이다. 스트레스까지 받아가며 미래를 준비하느니 현재를 마음 편히 사는 게 더 낫다는 것이다. 맞는 말이다. 스트레스를 받아 건강까지 상하고 그 때문에 더 큰 비용이 들어간다면, 당장 그만두어야 할 것이다. 그런데 이런 이야기를 좀 더 깊이 파헤쳐보면 실상은 조금 다르다. 그냥 힘든 거다. 더 놀고 싶고, 더 좋은 것 사고 싶은데 참으려니 짜증 나고 싫은 거다. 충동구매로 산 물건 때문에 할부금을 갚아나가려니 수입에서 미래를 준비하기 위한 돈을 떼어내기가 어려워졌고 쓸 돈도 줄어들어 현재 상황이 곤란해진 것이다. 그런데 대부분이 진짜 이유는 숨긴 채 이렇게 얘기한다. 현재의 행복을 희생하고 싶지 않다고. 이 말이 핑계인지 아닌지는 스스로가 가장 잘 알 것이다.

그 돈 조금 더 써서 현재가 드라마틱하게 좋아지고 행복해진다면 당연히 써야 할 것이다. 행복한 현재를 위해서 말이다. 하지만 단순히 피하고 싶은 핑계로 이용하는 것이라면 현재의 행복을 갖다 붙이진 말자. 현재의 행복을 진지한 자세로 추구하는 사람들이 미래도 잘 준비하는 법이다.

미래를 위해 저축과 투자를 한다는 것은 곧 미래에 소비할 자금을 준비한다는 뜻이다. 은퇴자금을 예로 들면, 이것도 결국 은퇴 후에 쓸 돈을 미리 준비해놓는다는 얘기다. 미래에 대한 준비도 미래의 소비라는 측면에서 다시 '소비'에 주목할 필요가 있다. 내가 지금 이 돈을 소비하는 것과 미래의 어느 시점에 소비하는 것 중에서 어느 것이 더 가치가 있고 행복할 것인가를 따져봐야 한다. 그리고 현재의 소비가 미래의 '수입'으로 연결된다면 이 소비는 현재에 해야 마땅하다. 이는 현재만 두고 보면 분명 돈을 써버리는 소비지만, 동시에 또 다른 미래를 위한 투자라고도 할 수 있기 때문이다. 반대로 지금 해봐야 나의 행복에 그다지 큰 차이를 만드는 소비가 아니라면 미래의 더 큰 소비가 가져다주는 행복을 위해 잠시 미룰 수도 있을 것이다.

희생된 현재는 상처로 남는다. 행복하지 않은 현재를 살면서 꿈꾸는 미래는 어딘가 일그러져 있다. 그러므로 우리는 현재의 행복도 포기하지 말고, 미래에 대한 불안감도 갖지 않도록 노력해야 한다.

현재와 미래의 균형. 그것 또한 삶을 살아가는 데 중요한 것이다. 행복한 현재에서 찬란한 미래를 꿈꿔보자.

모난 돌과
은사자 무리

새해가 되면 매번 결심하는 것 중 하나가 아침형 인간이다. 나도 몇 번이나 시도한 적이 있지만 번번이 실패했다. 결심과 실천이 콤비를 이루어 성공에 이르기란 참 어렵다는 것을 항상 느낀다. 그런데 새벽 5시에 일어나는 이 프로젝트를 여러 사람과 함께 해본 적이 있다. 일명 '어메이징 5시 땡큐 프로젝트'.

각자 다른 공간에 있지만 프로젝트 참가자들은 새벽 5시 기상을 기본으로 하여, 일어나자마자 인터넷 공간으로 모여든다. 그리고 각자의 일상에서 이미 일어났던 일이나 앞으로 일어날 일에 대한 감사 노트를 적고 하루 일과를 시작한다. 처음에는 별로 감사할 일이 없다는 생각이 들다가도 다른 사람들이 적어놓은 감사 노트를 보다 보면 이렇게도 감사할 수 있구나 하는 생각이 든다. 그 덕에 일상의 아주 작은 것에도 감사하는 마음을 갖게 된다. 정신적으로 여유로워지고 삶이 더 풍요로워짐은 말할 것도 없다. 그 공간에서 서로의 글을 보고 응원의 메시지를 남기기도 하고 다른 사람들 앞에서 자신의 꿈을 선언함으로써 새롭게 결심을 다지기도 한다. 혼자 할 때보다 훨씬 든든하고 성공할 확률도 높다.

이 공간에 모인 사람들도 어찌 보면 각자의 자리에서는 모난 돌이었을 것이다. 세상 꽤 피곤하게 산다는 얘기를 한 번쯤은 들어봤을 테고 수시로 정을 맞았을 수도 있다. 하지만 각자의 자리에서 매 순간 열정적으로 살아가는 이들은 주위 눈치 보는 일 없이 단 하나의 어메이징한 삶을 위하여 앞만 보고 달려간다.

'모난 돌이 정 맞는다'라는 말은 우리 사회에서 전가의 보도처럼 쓰인다. 어떤 식으로든 튀는 사람은 질투와 미움의 대상이 되곤 한다. 그래서 우리는 남들이 사는 대로 평균에 속하는 데서 편안함을 느끼고, 그렇게 사는 것을 당연하게 여긴다. '다름'을 '틀림'으로 받아들이는 사람들도 많다. 단지 다를 뿐인데도 틀리다고 보기 때문에 날 선 비난도 거침없이 던진다. 이들이 생각할 때 모름지기 돌은 둥글둥글해야 하는데 모가 나 있으니, 정으로 다듬어 어떻게든 자신들과 같게 만들고 싶은 것이다.

20대 후반, 한 직장에 매여 있지 않고 이것저것 다양한 일을 하는 날 보고 주변 사람들은 이렇게 말했다. 어딘가에 소속되어 있지 않은데 불안하지 않냐고. 그런데 난 오히려 자유로웠다. 어느 한 단체에 소속되어 있지 않으니 내가 쓰는 시간과 벌어들이는 돈은 온전히 내 자유의지에 달려 있었다. 나는 내 회사의 보스이자 직원이었다. 누구의 눈치도 볼 필요가 없었고, 겨울이면 따뜻한 나라에서 지내는 일도 거침없이 벌일 수 있었다. 그렇다고 남들보다 돈을 못 버는 것도 결코 아니었다.

서른이 훌쩍 넘어서도 결혼을 하지 않자 또 사람들은 온갖 말로 참견을 해댔다. 공포심이 들 정도의 말도 서슴지 않았다. 왜 언니들이 서른 중반만 넘으면 그렇게들 해외로 나가는지 이해가 됐다. 꿈을 가지고 사는 모습에서도, 계획적으로 재테크를 할 때에도, 심지어 스케줄 수첩을 사용하는 것을 보고도 뭐 그렇게 일일이 신경 쓰며 피곤하게 사느냐고 그냥 대충 살면 안 되느냐고 시비 아닌 시비를 걸어오기도 했다. 무장해제 상태에서 맞은 정은 정신을 아찔하게 만들었지만 무너질 수는 없는 노릇이었다.

모난 돌이 정 맞는다는 말은 맞다. 어떤 건물의 벽을 세우는 데 쓰여 하나의 조각으로서 역할을 해야 한다면 말이다. 하지만 곳곳에 널려 있는 그렇고 그런 돌들 사이에서 수석가가 집어드는 것은 무언가 다른 모난 돌이다. 독특한 색깔과 모양을 가진 돌들만이 그들에 의해 발굴된다. 그리고 심지어 예쁜 받침대에 놓여 진열장에 모셔진다. 아무런 값도 매겨지지 않는 평범한 돌들과는 달리 거래가 이루어지기도 한다. 가치가 다른 것이다.

꿈을 가지고 사는 것은 이렇다. 평범하게 살아지는 대로 사는 사람들은 결코 이해하지 못한다. 그래서 그냥 그렇게 사는 것이다. 평생을. 하지만 일단 수석들만 모아놓은 진열장으로 들어가면 얘기가 달라진다. 진열장 안에서는 서로의 아름다움을 칭찬한다. 각자가 가진 가치가 다르다는 것을 인정하기 때문이다. 그래서 쓸데없는 소모전도 없다.

Dream Account를 가진 사람들은 기본적으로 꿈이 있는 사람들이다. 지독한 꿈쟁이들도 많다. 꿈을 실현하는 데 필요한 자금을 모으는 계정이니 당연한 얘기다. 꿈이 없는 사람들은 이 계정을 만들지도 않는다. 그런데 이 계정에 돈을 모아가는 과정에서 수많은 정을 만나게 될 것이다.

에쿠니 가오리의 소설 《반짝반짝 빛나는》에는 '은사자'에 대한 이야기가 있다. 색소가 극단적으로 희미해서 그렇게 보인다는데, 더욱 특이한 것은 이들이 초식성이라는 점이다. 그런 점들 때문에 무리에서 따돌림을 당하는 이들은 자기들만의 공동체를 만들어 생활한다는 것이다. 아프리카 초원의 달빛 아래에서 반짝반짝 빛나는 은빛 사자 무리를 상상해본다. 끝없이 펼쳐진 지평선에서 별처럼 빛나는 그들. 그런데 과연 이들이 따돌림을 당한 것일까? 혹시 따돌림을 자청한 건 아닐까? 평범한 사자들 사이에 끼어 있는 한 마리의 은사자는 따돌림의 대상이 될 수 있겠지만 자기들만의 공동체 안에서는 편안함을 느꼈으리라.

꿈을 갖고 꿈의 계정을 채워나간다는 것은 사실 힘든 일이지만, 수석 진열장 안에 놓일 수 있다면 감당해볼 만한 일이다. 모난 돌이었기 때문에 수석 진열장으로 들어올 수 있었고 이제는 예쁜 받침대 위에 놓인 것이다. 주변에서 때리는 정이 너무 아파 포기하고 싶다면 얼른 다른 수석들을 찾아가자. 당신의 꿈을 지지해주고 다름을 인정해주는 반짝반짝 빛나는 은사자 무리 말이다. 꿈꾸는 사람들은 서로의 꿈을 비웃지 않고, 꿈꾸는 사람들 사이에 있으면 굳이 정을 맞을 필요도 없다. 그렇게 자신의 꿈과 Dream Account를 지속해나가면 되는 것이다.

한 번의 세팅으로
저절로 굴러가는 돈관리 시스템

'놀면서 하는 재테크'에서 가장 빠르게 구축해야 하는 것은 돈관리 시스템이다. 그것도 자동화된 시스템, 즉 Auto Money Control System이어야 한다. 이 시스템은 당신이 전 세계 어디에 있든지, 심지어 당신이 잠들어 있는 시간에도 가동되어야 한다.

결국은 시스템이 답이다. 자동화된 돈관리 시스템은 당신을 자유롭게 해줄 것이고 매번 신경 써야 하는 수고스러움을 덜어줄 것이다. 시스템이란 원래 장착하기가 힘들어서 그렇지 일단 잘 갖춰놓으면 그다음부터는 저절로 굴러간다. 그러면 당신은 돈을 스스로 완벽하게 통제한다는 느낌을 가질 수 있다. 더는 돈에 끌려다니지 말고 시스템 안에 넣어보자.

통장 쪼개기에 대해서는 여러 재테크 서적들에서 익히 소개됐다. 처음에는 3개의 통장에서 시작하여 이제는 6개, 12개의 통장까지 등장했지만 기본 개념은 모두 같다. 나도 많은 고객에게 통장 쪼개기 시스템의 개념을 설명해주고 그들의 돈관리에 장착해주기도 했다. 그런데 이론과 현실 간에는 약간의 괴리가 존재한다. 그래서 난 오히려 아주 단순화시킨 통장 쪼개기 시스템을 소개하고자 한다. 당신의 현실에서 바로 적용할 수 있도록 말이다.

다음은 Auto Money Control System의 월간 현금흐름을 나타내 주는 표다.

도표 5 Auto Money Control System 월간 흐름표

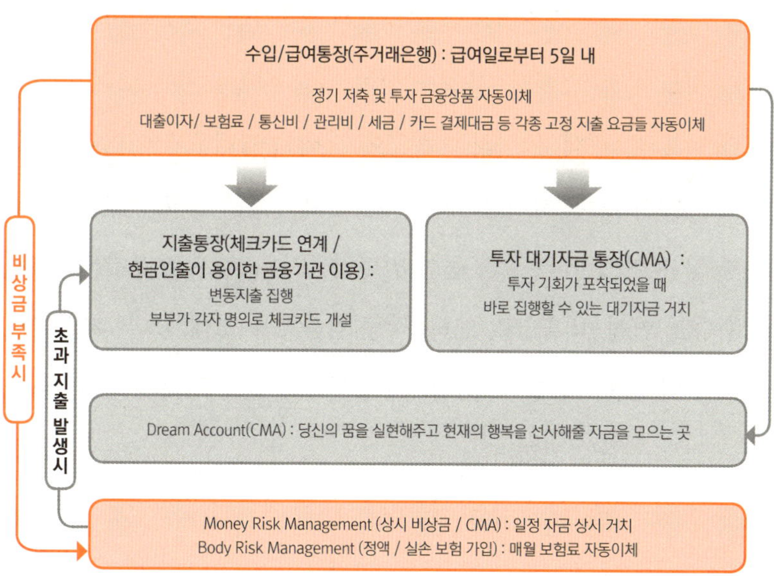

당신은 이미 기존에 수입/급여통장이 있을 것이다. 외부에서 당신에게 돈을 주려고 할 때 들어오는 입구에 해당한다. 간혹 외우고 있는 통장 번호가 하나도 없는 사람들도 보았지만, 그리고 요즘 같은 시대엔 굳이 외우지 않아도 아주 간단한 조회만으로도 쉽게 알 수 있긴 하지만 적어도 돈을 두 팔 벌려 반겨준다는 차원에서 한 개 정도는 외워두자. 누군가 당신에게 돈을 주려고 할 때 0.1초 만에 번호를 불러줄 수 있어야 하는 통장이 바로 이 수입/급여통장이다.

보통 수입/급여통장은 주거래은행을 이용할 것이다. 주거래은행은 당신이 소속된 회사가 일괄적으로 급여통장으로 지정해서 당신의 의지와는 달리 선택되었을 수도 있고, 맨 처음 금융거래를 한 곳이라 그냥 지금까지 거래를 이어왔을 수도 있다. 어쨌든 한 군데 정도는 당신의 신용등급 유지나 금리혜택 등을 위해 지속적인 거래를 하는 것도 좋을 것이다. 사실 당신이 직접 대출을 받아보면 5분도 안 되어 느낄 텐데, 당신의 충성도에 비해 주거래은행의 이점은 생각보다 많지 않다. 하지만 해당 기관에 예·적금 실적도 있고 연체되지 않은 카드 이용 실적 등이 있다면 우수 고객으로 분류되어 이체수수료 면제, 대출금리 인하, 각종 금융교육 초대 등의 혜택들도 있으니 어차피 사용할 수입/급여통장이라면 한 은행과 꾸준히 거래하는 것도 추천할 만하다.

어떤 전문가들은 수입/급여통장은 단지 자금이 들어오는 창구일 뿐이니, 자금이 들어오면 바로 다른 분류된 통장으로 전액 이체하라고도 조언한다. 그렇지만 현실적으로 이렇게 하는 사람은 매우 드문 것으로 파악되었다. 지출 통장과 투자 통장을 따로 구분하여 그곳에서 비용과 투자들을 집행하라고 하지만 보통은 수입/급여통장에 대부분의 자동이체가 걸려 있고 이를 모두 바꾸기란 매우 번거롭다. 한번 애써 바꿨다가도 어느새 되돌리는 모습도 많이 봤다. 따라서 수입/급여통장에서 각종 고정지출 요금과 정기 저축 및 투자 금융 상품이 자동이체되도록 설정한 것들은 그냥 놔두자. 이것 때문에 스트레스를 받을 필요는 없다. 다만, 한 가지는 꼭 지켜야 하는데, 이 모든 자금의 집행이 수입/급여통장에 돈이 들어온 시점부터 5일 내로 이뤄지도록 모든 날짜를 맞추어놓아야 한다는 것이다. 그렇지 않으면 돈이 들어왔다는 일시적인 만족감에 당신의 의지로는 어쩔 수 없는 지름신이 강림하여 그 신이 당신의 돈을 채가는 것을 경험하게 될 것이다. 반드시 자동이체 날짜는 5일 내로 지정하도록 한다.

변동지출 통장은 따로 구분하자. 이렇게 하면 앞에서 소개한 간편 가계부를 쓰기도 한결 수월해진다. 이 통장은 체크카드와 연계되도록 해놓는다. 나중에 체크카드 명세서만 보면 당신이 어디에 돈을 썼는지 한눈에 파악할 수 있다. 현금을 인출할 때도 웬만하면 지출 통장으로 한 번 이체해서 출금하여 쓸 것을 추천한다. 그래서 지출 통장은 집이나 회사에서 가까운 곳에 있어 내방이 쉬운 금융기관을 이용하는 것이 좋다. 이렇게 하면 적어도 출금수수료는 절약할 수 있다. 한 가정에서 소비를 하는 주체가 여럿이라면 소비 통장을 각각 따로 만들어서 관리하는 것이 지출을 기록하기가 쉽다. 즉, 소비 주체가 남편과 아내 두 사람이라면 부부가 각각 별도의 체크카드가 연계된 통장을 개설한다.

정기적으로 하는 저축이나 투자는 수입/급여통장에서 자동이체되어 집행되므로 인센티브나 연말정산 환급액, 추가 소득, 그리고 소비가 줄어든 달에 남은 돈 등은 투자 대기자금 통장으로 보내 별도로 모은다. 이 통장은 투자 기회가 포착되는 즉시 바로 집행할 수 있는 자금이 기다리는, 말 그대로 대기 장소다. 투자 기회가 언제 포착될지는 모르는 일이므로 하루만 맡겨도 은행의 수시입출금 통장보다는 이자가 상대적으로 높은 CMA 통장을 활용하는 것이 좋다.

그리고 Dream Account가 있다. 당신의 꿈을 실현해주고, 존재만으로도 행복한 통장 말이다. 이 통장은 일상에서 조금씩 채워나가는 것이다. 적어도 여기에 모이는 돈은 당신 자신을 위한 것이므로 당신의 소비계획에 따라 어떤 금융상품을 활용할 것인가가 결정된다. 하지만 수시로 지출을 하든 상당 기간 모아서 지출을 하든 CMA 계좌가 가장 무난할 것으로 보인다.

그다음은 리스크관리^{Risk Management} 부분인데 여기서는 비상금을 말한다. 비상금의 규모는 비상 상황 발생 시 최저 필요 비용의 3~6배만 따로 구분해서 준비해 둔다. 미리 산정한 규모를 넘어선 자금은 투자 대기자금 통장으로 보내놓아 불필요한 기회비용을 발생시키지 않도록 한다. 과도한 지출이 일어난 달에는 이 비상금에 있는 돈을 빼서 충당해야 할 것이다. 하지만 비상금의 잔고는 빠른 시일 내에 채워놓는 것을 원칙으로 하고 이를 지켜야 한다. 가정의 경제위기는 이 비상금 통장이 제대로 갖추어져 있지 않아서 오는 경우가 많다. 비상금 통장만 제대로 갖추어놓아도 위기를 만회할 기회를 보다 여유를 가지고 찾을 수 있다. 리스크관리는 매우 중요한 부분이므로 이어지는 '리스크관리 그물망을 쳐라'에서 자세히 다루도록 하겠다.

여기까지가 월간 현금흐름에 대한 설명이었다면, 다음의 표는 시간별 자금흐름을 나타내준다.

도표 6 Auto Money Control System 시간별 자금흐름표

Short-Term(단기)	Mid-Term(중기)	Long-Term(장기)
수입/급여통장(주거래은행) : 급여일로부터 5일 내 정기 저축 및 투자 금융상품 자동이체		
투자 대기자금 통장(CMA) : 투자 기회가 포착되었을 때 바로 집행할 수 있는 대기자금 거치		
결혼 준비자금	자녀 교육자금	국민/퇴직연금
전세 보증금 인상분 예비자금	창업 준비자금	개인 연금
학자금 대출 상환 자금	자가주택 구매자금	노후 취미활동 및 자기계발 자금
Dream Account(CMA) : 당신의 꿈을 실현해주고 현재의 행복을 선사해줄 자금을 모으는 곳		
Money Risk Management (상시 비상금 / CMA) : 일정 자금 상시 거치 Body Risk Management (정액 / 실손 보험 가입) : 매월 보험료 자동이체		

당신의 모든 저축 및 투자는 필요한 시기별로 구분하여 각각 이름을 가지고 있어야 한다. 정 이름을 못 붙이겠으면 '목돈 1억 모으기', '종잣돈 3,000만 원 만들기' 등의 이름이라도 붙여 언제까지를 목표로 하는지 생각해두자. 그러면 인생의 시간 흐름에 맞게 적절하게 배치할 수 있을 것이다. 저축 및 투자를 위한 자금은 수입/급여 통장에서 정기적으로 자동이체될 것이고, 비정기적으로 기회를 포착하여 하는 투자는 투자 대기자금 통장에서 집행될 것이다.

표에서 보여주는 이벤트들은 하나의 예시다. 이를 참고하여 앞으로 당신의 인생에서 계획한 것들을 뽑아보고 단기·중기·장기로 구분하여 배치해본다. 붙여진 이름표에 따라 이용해야 하는 금융기관은 물론 감수할 수 있는 위험에 따라 추구할 수 있는 수익률도 달라진다.

단기·중기·장기에 대한 시간 구분은 사람마다 다르다. 왜냐하면 사람마다 시간을 보는 관점이 다르기 때문이다. 보통은 단기를 3년 이내로, 중기는 7년 내외로, 장기는 10년 이상으로 구분한다. 하지만 투자 대상이나 이벤트들의 성격에 따라 단기(1년 이내)·중기(2년 이내)·장기(5년 이내)로 보기도 하고, 단기(5년 이내)·중기(10년 내외)·장기(20년 이상)로 하기도 한다. 이렇듯 시간에 따른 구분은 개인차가 크므로 자신에게 맞춰서 하면 된다.

시간별 자금계획과 별도로 Dream Account와 리스크관리 계정은 상시 준비해두어야 한다는 점을 잊지 말자. 이 두 계정은 평생 당신과 함께해야 하므로 바닥에 아주 깊고 탄탄히 깔려 있어야 한다.

시스템은 하루아침에 만들어지는 것은 아니다. 그리고 그 처음은 힘든 것도 사실이다. 하지만 한번 잘 장착해놓은 시스템은 스스로 움직이며 놀라운 힘을 발휘한다. 명확하게 정의하거나 정리하지 않았을 뿐, 당신이 이미 잘 지켜온 것들도 있을 것이다. 아주 조금만 수정하고 보완하면 된다. 어렵다고 생각하지 말고 하나씩 구축하여 돈을 스스로 통제할 수 있는 중앙관제 시스템을 만들어보자. 그 중심에는 당연히 당신이 서 있다.

리스크관리
그물망을 쳐라

미국 샌프란시스코의 상징물 금문교. 조류, 안개, 지형 등의 문제로 건설이 불가능하다는 주장이 많이 제기되었으나 4년 만에 완공되어 미국 토목학회에서는 7대 불가사의의 하나로 꼽는다. 규모도 길이 2,825m, 너비 27m에 이르는 큰 다리인 만큼 건설에 어려움도 많았다. 특히 바다를 바라보고 일해야 하는 환경이다 보니 매일 추락사고가 끊이질 않았다. 사람들은 두려운 마음에 아무리 돈을 많이 준다고 해도 그 높은 현장에 올라가기를 꺼렸다. 그래서 건설업체에서는 현상금을 걸고 이 난국을 타개할 방도를 찾고자 했다. 이때 한 인부가 공사장 아래 안전 그물망을 설치하면 좋겠다는 아이디어를 냈다. 건설업체는 이를 받아들여 10만 달러에 달하는 비용을 들여 안전 그물망을 설치했다. 그렇게 조치를 취하고 작업을 재개했는데 신기하게도 그날 이후로 단 한 건의 추락사고도 발생하지 않았다고 한다. 또한 불가능하다고 여겨졌던 공사가 오히려 예상보다 더 빨리 마무리가 되었다.

건물을 지을 때 터를 닦는 기초공사에 오랫동안 공을 들이고, 위험에 대비하여 여러 안전장치를 마련하는 것은 이 때문이다. 금문교의 인부들과 기술자들은 안전 그물망이 설치된 이후로 두려움이 없어져 편안한 마음으로 일에 집중할 수 있었을 것이고, 그 속에서 최고의 역량을 발휘할 수 있었으리라.

어떤 일을 할 때 일의 성과와 무관하게 과정상 안전을 위하여 안전장치를 구축하는 일은 어떤 면에서 괜한 시간과 노력, 비용을 소비한다는 생각이 들게 할 수도 있을 것이다. 하지만 결과적으로 보면 그렇게 했을 때 그 일 자체에 도움이 된다. 편안한 마음이 되었을 때 우리는 위축되지 않고 잠재력을 모두 발휘할 수 있기 때문이다. 그러니 삶이라는 일에서도 안전 그물망을 꼭 설치해두자.

재테크 측면에서도 모든 금융 전문가가 이구동성으로 강조하는 것이 리스크관리다. 이것과 관련해서 유용한 비결을 《머니위닝게임》이라는 책에서 얻을 수 있다. 자산관리사이자 위험관리 전문가 임준범 대표가 쓴 책으로 '재테크는 3층 탑 쌓듯이 하라'는 조언이 담겨 있다.

지금부터 잠시 집중해서 눈을 감고 상상해보자. 조용한 숲길을 걸어가고 있다. 햇볕은 따사롭고 길 양쪽에선 큰 나무들이 그늘을 만들어주고 있다. 한 걸음 한 걸음 내딛는 발걸음도 가볍고 기분도 아주 좋다. 그렇게 조금 걸어가다 보니 넓은 공터가 나왔다. 공터로 들어가는 입구에는 이렇게 적혀 있다. "공터로 들어가기 전 주위에서 세 개의 돌을 주워 들어갑니다. 당신의 간절한 소원을 빌며 세 개의 돌을 쌓으면 그 소원은 이루어집니다."

신기한 마음에 주위를 둘러보니 공터를 둘러싼 담벼락에 많은 사람의 글이 적혀 있다. "정말 신기해요. 1년 전, 이곳에서 돌탑을 쌓고 갔는데 소원이 이루어졌어요. 정말 소원이 이루어지는 곳인가 봐요." 이런 종류의 글이 빼곡히 적혀 있다. 솔깃해진다. 밑져야 본전이고 잠깐의 시간과 노력만 들이면 된다. 주변을 돌아다니며 돌을 줍기 시작한다. 세 개의 돌을 줍는 데에도 신중하다. 무너지지 않고 잘 쌓아 올릴 수 있는 평평한 돌을 찾아야 한다. 엄선한 돌들을 손에 들고 공터로 들어간다. 크고 작은 돌탑이 수없이 쌓여 있다. 이제 당신의 돌탑을 쌓을 차례다.

이때 당신은 가장 먼저 무엇을 하겠는가? 안전하게 돌탑을 쌓을 수 있는 평평한 곳을 찾아낼 것이다. 뾰족한 바위 끝이나 울퉁불퉁한 지면에 쌓아 올리겠다는 사람은 없을 것이다. 옆 탑과의 거리도 중요하다. 자칫 잘못하여 내 탑이 무너지기라도 하면 누군가의 소중한 소원이 담긴 탑을 쓰러뜨릴 수도 있고 그 반대의 일이 생길 수도 있다. 적당한 자리라고 여겨지는 곳을 골라 발로 흙을 꾹꾹 다져 바닥을 고른 다음 돌을 하나하나 쌓아 올린다. 1층, 2층, 3층. 보기 좋게 잘 쌓인 돌탑 앞에 서서 두 손을 모으고 서서 소원을 빈다.

당신이 돌탑을 쌓기 위해 주운 세 개의 돌은 각각 리스크관리의 돌, 노후계획, 투자행동의 돌이다. 사람에 따라 이 세 개의 크기가 비슷할 수도 있고 각기 다를 수도 있다.

공터로 들어가 당신이 맨 처음 한 일은 평평한 바닥을 찾아 발로 꾹꾹 다지는 것이었다. 이 행위는 무엇보다 중요하다. 바닥이 고르지 않으면 돌을 쌓을 수도 없을뿐더러 재주껏 쌓은 돌도 쉽게 무너지기 때문이다. 이 바닥에 해당하는 것이 바로 무엇보다 선행되어야 하는 몸과 돈에 대한 리스크관리다.

몸에 대한 리스크관리는 내가 갑작스럽게 아프거나 사고를 당할 수 있는 위험으로부터 나를 지켜내는 것이다. 위험은 크게 세 가지로 나뉘는데 회피성 위험과 전가성 위험, 보유성 위험이 있다. 회피성 위험은 발생 빈도가 아주 드문 위험을 말한다. 예를 들면 벼락 맞을 위험 같은 것 말이다. 이런 위험은 요령껏 피하는 것이 상책이다. 벼락치고 비 오는 날, 금목걸이 두르고 골프 치겠다고 나가지 않으면 된다는 얘기다. 보유성 위험은 비교적 자잘한 수위의 위험이라 내가 얼마든지 감당해낼 수 있는 것을 말한다. 감기몸살로 병원에

간다든가 가벼운 접촉사고가 발생했을 때 상대방과 적절한 수준에서 합의하고 마무리하는 것 등이 이에 해당한다.

회피성·보유성 위험을 제외한 모든 위험이 전가성 위험이다. 전가성 위험은 나에게 일어날 수도 일어나지 않을 수도 있지만, 일어나면 피해와 손해가 큰 위험이다. 그러니 적당한 비용을 들여 그 부담을 남에게 넘기라는 것이다. 이때 위험을 떠안는 대상이 보통 보험회사다. 여윳돈이 넘쳐나는 갑부가 아닌 이상 보통 사람들은 적절한 보험상품에 가입함으로써 대비하면 된다. 적절한 보험이란 내 신체/신변의 위험으로부터 나를 충분히 보호해줄 수 있고, 월 지출 목록에서 적정한 비율을 차지하는 정도의 것을 말한다. 즉, 너무 과하지도 부족하지도 않은 것으로, 보통 월수입의 7~10퍼센트 정도를 말한다.

나는 여기에서 더 나아가 건강을 유지하는 것까지도 몸에 대한 리스크 관리라고 본다. 그래서 세미나 중에는 우스갯소리로 "여러분, 몸 만드세요."라고 말하는데, 이 때 '몸 만들라'는 말은 근육질의 나이스 바디라기보다는 일상생활에 지장을 주지 않고 건강한 삶을 영위할 수 있는 몸을 말한다. 그래서 꾸준한 운동도 강조하고 있다.

돈에 대한 리스크관리는 비상금을 뜻한다. 예기치 않은 지출이 일어날 수도 있고 갑작스럽게 직장을 그만두어야 하는 상황에 놓일 수도 있다. 이런 상황에 대비해서 꼭 준비해야 하는 것이 비상금인데, 그 규모는 앞서 소개한 간편 가계부를 참고하여 산출할 수 있다.

지출 항목 중 수입이 발생하지 않더라도 반드시 지출해야 하는 항목들을 꼽아 금액을 산출해보자. 먼저 저축 및 투자 항목과 고정지출 항목에서 비상 상황이 발생했을 때 지출을 잠시 중단하거나 줄일 수 있는 부분을 찾아내 이를 제외하면, 반드시 지출해야 하는 항목들의 합계액이 나온다. 예를 들어 적금과 펀드 등에 들어가던 자금은 잠시 납입을 중단하거나 줄일 수 있을 것이다. 부모님께 매월 용돈을 드리던 것도 비상 상황이 해결될 때까지 양해를 구하고 잠시 미룰 수도 있다. 하지만 대출원리금은 연체되면 신용등급에 영향을 미치고 연체이자까지 가산되어 문제가 심각해질 수 있으니 반드시 지출해야 하는 항목에 해당한다.

다음은 변동지출 부분에서 산출한다. 변동지출 항목들을 한번 찬찬히 들여다보자. 해도 되고 안 해도 되는 지출 항목들은 과감하게 빼버린다. 그리고 비상 상황인 만큼 긴축재정 모드로 돌입했을 때 줄일 수 있는 부분은 최대한 줄인다. 이렇게 하면 최저 변동지출 금액을 산출할 수 있다. 이렇게 평소 지출하던 금액보다 줄어든 금액을 모두 합친 액수의 3~6배가 당신의 적정 비상금이 된다.

비상금의 규모는 너무 작아도 문제고, 너무 커도 문제다. 작으면 비상 상황 발생 시 충분한 도움이 되지 못하니까 문제가 된다는 것을 쉽게 이해하는데, 비상금의 규모가 클 때 왜 문제가 되는지는 의아해하는 사람이 많다. 이유는 비상금의 규모가 크면 기회비용이 커지기 때문이다. 비상금으로 가만히 묵혀두는 돈을 다른 곳에 저축·

투자했을 때 발생할 수 있는 이익이나 자기계발 등의 지출에 따른 효용 등을 따져보았을 때, 과도한 비상금은 오히려 지양해야 할 것이다. 한 달 월급에서 쓰고 남은 돈을 모조리 비상금으로 축적해놓는 형태가 바로 그것이다. 그래서 비상 상황 발생 시 최저 필요 비용의 3~6배만 비상금 항목으로 따로 구분해서 준비해놓고 나머지 자금은 목적에 맞게 다시 분산하여 적극 활용해야 한다.

하지만 문제는 평소 여유자금이 있었으면 해당 금액을 쉽게 떼어내 준비할 수 있겠지만 그렇지 못했을 경우에 있다. 이때에는 비상금을 모으는 것부터가 재테크의 시작이다. 이 자금은 가능한 한 빠른 시일 내로 구축해놓는 것이 좋겠지만, 형편상 도저히 어렵다면 수개월에 걸쳐 조금씩이라도 모아나가야 한다. 저축과 투자는 그다음 단계다. 아무리 급해도 터를 다지지 않고 건물을 세울 수는 없는 노릇이다.

몸과 돈에 대한 바닥 다지기가 탄탄히 잘 되었다면 잘 고른 세 개의 돌 중 첫 번째 돌을 그 위에 올린다. 이것이 바로 리스크관리의 돌이다. 가장 기초가 되는 돌인 만큼 대부분이 크고 단단해 보이는 것으로 올릴 것이다. 이 돌과 관련하여 내 삶의 리스크가 될 만한 요소들을 잠시 생각해본다. 앞에서 SWOT 분석표를 작성해보며 약점과 위협으로 꼽았던 내용을 참고하면 쉽게 예상할 수 있을 것이다. 만약 경조사비가 너무 많이 든다는 위협적 요소가 있었다면 이를 위한 대책을 마련해야 한다. 경조사비가 구체적으로 어떻게 들었는지 따져보고 형제·자매들끼리 분담할 수 있는 부분이 있는지 살필 수도 있을 것이다. 또, 한꺼번에 지출되는 경조사비가 부담스럽다면 경조사 명목의 계정을 따로 만들어 인센티브나 연말정산 환급액 등으로 틈틈이 모아두는 것도 하나의 방법이 될 수 있다. 게으르다는 약점이 있다면 이를 극복하기 위해 시간관리와 관련된 강의를 들으며 습관을 개선하는 노력 등을 해볼 수 있을 것이다. 이렇듯 1층에 쌓는 리스크관리의 돌은 평소 고민해보고 대책을 마련해두면 실제 리스크가 발생했을 때 보다 침착하게 대처해나가도록 해준다. 영화관에 갔을 때나 비행기에 탔을 때 비상시 대처요령을 미리 숙지해놓는 것과 같은 이치다.

이제 당신은 노후계획과 투자행동이라는 나머지 두 개의 돌을 양손에 쥐고 고민할 것이다. 무엇을 먼저 쌓을 것인가. 많은 사람이 투자행동의 돌을 먼저 쌓고 싶어 한다. 그리고 예전에는 투자행동을 통해 자산이 축적되면 자연스럽게 노후생활에 필요한 자금이 축적되었다. 언제? 1억 모아서 은행에 갖다 주면 1,000만 원 주던 시절에. 하지만 지금은 다르다. 내 돈을 지키기도 쉽지 않아졌을뿐더러 이보다 더 큰 이유는 우리가 생각보다 굉장히 오래 살게 되었다는 것이다. 그래서 두 번째 쌓아 올려야 하는 돌은 투자행동이 아니라 '노후계획'이다.

2011년 겨울, 30대 중반의 한 남성 고객과 재무 상담을 한 적이 있다. 이 남성은 상담 내내 시큰둥한 표정을 보이더니 결국은 이렇게 말했다. "아니, 2012년에 지구 종말이 온다는데 이런 재무계획들이 다 무슨 소용이죠? 결혼이든 노후든 난 그런 거 관심 없어요." 몇 년 전 개봉했던 〈2012〉라는 재난영화에 무척 심취했던 모양이다. 잔뜩 짜증 섞인 얼굴로 아무렇게나 말을 내뱉는 그의 모습은 영락없는 사춘기 소년 같아 보였다. 그런 그에게 나는 이렇게 이야기했다. "종말은 올 수도 있고 오지 않을 수도 있겠죠. 종말이 온다면 고객님뿐만 아니라 인류 모두가 망하겠죠. 하지만 종말이 오지 않으면요? 미리 계획하고 준비하지 않은 고객님만 매우 곤란한 상황에 놓이지 않을까요?"

종말이 확정된 미래라면, 미래를 계획하고 현재를 살아가는 모습이 부질없어 보이고 심지어 멍청해 보이기까지 할 것이다. 그렇지만 지금 준비한 미래가 현재가 되는 시점이 온다는 믿음이 있다면, 오늘 내가 할 수 있는 준비를 최대한 하는 것이 삶을 대하는 건강한 태도이고 나중에 후회할 일을 줄이는 것 아닐까?

2012년은 아무 탈 없이 다가왔다. 새해의 시작을 알리는 폭죽과 환호가 여기저기서 터지자 그에게 전화를 걸었다. 시끌벅적한 소음 속에서 난 소리쳤다.

"고객님, 2012년이 시작되었어요. 전 살아 있는데 건강히 잘 살아계시죠?" 그는 민망한 듯 멋쩍게 웃으며 새해 복 많이 받으라는 인사를 건넸다.

그는 그 후 결혼을 하여 한 아이의 아빠가 되었다. 가끔 만나 이야기를 할 때 보면 이제 영락없는 '딸바보'가 되어 있다. 아이가 대학교에 갈 때쯤 자신은 예순을 목전에 둔다며 어떻게 그때까지 계속 일을 할지, 아이의 꿈을 뒷바라지해주기 위해 자신은 어떤 경제적 준비를 하면 좋을지 등을 이야기한다. 걱정도 듣고 조언도 해주며 난 그의 표정을 살핀다. 어깨가 무거워져 힘들다면서도 표정은 밝고 목소리는 들떠 있다. 아이 사진을 꺼내서 보여주기도 했다. 불과 몇 년 전에 종말을 이야기했던 사람과 같은 사람인지 의심스러울 정도다. 2012년 종말 얘기는 그의 아내와 딸은 절대 모르게 해야겠다.

지구가 시름시름 앓아가고 있고 이상기후 현상이 매년 심화되면서 불안한 것도 사실이지만, 내가 노력하고 준비하여 바꿀 수 있는 미래와 어쩔 수 없이 닥치는 미래는 구분해야 할 것이다. 언젠가는 그 미래가 현재가 되는 시점이 올 테니까 말이다.

전 세계에서 유례가 없는 속도로 고령 사회로 진입하고 있는 우리나라와 이미 초고령 사회에 진입한 일본, 독일 등의 나라들을 봤을 때 종말이 와서 일찍 죽을 걱정보다는 생각보다 오래 살게 됨으로써 발생할 여러 문제점에 대해 고민하는 것이 훨씬 더 현실적일 것이다. 그래서 은퇴계획과 투자행동은 둘 다 중요한 것이지만 순서를 따진다면 은퇴계획이 먼저라는 것이다. 은퇴 준비에 대해서는 5장에서 자세히 이야기했으니 여기서는 이 정도로 하고자 한다. 그리고 투자행동에 관해서는 7장에서 분야별로 다루겠다.

목돈과 종잣돈은
다르다

30대 초반의 한 여성이 1억 원의 돈을 어떻게 굴리면 좋을까 하는 고민을 가지고 나를 찾아왔다. 20대 중반 취업을 하자마자 돈을 모아야겠다는 생각을 했단다. 그래서 1억 원을 목표로 월급을 받으면 150만 원을 뚝 떼어 은행에 저축부터 하고 남은 돈으로 지출을 통제하며 꼬박 6년간 모았다고 한다. 하지만 목표한 1억 원이 모이자 그다음은 어떻게 해야 할지 막막해졌다는 것이다. 한편으로는 그동안 소비를 통제하느라 고생한 자신에게 보상도 해주고 싶다는 마음에 명품 가방도 사고 굵직한 여행도 가고 싶었다고 한다. 그렇지만 막상 돈을 쓰려니 아까운 생각도 들어, 복잡한 심경에 나를 찾아오게 된 것이다.

우선, 최근에야 연봉이 3,000만 원이 되었다는 그녀가 1억 원의 목돈을 모았다는 것만으로도 난 그녀의 성실성을 높게 칭찬해주었다. 하지만 그녀에게 이 1억 원은 전 재산이나 다름없었다. 미혼인 그녀는 앞으로 계획하고 있는 결혼이라는 이벤트에 대한 자금도 준비해야 했고, 비상금도 따로 떼어놔야 했으며, 자동차를 구매하고 싶다는 그녀의 바람에 따라 자동차 구입비도 필요한 상황이었다. 엄밀히 말하면 그녀는 큰돈을 의미하는 '목돈' 1억 원을 모은 상태이지 굴리는 돈의 역할을 하는 '종잣돈' 1억 원을 모은 것은 아니다.

그녀가 1억 원의 목돈을 모은 것은 분명 장한 일이다. 그리고 목돈을 모을 때에는 그녀처럼 우직하게 원금이 보존되는 은행권의 상품들을 활용하는 것도 현명한 일이다. 하지만 그녀의 목표는 1억 원에 멈추어 있었기 때문에 목표를 채운 이후에는 허무감이 찾아왔고, 바로 다음에 어찌해야 할지 몰라 방황하게 된 것이다. 그녀의 이야기를 듣자니 마치 대학에 입학한 이후 내가 처한 상황이 떠올랐다. 목표가 수능시험, 조금 더 가봤자 대학 입학 정도에 머물러 있었던 탓에 대학에 들어온 이후 갑자기 주어진 자유와 넓은 세계에서 나는 어찌해야 할지 몰라 방황했었다.

이렇듯 그녀는 1억 원이라는 목돈을 모으는 결과에만 초점을 맞추었을 뿐, 거기 이르기까지의 과정과 그 이후의 상황은 간과한 것이다. 그래서 그녀는 단지 이 과정을 자신의 욕망을 통제하여 소비를 줄이는 고통스러운 것으로만 여겼다. 하지만 그녀가 1억 원을 모은 이후까지 조금만 더 시간을 연장하여 생각했더라면, 1억 원으로 할 수 있는 다양한 가능성의 세계를 상상하며 그 과정을 보다 즐길 수 있었을 텐데 하는 아쉬움이 들었다. 더불어 그녀는 6년이라는 시간을 1억 원이라는 '목돈'을 거머쥔 자신을 세상에 내놓기 위해 스스로를 단련하는 기간으로 삼을 수도 있었다. 이왕이면 TV 보며 운동도 할 수 있으면 좋은 것이고, 설거지하며 TV도 볼 수 있으면 좋은 것 아닌가.

우선, 그녀에게 가장 기본적인 리스크에 대비하여 비상금을 떼어놓자고 했다. 그녀는 자신의 심리적·경제적 상황에 맞는 비상금의 규모는 500만 원이라고 했다. 그럼 1억 원에서 일단 500만 원 빼고, 결혼 준비자금으로 5,000만 원을 예상해서 5,000만 원을 또 빼고, 자동차 구매자금으로 4,000만 원을 뺐더니 그녀가 모은 목돈에서 남는 것은 500만 원이 전부였다.

이 시점에서 또 물었다. 이 500만 원, 원금을 다 날려도 훌훌 털고 다시 벌떡 일어날 수 있겠느냐고. 속이야 많이 상하겠지만 투자 공부했다고 생각하고 말이다. 그녀는 그렇게는 안 되겠다고 했다. 어떻게든 원금 500만 원은 꼭 지켜야겠다고 했다. 그러면서도 자신이 고생해서 모은 1억을 은행에만 두기에는 아깝다는 것이다. 조금이라도 더 큰 수익률로 굴렸으면 좋겠다고 했다. 나는 이런 사람을 볼 때면 예전 〈무릎팍도사〉라는 프로그램에서 강호동과 그의 일당(?)이 외치던 "욕심쟁이 유후후~!"를 손가락으로 화살표를 날리며 외쳐주고 싶다. 어떤 리스크도 지기 싫고 수익은 내고 싶다는 것이 욕심쟁이가 아니고 무어란 말인가.

기본적으로 그녀는 저축을 통해 목돈은 만들 수는 있어도 투자를 할 수 있는 사람은 아니다. 딱 잘라 말해 감수할 수 있는 리스크가 -10퍼센트일 때는 +10퍼센트의 수익률도 바라볼 수 있다. 그 리스크가 -100퍼센트, 그러니까 원금을 다 날려도 펑펑 울진 않을 것이라는 쿨한 자세를 가진다면 +100퍼센트의 수익률, 원금의 2배도 추구해볼 수 있다. 어떤 상황에서도 원금은 꼭 지켜야 한다면 선택의 폭은 당연히 좁아질 수밖에 없다. 이용할 수 있는 금융기관도 재정 건전성이 검증된 몇 개의 은행으로 제한될 것이다. 하지만 투자는 성격과 성향에 맞아야 할 수 있다. 그러므로 그녀는 지금까지 목돈을 만들어온 스타일대로 500만 원부터 다시 시작하여 1억 원을 목표로 저축에 매진하면 된다. 그 사이 경제 공부도 병행한다면, 몰랐기 때문에 오는 공포는 어느 정도 없어질 것이고 새로운 투자에 대한 시도도 그때는 가능할 것이다.

비교적 많은 돈, 큰돈을 뜻하는 '목돈'을 모으는 과정은 그녀의 방법이 정통이다. 우직하게 원금이 보존되는 한 기관에 자신이 저축할 수 있는 최대의 금액을 일단 저축부터 하고 보는 것이다. 목돈의 규모를 추천한다면 개인마다 처한 상황과 재무목표에 따라 다르지만 일반적인 경우, 1억 원이라고 보면 될 것이다. 이를 목표로 하여 일단 목돈을 만들어보자. 이때 1억 원은 자신의 거주지를 위한 자금은 제외한 것이다. 가령 전월세 보증금, 자가 주택 매입자금 등이 이에 해당한다. 즉, 이러한 자금들까지 모두 포함한 전 재산 1억 원이 아니라는 말이다.

왜 1억 원인가 하면, 이런 이유에서다. 사람들은 5,000만 원 이하의 돈이 수중에 있을 때는 차를 바꾼다거나 해외여행을 간다거나 하는 식의 소비를 생각한다. 그렇지만 금액이 1억 원을 넘어가면 그때부터는 좀 더 큰 집으로 이사하거나 소형 오피스텔을 구매하는 것 등의 투자를 생각하기 때문이다. 그리고 보통 사람들에게 1억 원의 목돈을 모은다는 것은 하나의 큰 장벽을 넘어선다는 상징적인 의미도 가진다. 그래서 목돈 '1억 원 모으기'는 자신의 머니 히스토리상 누구나 한 번쯤은 경험으로 간직했으면 한다. 이 경험이 있는 사람과 없는 사람은 돈에 대한 자신감에서부터 차이가 난다. 그리고 이 경험은 빠르면 빠를수록 좋다. 그래서 나는 이러한 이유로 직장 초년생들을 상대로 '서른 살 현금자산 1억 만들기 프로젝트'를 진행하고 있다.

1억 원의 목돈이 모일 때까지는 포트폴리오에 대한 생각은 잠시 접어두자. 어떤 사람들은 목돈이 하나도 없는 상태에서 포트폴리오부터 구성한다. 지역을 나누기도 하고 성장주와 가치주, 주식과 부동산, 원자재 등으로 구분하기도 한다. 그런데 가만 생각해보자. 어느 한쪽의 하락 리스크를 헤지하기 위하여 반대 성격의 것을 바구니에 담는 것이 포트폴리오라면 결국 제로섬 게임 아닌가. 목돈을 모으는 과정에서 포트폴리오가 다양해지면 오히려 목돈을 모으는 에너지를 분산시킨다. 물론 가진 자산이 얼마 없는 상태에서는 손실에 따른 타격이 더 크므로 가진 것을 어떻게든 지켜야 한다는 것도 맞는 얘기다. 그래서 포트폴리오 얘기도 하는 것이겠지만, 이는 조금만 생각해봐도 앞뒤가 맞지 않는다. 바로 그렇기 때문에 더더욱 자산 형성의 첫 1억 원이라는 목돈을 만들기까지는 원금의 안정성을 최고로 중요하게 여겨 가장 안정적인 은행을 이용하면 되는 것이다. 이때는 수익률에 대한 욕심은 버려야 한다.

그렇게 목돈 1억 원을 모았다면 일단 축하한다. 당신의 인생에서 목돈 1억 원을 모으는 경험은 굉장히 중요한 것이고, 이것은 앞으로 자산을 형성해나가는 데 든든한 디딤돌이 될 것이다. 1억 원이 모였다면 이제 '목돈'에서 '종잣돈'의 단계로 넘어갈 때다.

종잣돈은 영어로 'seed money'라고 한다. 'seed'는 씨앗, 씨를 뿌리다라는 뜻이다. 잠시 농부가 된 당신을 상상해보자. 당신은 봄에 씨를 뿌린다. 지금 뿌린 씨앗은 가을에 잘 익은 벼로 수확될 수도 있고 여름에 태풍이 덮쳐 한 해 농사가 몽땅 물거품이 될 수도 있다. 이러한 점을 두루 고려하여 종잣돈의 규모를 설정한다. 즉 얼마만큼의 씨를 뿌릴지를 결정한다는 얘기다. 너무 좁은 땅에 많은 씨를 뿌리는 것은 문제가 된다. 모든 씨에 영양분이 제대로 갈 수 없고, 자라면서 서로 치여 햇볕도 제대로 받지 못해 수확할 게 많지 않을 것이다. 여기서 땅은 그동안의 경제 공부로 다져진 당신 자신의 역량을 뜻한다. 당신이 종잣돈을 모으는 동안 경제 공부를 착실히 하여 시장 논리를 알고 다양한 경제 용어와 금융상품을 이해할 수 있다면 당신의 종잣돈은 보다 넓은 곳에서 다양한 씨앗의 형태로 뿌려질 수 있을 것이다.

종잣돈은 당신이 감당할 수 있는 리스크의 종류와 규모에 따라 투자처가 달라질 텐데, 이들을 모아놓은 것을 포트폴리오라고 한다. 당신의 포트폴리오에는 무위험 종잣돈도 있을 수 있고, 다소 공격적인 성향의 종잣돈도 있을 수 있다.

위험성이 상대적으로 높은 주식 등에 투입되는 종잣돈의 규모는 앞서 내가 그녀에게 했던 말을 참고하면 된다. 즉, '속이야 많이 상하겠지만 원금을 다 날려도 투자 공부했다고 생각하고 훌훌 털고 다시 벌떡 일어날 수 있는 금액'이다. 나이가 어릴수록 실패해도 다시 재기할 수 있는 시간이 상대적으로 더 많다는 점에서 '시간'까지도 고려한 금액을 생각해보자. 시간은 돈이라고 하지 않던가. 어떤 사람들은 이렇게 얘기했더니 자신에게 그럴 수 있는 돈은 10만 원이란다. 만약 고위험 종잣돈으로 10만 원을 생각한다면 수확하는 규모 역시 그에 따른다는 점을 잊지 말아야 한다. 뿌린 대로 거둔다는 말도 있듯이. 10만 원의 종잣돈을 뿌려 10퍼센트의 수익률을 달성했다면 거두어들일 수 있는 것은 1만 원이다. 만약 종잣돈의 규모가 1,000만 원이었다면 같은 수익률이 났을 때 거두어들이는 돈은 100만 원이 된다. 투자에서도 자연의 이치는 똑같이 적용된다.

이렇듯 목돈의 단계에서 종잣돈의 단계로 넘어왔다면 규모와 수익률에 대한 목표도 설정할 수 있어야 한다. 목돈까지는 은행에서 안전하게 모으는 것이 좋지만, 일단 목돈이 모였다면 이제 슬슬 은행을 떠날 때가 되었다. 왜냐하면 은행은 철저히 내 돈을 지켜주는 곳으로는 이용할 만한 곳이지만 결코 내 돈을 불려주는 곳은 아니기 때문이다.

아주 간단한 것인데도 많은 사람이 평소 깊게 생각해보지 않는 것이 있다. 바로 은행 적금의 '실질수익률'인데, 이에 대해 알아보자.

은행에 매월 100만 원씩 4퍼센트 금리가 적용되는 1년 만기 적금에 가입했다면, 만기에 얼마의 돈을 받게 될까? 나는 원금 1,200만 원에 이자 48만 원이 붙어 1,248만 원이라고 대답하는 사람들을 꽤 보았다. 이렇게 생각하고 있으니 실질적으로 적금 만기가 되어 받는 돈을 보고는 왜 이렇게 적냐며 의아해한다. 이런 사람들을 볼 때면 상대는 헤드기어니 마우스피스니 온갖 장비를 갖추고 링에 올랐는데 맨몸으로 우두커니 마주 보고 서 있는 것 같아 불안하고 안타깝다. 이들에게 도표 7을 보여주면 금세 이해한다. 이제 이 정도 개념은 기본적으로 머릿속에 담고 있자.

첫 달에 적금 계좌에 들어간 100만 원은 12개월을 모두 머물며 4퍼센트의 금리를 적용받을 것이다. 하지만 7월에 들어간 100만 원은 어떤가? 6개월밖에 머무르지 못한다. 그러므로 4퍼센트 수익률의 반인 2퍼센트밖에 적용받지 못한다. 마찬가지 이치로 가장 마지막에 들어간 100만 원은 1개월밖에 머무르지 못하기 때문에 12분의 1이 적용된다. 만약 월급날이 25일이라 적금 계좌로 25일에 자동이체가 되고 적금의 만기가 31일이라면 마지막 달의 100만 원은 해당 적금 계좌에 1주일 정도밖에 머물지 못하고 만기가 되는 것이다.

이러한 원리로 4퍼센트의 금리가 적용되는 은행 적금의 경우 4퍼센트 수익률이 아닌 2.17퍼센트가 된다. 여기에 이자소득세(15.4퍼센트)까지 적용되어 세금을 떼고 나면 실질적인 수익률은 1.83퍼

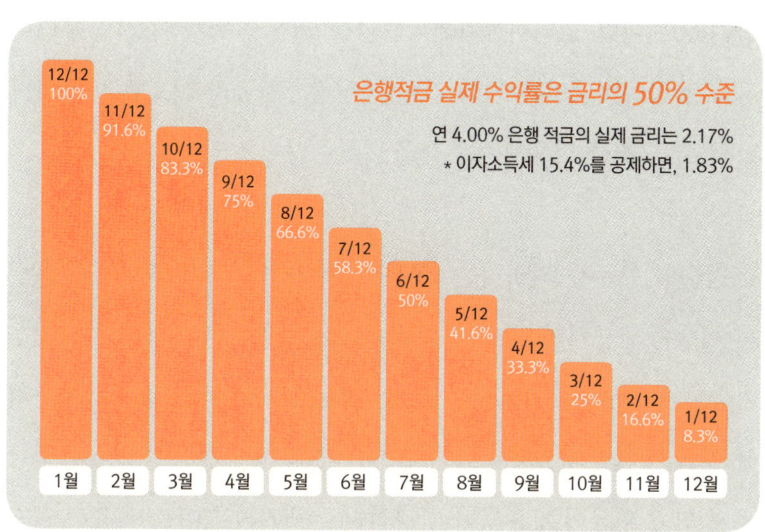

구분	불입금	이자
		4.00%
1월	1,000,000	40,000
2월	1,000,000	36,667
3월	1,000,000	33,333
4월	1,000,000	30,000
5월	1,000,000	26,667
6월	1,000,000	23,333
7월	1,000,000	20,000
8월	1,000,000	16,667
9월	1,000,000	13,333
10월	1,000,000	10,000
11월	1,000,000	6,667
12월	1,000,000	3,333
합 계	12,000,000	260,000

세 율		
일반세율	우대세율	비과세
15.40%	9.50%	0%
219,960	235,300	260,000

센트가 된다. 그러므로 내 손에 들어오는 이자는 48만 원이 아닌 219,960원이다. 그나마 4퍼센트대의 적금인 경우가 이렇다. 우리나라도 점점 미국, 일본 등과 같이 저성장·저금리 기조를 이어가며 4퍼센트 금리를 적용해주는 적금상품은 자취를 감춰버렸다.

단순히 큰돈을 의미하는 '목돈'과 투자의 밑천이 되는 '종잣돈'의 개념은 구분하자. 거주를 위한 사용자산을 제외한 목돈 1억 원을 가능한 한 빠른 시기에 모으는 것을 목표로 이러한 경험을 꼭 가져볼 것을 추천한다. 목돈 1억 원을 모을 때까지는 포트폴리오를 생각하지 말고 원금이 보존되어 안정적인 은행권의 상품을 이용해 일단 모으는 데 집중한다. 이렇게 한번 1억 원까지 돈을 모아보며 저축력을 길렀다면, 여기에서 비상금이나 단기 이벤트성 자금은 제외해놓고 돈이 돈을 불러올 수 있는 종잣돈 모으기 단계로 돌입한다.

●
종잣돈,
무심한 듯 묵묵히 모아라

우리말로 종잣돈은 어떤 돈 일부를 떼어 일정 기간 모아 묵혀둔 것으로, 더 나은 투자나 구매를 위해 밑천이 되는 돈이라고 정의되어 있다. 여기서 짚고 넘어가고 싶은 것은 어떤 돈의 '일부를 떼어'

라는 부분과 '밑천'이 되는 돈이라는 것이다. 즉, 종잣돈은 목표로 한 특정 금액에 도달하기 위한 초기 투자금으로, 당신의 전세 보증금까지 포함한 전 재산이 아님을 반드시 유의해야 한다. 종잣돈은 감당할 수 있는 리스크의 크기에 따라 투자처가 나뉜다. 아름다운 장미를 꽃 피우기 위해서는 장미가 가진 가시마저도 감당할 수 있어야 하는 법이다. 가시는 싫고 장미만 취하겠다는 것은 욕심이다.

어느 순간부터 종잣돈의 규모에 대해 생각해보라고 하면 단숨에 1억이라는 고정적인 답변이 나오곤 하는데, 적합한 종잣돈의 규모는 저마다의 목적에 따라 달라진다.

재테크 전문가들은 목표액의 10퍼센트에 해당하는 금액을 종잣돈으로 마련하라고 한다. 예를 들어 10억 원을 목표로 하는 사람은 1억 원의 종잣돈이 필요하다. 그러니 스물여덟 살 나의 패기였던 100억 원을 목표로 한다면 10억 원의 종잣돈이 필요한 것이다. 하지만 종잣돈은 초기 투자금인데 초기 투자금이 10억 원이면 어느 세월에 모아 본격적인 투자에 돌입할 수 있겠는가? 그러므로 종잣돈의 규모는 너무 큰 것도 작은 것도 좋지 않다.

빨리 투자를 시작하고 싶은 마음에 적은 종잣돈으로 본격적인 투자를 시작하면 두 가지 애로사항에 부딪히게 된다. 하나는 종잣돈이 적다 보니 투자를 할 수 있는 선택의 폭이 좁아진다는 것이고, 다른 하나는 빨리 불리고 싶은 마음에 리스크가 큰 곳에 투자하려는 유혹에 휘둘리기 쉽다는 것이다. 1억을 투자하여 5퍼센트의 수익률을 거두면 500만 원의 이익이 나지만, 100만 원을 투자하면 50퍼센트의 수익이 나도 50만 원이기 때문에 종잣돈이 적은 사람일수록 더 리스크가 큰 곳에 투자하려는 경향이 있다. 그래서 종잣돈은 어느 정도 규모가 있는 것이 좋다.

하지만 종잣돈이 너무 큰 것도 문제가 된다. 거꾸로 생각해보자. 1억을 투자하여 5퍼센트 손실이 나면 500만 원을 잃는 것이지만 10억을 투자하여 5퍼센트 손실이 나면 5,000만 원을 잃는 것이다. 누군가의 연봉을 한순간에 잃을 수도 있다. 이런 점들을 고려하여 본인의 자산 규모와 감당할 수 있는 리스크의 범위에 맞게 적절한 종잣돈의 규모를 설정하는 것이 중요하다.

간혹, '레버리지 효과'라는 그럴싸한 명분을 붙여 대출금을 종잣돈이라 하는 사람들을 종종 보았다. 이는 언제 터질지 모르는 시한폭탄을 안고 살아가는 것만큼 불안한 일이다. 대출을 이용한 투자는 대출금리 이상의 수익을 반드시 내야 한다는 압박감을 갖게 한다. 설령 대출금으로 마련한 종잣돈으로 수익률이 높게 나왔다 하더라도 수익금 일부를 대출이자를 갚는 데 사용한다면 결과적으로는 수익률이 떨어지는 것인 만큼 종잣돈을 대출로 마련하는 것은 지양하도록 하자.

지금부터 종잣돈을 모을 때 기억해야 할 사항을 몇 가지 들려주겠다.

첫째, 일단 종잣돈을 모을 때까지는 무조건 무위험 기관 및 상품을 이용해라.

위험이 없는 것이라 함은 당신의 원금이 보존되는 곳을 말한다. 내가 아는 한 지인은 제2금융권 저축은행들이 경쟁적으로 고금리혜택을 줄 때 근무 중 점심시간에 잠깐 짬을 내어 택시까지 타고 가서 해당 은행의 금융상품에 가입했다. 그런데 얼마 지나지 않아 저축은행 부실사태로 그 저축은행이 부도가 나자 큰 고충을 겪게 되었다. 다행히 예금자보호법 내에서 보호를 받을 수 있는 금액이라 원금 손실은 없었지만 이번에는 휴가를 내고 저축은행으로 가 긴 줄을 서서 지급 대기표를 받아와야 했다. 지급도 몇 차례에 걸쳐 진행되는 바람에 마음고생이 이만저만 아니었다. 사실 이 과정에서 시간이 낭비되고 정신이 피폐해진 것을 고려하면 손해라 하겠다.

이 사례처럼 종잣돈을 모으는 과정에서는 괜히 몇 퍼센트 이자 더 준다는 말에 현혹되지 말고 가장 안전하고 믿을 만한 곳에 씨 뿌리는 농부의 심정으로 차분히 모으자. 제대로 회수만 된다면야 "엄마 못 믿어? 엄마가 목돈으로 만들어서 줄게"라고 하는 '마미뱅크'가 부실 금융권보다 나을 수도 있다.

둘째, 종잣돈이 한 통장에 모여 있어야 한다는 생각은 버려라.

종잣돈은 목표에 따라 얼마든지 여럿으로 나뉠 수 있다. 예를 들면 결혼자금 마련을 위한 종잣돈, 주택 마련을 위한 종잣돈, 자동차 구매를 위한 종잣돈, 여행을 가기 위한 종잣돈, 부모님 환갑잔치를

해드리기 위한 종잣돈 등 종잣돈이 보관되는 그릇은 수십 개로 나
뉠 수도 있다. 목표로 한 금액과 추구하는 수익률, 필요한 시기에 따
라 투자처들이 달라지므로 꼭 종잣돈이 한 그릇에 담겨야 한다는
집착은 버리자.

　　그리고 마지막으로, 종잣돈을 모으는 과정 자체를 즐겨라.
　　종잣돈을 모으는 과정 자체만 놓고 보면 지루하고 고통스러워 중
도에 포기하고 싶어지기도 하고, 빨리 투자를 하고 싶은 마음에 적
은 종잣돈으로 위험률이 높은 투자처를 기웃거릴 수도 있다. 하지만
생각해보면, 당신의 돈이 가만히 보관되는 경우는 종잣돈을 모을 때
와 목표가 다 이루어져 자산을 지키려 할 때뿐이다. 이 경우를 제외
하고 당신의 돈은 살아 있는 유기체처럼 끊임없이 이곳저곳을 돌아
다니며 증가(일단은 이 경우만 상상하자)한다. 그래서 무위험 금융기관
(또는 상품)을 재테크 전문가들은 '터미널'이라고 표현한다. 터미널은
목적지로 출발하기 전 대기하는 장소(종잣돈을 모으는 동안)이고, 모든
운행을 마치고 정박하는 장소(목표금액에 도달한 이후)이며, 중간에 끊
임없이 드나드는 장소(수시 입출금 거래를 하는 동안)이기도 하다.
　　멋진 여행지로 떠나는 여행객이 된 심정으로 터미널에 있는 시간
도 즐겨보자. 그리고 여행계획을 미리 짜듯이, 종잣돈이 모이는 동
안 투자 공부를 하고 계획을 짜자. 터미널에 있는 동안 가이드북 정
도는 완독한다면 여행지에 도착해서 당황하지 않을 수 있고 더 알

찬 여행을 할 수 있을 것이다.

즐기는 게 힘들고 자꾸 소비의 유혹에 넘어갈 것 같다면, 차라리 무심하게 마치 내 월급에서 누군가가 '원천징수'해간다는 심정으로 종잣돈을 모으는 것도 방법이다. 종잣돈을 모으기 위한 저축액을 월급날 바로 자동이체로 빠져나가도록 설정해놓는 것은 '본능'을 '시스템'으로 제어하는 대표적인 방법이다.

고기를 정말 맛있게 잘 굽는 후배가 있는데, 어느 날 이런 말을 했다.

"누나, 진짜 고수는 진득하게 기다렸다가 이때다 싶을 때 딱 한 번 뒤집어요."

세상사는 어찌 보면 일맥상통하는 것 같다.

밥을 할 때도 뜸들일 시간이 필요하고, 진득하게 기다려야 맛있는 고기도 먹을 수 있듯이, 때론 무심한 척 일부러 쳐다보지 않고 묵묵히 그러면서도 꾸준히 저축하는 것이 목표로 한 종잣돈에 이르는 가장 안전하고 빠른 길인 듯싶다.

드라마틱한 수익률을 바라지 마라

증권가에는 이런 말이 있다. 열 명이 모여 주식투자를 하면 여덟 명이 돈을 잃고 두 명이 수익을 내는데 그중 한 명은 증권사 직원이다. 증권사 직원 열 명이 모여 주식투자를 해도 마찬가지란다. 또 여덟 명은 돈을 잃고 두 명은 수익을 낸다는 것이다.

어디든 80 : 20의 법칙은 존재한다. 80 : 20의 법칙은 이탈리아 경제학자 빌프레도 파레토Vilfredo Pareto가 주창한, 전체 인구 중 20퍼센트가 전체 부의 80퍼센트를 차지한다는 이론이다. 그는 19세기 영국의 부와 소득 유형을 연구하던 중에 이와 같은 부의 불균형 현상을 발견했다.

증권사 직원들만 모아놔도 여덟 명은 돈을 잃는다는데 하물며 증권사 직원도 아닌 당신이 돈으로 돈을 벌기란 결코 쉬운 일이 아니다. 하지만 누군가가 무엇을 해서 돈을 벌었다더라는 말이 들리면 급작스러운 관심이 생겨 기웃거리기 시작한다. 그 누군가가 주변의 지인이면 더 심해진다. 초점이 결과에만 맞추어진다. 그 사람이 돈을 벌기까지 들인 노력과 시간, 과정에서 있었던 시행착오는 생각하지 않는다.

평소에 투자 이론을 공부하고 경험을 통해 투자 철학을 확립하는 일, 그리고 대중의 투자 심리를 파악하는 것은 중요하다. 왜냐하면 열 명 중 다수인 여덟 명은 그러한 공을 들이지 않기 때문에 당신이 제대로 준비만 하면 두 명 안에 들어갈 확률이 높다. 정말 신기하게도 고객들한테 전화가 많이 오고 여유자금이 생겨 투자를 좀 해봐야겠다고 좋은 투자처를 알려달라고 하는 때는 시장이 정점인 경우가 많았다. 반대로 아무도 투자에 나서지 않고 모두들 살기가 빡빡하다고 아우성일 때는 바닥이었다. 모두가 어려워 허덕이고 있을 때, 투자 대기자금이라는 총알을 비축해놓았던 사람들은 비로소 시장에 뛰어든다. 이런 사람들은 어김없이 수익을 내는 두 사람 안에 들어갈 수 있다. 그리고 이 두 사람이 시장의 돈을 쓸어간다. 나머지 여덟 명의 움직임만 잘 관찰해서 반대로만 해도 돈을 벌 수 있는 셈이다.

간혹 정상적으로 이해하기 힘든 수익률을 보장해주는 곳이 있다며 흥분된 어조로 이야기하는 사람들을 볼 때도 있다. 세상에 공짜는 없는 법이라며 너무 쉽게 다가온 정보와 달콤한 제안이라면 의심부터 먼저 해보라고 말려도 눈을 감고 귀를 닫아버린다. 그리고 1년도 채 지나지 않아 패잔병의 모습으로 나타난다. 조금만 더 신중했더라면, 조금만 덜 욕심을 냈더라면 겪지 않아도 될 일을 경험하고는 피를 철철 흘린다. 경제적으로 입은 큰 손실을 만회하려면 다가올 미래마저 저당 잡힌 채 큰 고통을 감수해야 하는 시간만 기다리고 있다. 이런 일을 예방하기 위해서는 어떻게 해야 할까?

일단 당신 한 사람의 판단보다는 여러 사람의 판단을 모으면, 적어도 아주 극단적으로 치닫는 일은 막을 수 있다. 타인에게 조언을 해주는 사람들은 아무래도 보수적일 수밖에 없다. 나의 괜한 조언 때문에 상대에게 피해를 주고 싶지 않다는 심리가 기본적으로 있기 때문이다. 투자에서 타이밍과 신속한 투자행동은 물론 중요한 부분이다. 하지만 그 판단이 잘못되었을 경우 받을 수 있는 데미지를 생각한다면 신중을 기하는 게 더 중요하다. 그래서 나는 어떤 투자에 대한 제안을 받았을 때 적어도 세 명에게 물어본다. 관련 업계 종사자, 투자업계 종사자 그리고 마지막으로 나 자신. 만약 IT 벤처회사에 투자를 하고 싶다면 나는 반드시 동종 업계에 종사하는 사람에게 그 기업에 대해 물어보고 조사한다. 그리고 증권사 직원들에게도 물어보고 마지막으로 나 자신에게 물어본다. 그러고 나서 최종 결정을 한다.

타인의 조언을 들을 때보다 객관성을 갖기가 힘든 것이 바로 자신에게 묻는 것이다. 남들이 다 "Yes"라 하더라도 "No"가 될 측면을 살펴야 하고, 그럼으로써 자신에게 가장 맞는 선택을 할 수 있어야 한다. 투자에 실패한 이들에게 "왜 그러셨어요?"라고 물어보면, 많은 사람이 그때는 마치 귀신에 씐 것처럼 아무것도 보이지 않고 들리지도 않았다고 말한다. 누우면 그것만 생각나고 꼭 해야 할 것 같은 기분에 마음이 조급해지더라는 것이다. 결국 잘 알아보지도 않고 섣부르게 투자했다가 큰 손실을 보고 나서야 내가 왜 그랬던가 땅을 치고 후회한다. 그래서 우리는 재테크를 할 때 항상 생각해야 한다.

'모두가 괜찮다고, 옳다고, 여기에 투자하라고 해도 반대 입장에 서서 다른 관점으로 바라보고 혹시 모를 위험에 대비하여 차선책을 세워두어야 한다.'

손실없이 수익 내는 재테크 실전 ▼

이제 당신은
'ME 주식회사'의 CEO

〈베스트 키드〉는 성룡과 윌 스미스 2세인 제이든 스미스의 만남으로 유명한 영화다. 어머니와 단둘이 베이징으로 이민 와 친구들의 괴롭힘에 시달리는 외톨이 미국 소년 '드레(제이든 스미스 분)'가 아파트 관리인인 'Mr. 한(성룡 분)'을 만나 쿵후를 배우게 된다. 드레는 평소 학교에서 자신을 괴롭히던 친구들과 쿵후 대회에서 대결을 하기로 하는데, 이 대회에 참가하기 위해 Mr. 한과 함께하는 혹독한 수련 과정을 거친다.

이 영화에서 Mr. 한은 첫 수련에 들뜬 꼬마 드레에게 재킷을 '집어 들어, 입었다가, 다시 벗고, 거는' 단순한 동작을 무한 반복시킨다. 몇 날 며칠 땀이 뻘뻘 나도록, 더운 날에도 비가 오는 날에도 똑같은 동작을 반복하는 데 지친 드레는 포기를 선언한다.

"안 할래요. 실컷 얻어맞죠, 뭐."

그런 드레를 불러세운 Mr. 한이 갑자기 공격을 퍼붓는다. 드레는 자기도 모르게 그 공격을 모두 막아낸다. 그동안 지루하게 반복했던 네 가지 동작으로 말이다. 이때부터 드레는 쿵후의 놀라운 기술들을 본격적으로 익히게 된다. 지루하고 단순했던 네 가지 동작은 사실 쿵후의 기본 동작이었다.

당신의 재테크도 결국은 다음과 같은 단순 행위의 반복이다.

1. 수입을 늘리고

2. 지출을 줄이고

3. 수입에서 지출을 뺀 투자자금을 가능한 한 많이 확보하고

4. 공부해서 투자하고

"수입을 높이려는 일련의 노력을 지금부터 조금씩 시작하세요"라는 말을 하면 어떤 사람들은 이렇게 말한다. "제 월급은 고정되어 있어요. 월급이야 빤하니 거기서 거기죠."

"지출을 줄이는 노력을 해보세요"라는 말에는 "저는 지금 현재 한 잔의 아메리카노가 주는 행복이 더 소중해요. 그렇게 하면서까지 돈을 모으고 싶지 않아요. 그건 너무 구질구질하잖아요"라고 한다.

투자자금을 확보해보라는 말에는 "먹고 죽으려 해도 돈이 없어 못 해요"라고 하고, 경제 공부를 하라는 말에는 "지금 회사 일 하는 것만으로도 시간이 빠듯해요. 그럴 시간이 없어요. 회사에서 잘리면 안 되잖아요"라고 한다.

스스로 자신의 역량을 제한하고 가능성을 일축하는 그들의 말은 "안 할래요. 실컷 얻어맞죠, 뭐"라고 했던 꼬마 드레의 말과 별반 다르지 않게 들린다. 일단 현재의 당신이 급여 생활자든 개인사업자든 법인을 운영하고 있든, 학생이든 중요하지 않다. 나는 당신의 노력에 대해 말하고 있다.

당신은 누가 뭐래도 'ME 주식회사'의 CEO다. 당신이 스스로 자신의 회사를 돌보지 않는다면 언젠가는 파산에 이르거나 누군가에게 인수당하고 말 것이다. 다른 회사에 인수되면 기존 CEO는 퇴출당하거나 활동이 제한된다. 더는 돈에 대한 통제권을 발휘할 수 없게 되고 이와 함께 돈으로 누릴 수 있었던 자유도 사라진다.

당신의 수입을 극대화하려는 노력, 당신의 연봉을 꾸준히 상승시키기 위한 노력을 지금부터 찬찬히 시작해보자. 지금부터 당신의 미션은 'ME 주식회사'의 CEO로서 연봉을 매해 단 1원이라도 높이는 것이다. 당신은 내년에 반드시 올해 연봉의 장벽을 뛰어넘어 더 높이 날아오르는 것을 목표로 해야 한다.

먼저, 당신의 수입 영역에 대해 자세히 따져보자. 앞에서도 소득의 분류는 국세청 방식이 가장 좋다고 했다. 분류되는 항목을 다시한 번 살펴보고 당신의 수입 영역에 넣을 수 있는 소득을 알아보자.

종합소득: 근로소득, 이자소득, 배당소득, 사업(부동산 임대)소득, 연금소득, 기타소득

Q. 위의 소득 중 현재 당신의 수입 영역으로 어떤 것들이 있는가?

Q. 지금부터 당신이 스스로 정한 노력의 기간 내에 당신의 수입 영역으로 넣을 수 있는 것은 무엇이 있는가?

Q. 앞으로 당신의 수입 영역에 넣고 싶은 것은 무엇인가?

이 질문에 하나씩 답해가며 참가할 수입 영역에 대해 생각해보자. 하루아침에 만들어내겠다고 욕심부리지 말고 자신에게 맞을 것 같다는 느낌이 오는 영역이 있으면 일단 그와 관련된 책부터 사서 한 권이라도 보자. 부동산 임대수입을 얻고 싶다면 시중에서 경매나 월세소득에 대한 책들을 어렵지 않게 구할 수 있고, 기타소득만 하더라도 그 안에 강연, 방송, 저작, 특허권 등 무수히 많은 수입 형태가 있다.

다음으로 당신이 뛰어넘어야 하는 수입의 장벽과 수입 목표 설정

에 대해 알아보자.

당신이 뛰어넘어야 하는 수입은 올해의 수입이다. 그러기 위해서는 올해 당신의 수입을 정확히 파악하고 있어야 하는데, 가끔 자신이 수입이 얼마인지 모르겠다는 사람들도 있다. 무심한 사람한테서는 사랑이 떠나가듯이 돈도 마찬가지다. 무심한 사람에게는 돈이 머무르려 하지 않는다는 것을 상기하고, 당장 자신의 정확한 수입부터 조회하고 계산해보자.

이제 목표 수입을 설정할 것인데, 이를 위해서는 과거의 데이터가 필요하다. 최소 6개월에서 1년 동안의 월수입을 쭉 살펴보자. 그리고 가장 높았던 달과 낮았던 달을 빼고 나머지 10개월의 평균을 낸 후, 그 금액에 12를 곱해라. 그리고 여기에 당신이 목표로 하는 신장률을 곱한다. 매년 기업의 대표나 임원들이 "올해 우리 회사의 목표는 전년도 대비 영업이익 30퍼센트 신장을 달성하는 것입니다"라고 선언하듯이 당신도 당신의 목표를 선언하라. 예를 들어 이렇게 말이다.

"나의 내년도 수입 목표는 전년도 대비 (　)퍼센트 신장이다!"

당신이 현재 벌어들이고 있는 소득은 매우 중요한 의미를 가진다. 만약 당신이 현재 월 300만 원의 고정 수입을 가지고 있다고 하자. 이는 간단히 5퍼센트 수익률을 가정했을 때 금융자산 7억 원 상당을 가지고 있는 사람과 동일하다. 즉, 7억 원 상당을 어딘가에 투자하여 5퍼센트의 수익률이 났을 때 당신의 월급에 해당하는 금액이 매월 현금으로 발생한다. 이렇게 생각하면 당신이 매월 벌어들이는 소득이 정말 특별하지 않은가? 투자원금 7억 원이 없어도 현금흐름이 발생하니 말이다. 매월 벌어들이는 소득은 그만큼 중요한 것이고, 이를 향상시키려는 노력을 계속해야 한다.

나는 지금까지 부자들을 만나 인터뷰를 하고 그들이 부를 축적한 과정을 관찰하면서 본업을 떠나 재테크로만 승부를 보았다는 사람은 만나지 못했다. 그들도 처음에는 자신의 능력에서부터 출발했고, 그곳에서 시작된 것이 결국은 오래갔다. 본업에 충실하며 노력하던 중 기회가 찾아오기도 했고, 기회를 놓치지 않을 역량을 그동안 만들어놓았기에 그 기회를 잡을 수 있었다. 단기간에 빠르게 부자가 된 사람들 역시 본업에서 승부가 났다. IT 분야의 시대적 부흥으로 신흥 부자가 혜성처럼 등장했을 때 이공계 출신 CEO들이 그러했고, 앱 개발에서 대박 행진이 이어지던 때에 개발자들도 그러했다. 결국은 본업에서 조금 더 확장되거나 변형된 것들이다. 물론 개인의 역량에 따라 본업의 범위가 넓을 수 있는데, 그 또한 능력이다.

언제나 다양한 가능성을 열어두고 자신의 기초 역량을 강화해놓는다면 기회란 예기치 못한 우연이라는 이름으로 얼마든지 찾아올 것이다. 대형 공연에서는 항상 언더스터디(대역배우)들이 있다. 그들은 주역 배우들이 갑작스러운 질병이나 사고 등으로 공연을 하지 못하게 되었을 때를 대비하여 연습부터 리허설까지를 실전처럼 준비한다. 공연이 모두 끝날 때까지 한 차례의 기회조차 얻지 못하는 경우도 수두룩하다. 하지만 그들은 항상 같은 공연 시간에 나와 대기한다. 때론 제작자들이 이들을 배려하는 마음에서 또는 주연 배우들에게 휴식 시간을 주기 위해 인기가 없는 공연 시간에 이들을 출연시키기도 한다. 그런데 그 결정이 보통은 급작스럽게 이뤄진다. 그런데 이렇게 우연히 찾아온 기회에 그동안 꾸준한 연습으로 다져진 진면목을 보여주면 이후 출연 기회가 더 주어지기도 한다. 새로운 슈퍼스타는 이렇게도 탄생한다.

당장 시작할 수 있는 캘린더 머니 저축법

앞 장에서 소개한 Dream Account 부분을 읽고, 적극적인 독자라면 이미 만들었을지도 모르겠다. 아직 만들지 않았더라도 그 통장이 존재만으로도 든든하고 행복하다는 점에는 공감할 거라 믿는다.

여기서는 먼저 Dream Account에 돈을 모으는 구체적인 방법을 몇 가지 소개하고자 한다. 일상에서 아주 작은 것부터 실천하는 '라떼의 법칙'과 매일 달력의 날짜에 따라 저축하는 '캘린더 머니 저축법', '공돈으로 여겨졌던 돈 모으기' 등이 있다. 이 방법들을 활용하면 오늘부터 당장 돈 모으기를 시작할 수 있을 것이다. 그리고 이어

Dream Account의 자금 일부로 '돈이 돈을 벌어오는 시스템'을 만드는 방법까지 제안하고자 한다.

첫째, 하루 한 잔 커피값으로 15년 만에 벤츠를 꿈꿀 수 있는 '라떼의 법칙'이다.

우리가 매일 참 많이도 마시는 커피, 때론 밥 한 끼보다 비싼 곳도 많지만 여기에서는 커피 한 잔당 평균 4,000원으로 잡아보았다.

커피 한 잔씩, 매일 마신다고 할 때 한 달에 12만 원이 든다. 이 금액을 8퍼센트의 수익률로 15년을 투자한다면 자그마치 4,079만 원이 된다. 호기심에 이런 키워드로 포털사이트에서 검색을 해보았다. "4,000만 원으로 살 수 있는 것은?" 놀랍게도 벤츠도 살 수 있다고 나왔다.

커피 한 잔 값까지 아끼는 것이 구차해 보이고 커피 한 잔을 통해 얻는 현재의 행복이 더 소중하다면 얼마든지 다른 품목으로 바꾸어도 좋다. 다음에서 소개할 다른 방법들을 시도해도 된다. 커피 한 잔 아껴서 큰 부자가 되는 것은 아니니까 말이다. 하지만 일상에서 아주 작은 것부터 시작하는 라떼의 법칙은 '티끌 모아 태산'의 위력을 보여준다. 그래서 Dream Account의 적립액을 조금씩 늘려가기에 꽤 좋은 방법이다. 4,000만 원도 모으지 못하는 사람은 4억 원도, 40억 원도 모으기 힘든 법이다.

여기서는 카페 라떼로 이야기했지만 이 법칙의 오리지널 버전은

담배였다. 내 미국인 친구의 페이스북을 통해서 봤는데 이런 이야기
였다.

여자친구가 남자친구에게 묻는다.

"너 담배 피워?"

"응."

"얼마나?"

"하루에 두 갑 정도?"

"몇 년이나 피웠어?"

"15년쯤?"

여자친구는 남자친구에게 담뱃값을 가지고 계산해주며 말한다(참고로
미국의 담뱃값은 우리나라의 세 배 정도 되고 이 남자친구는 헤비 스모커다).

"네가 15년 동안 피운 담뱃값만 아꼈어도 넌 페라리도 살 수 있었어!"

남자친구는 여자친구의 잔소리가 듣기 싫고, 자존심도 상했다. 그래서
여자친구에게 묻는다.

"넌 담배 피워?"

여자친구는 의기양양하게 대답한다.

"아니!"

"그럼, 네 페라리는 어디 있는데?"

여기서 우리가 반드시 기억해야 하는 것은 위의 마지막 말이다.

바로 "그럼, 네 페라리는 어디 있는데?"라는 남자친구의 반격이다. 이 말 속에는 실천하지 못하는 이론은 아무짝에도 쓸모없음을 담고 있다.

사실 부자가 되는 법칙은 이미 누구에게나 공평하게 알려져 있다. 아주 특별한 비법을 공개하는 것처럼 말하는 책들도 읽어보면 다 마찬가지 결론에 이른다는 걸 알게 될 것이다. 그런데 큰 부를 이룬 이들과 보통 사람들 간에 하나의 큰 차이점이 존재하는데, 바로 그들은 실천을 했다는 것이다. 그들은 끊임없이 고민했고 움직였다. 그리고 마침내 그들은 페라리를 손에 쥐었다.

둘째, 달력 날짜와 연계하여 부담 없이 1년에 약 570만 원을 모으는 '캘린더 머니 저축법'이다.

이 저축법을 생각해낸 것은 2011년도 가을이었다. 보도 섀퍼의 제목도 적나라한 《돈》이라는 책에는 이런 내용이 나온다. 저금통장을 하나 만들어 18개월 동안 저축을 하되, 매월 그 금액을 두 배로 늘리는 것이다.

이 새로운 저축법을 실천하며 18개월 동안 새로운 수입원을 찾는 시도를 하라는 것이었다. 저자의 의도는 좋지만 현실성이 다소 떨어져 보였다. 12개월, 14개월까지는 어떻게 해보겠는데 이를 넘어가면 매월 부담이 너무 커진다. 표에서 볼 수 있듯이 17개월째에는 650만 원에 달하는 돈을 넣어야 하고, 18개월째에는 1,300만 원이

월	1	2	3	4	5	6	7	8	9
원	100	200	400	800	1,600	3,200	6,400	12,800	25,600

월	10	11	12	13	14	15	16	17	18
원	51,200	102,400	204,800	409,600	819,200	1,638,400	3,276,800	6,553,600	13,107,200

넘는 돈이 필요하다. 웬만한 직장인의 월급으로는 시도조차 해볼 수 없는 수준이다. 아무리 18개월이라는 시간 동안 노력한 끝에 새로운 수입원을 찾는다 하더라도 매월 저축 액수를 2배씩 높이는 방법은 부담이 너무 커서 실현 가능성이 떨어진다는 생각이 들었다.

나는 저 표를 한동안 뚫어지게 쳐다보았다. 정기적으로 저축을 하면서 저축하는 습관을 들일 수 있는, 별 뜻 없이 그리고 큰 부담 없이 한 푼 두 푼 모으다 보니 어느새 생각지도 못한 금액이 쌓여 행복해지는, 그러면서도 재미있는 방법은 없을까 고민하기 시작했다. 그러다 옆에 놓인 탁상 달력으로 눈이 갔고, '날짜에 0을 세 개 붙여서 매일 저축을 해보면 어떨까?' 하는 생각이 퍼뜩 들었다.

엑셀 프로그램을 열어 날짜를 입력하고 '0'을 세 개 붙여서 계산해보았다. 나는 놀라움을 금치 못했다. 1일 1,000원부터 시작해서 31일은 31,000원으로 끝나는 한 달간 적립액이 496,000원이 되는 것이다! 이를 12개월에 동일하게 적용하면 자그마치 5,738,000원이 됐다. 생각보다 큰 금액이었다.

나는 곧바로 임상실험에 들어갔다. 일단 나부터 Dream Account

에 캘린더 머니 저축법을 적용하여 돈을 모으기로 마음먹고 실천에 들어갔다. 그리고 만나는 사람마다 달력의 날짜에 0을 세 개 붙인 표를 보여주고 이렇게 1년간 모으면 얼마나 될 것 같으냐고 물었다. 대부분 300만 원 내외 정도로 예상했다. 자그마치 570만 원이 넘는다고 했더니 다들 놀라는 눈치였다. 그리고 대단한 흥미를 보였다.

테스트단을 모집하여 실험에 들어갔다. 나는 꼬박 1년을 실천했다. 물론 매일 꼬박꼬박 하지는 못했다. 몰아서 계좌이체를 하는 식이었지만 그래도 1년을 모았고 이렇게 모은 자금 일부를 따뜻한 나라에서 겨울나기 프로젝트 때 썼다. 테스트단에서도 성과를 보여줬다. 평소 저축을 하나도 실천하지 못했던 한 친구는 이 방법을 실천하고자 봉투 하나를 마련했다고 한다. 매일 표에 나와 있는 금액을 지갑에서 꺼내 봉투로 옮겨 담았고 봉투가 두툼해지면 계좌로 입금했다는 것이다. 무엇보다도 이 과정이 재미있고 보람도 느껴져서 생애 최초로 저축에 성공할 수 있었다고 한다. 또 다른 친구는 생각날 때마다 모았는데 그렇게 해서도 300만 원을 모았다며 기뻐했다.

효과가 입증되자 난 이를 가지고 특허 출원을 했고 저축 습관을 형성하는 실천 방법으로 많은 사람에게 전파하고 있다. 도표 9가 바로 그것이다.

1,000원으로 시작하여 한 달 가장 큰 금액은 31,000원이다. 물론 15일에서 20일 정도를 넘어가면 부담스러울 수 있다. 하지만 실험 결과 보통 직장인들의 경우 월급 날짜가 20일 또는 25일인 경우가

대부분이어서 월급을 받은 직후 저축을 먼저 하는 순기능을 발휘할 수 있었다. 월급 날짜가 월초인 경우에는 이 표를 뒤집어 적용하거나 월급 날짜 근처에 높은 금액이 배정되도록 섞어 실천할 수도 있다. 1일에 31,000을 저축하고 31일에 1,000원을 저축하는 식으로 말이다. 저축을 한 날에는 별도의 표시를 하는 것도 재미를 더해주

도표 9 캘린더 머니 저축법

	1월	2월	3월	4월	5월	6월	7월	8월	9월	10월	11월	12월
1	1,000	1,000	1,000	1,000	1,000	1,000	1,000	1,000	1,000	1,000	1,000	1,000
2	2,000	2,000	2,000	2,000	2,000	2,000	2,000	2,000	2,000	2,000	2,000	2,000
3	3,000	3,000	3,000	3,000	3,000	3,000	3,000	3,000	3,000	3,000	3,000	3,000
4	4,000	4,000	4,000	4,000	4,000	4,000	4,000	4,000	4,000	4,000	4,000	4,000
5	5,000	5,000	5,000	5,000	5,000	5,000	5,000	5,000	5,000	5,000	5,000	5,000
6	6,000	6,000	6,000	6,000	6,000	6,000	6,000	6,000	6,000	6,000	6,000	6,000
7	7,000	7,000	7,000	7,000	7,000	7,000	7,000	7,000	7,000	7,000	7,000	7,000
8	8,000	8,000	8,000	8,000	8,000	8,000	8,000	8,000	8,000	8,000	8,000	8,000
9	9,000	9,000	9,000	9,000	9,000	9,000	9,000	9,000	9,000	9,000	9,000	9,000
10	10,000	10,000	10,000	10,000	10,000	10,000	10,000	10,000	10,000	10,000	10,000	10,000
11	11,000	11,000	11,000	11,000	11,000	11,000	11,000	11,000	11,000	11,000	11,000	11,000
12	12,000	12,000	12,000	12,000	12,000	12,000	12,000	12,000	12,000	12,000	12,000	12,000
13	13,000	13,000	13,000	13,000	13,000	13,000	13,000	13,000	13,000	13,000	13,000	13,000
14	14,000	14,000	14,000	14,000	14,000	14,000	14,000	14,000	14,000	14,000	14,000	14,000
15	15,000	15,000	15,000	15,000	15,000	15,000	15,000	15,000	15,000	15,000	15,000	15,000
16	16,000	16,000	16,000	16,000	16,000	16,000	16,000	16,000	16,000	16,000	16,000	16,000
17	17,000	17,000	17,000	17,000	17,000	17,000	17,000	17,000	17,000	17,000	17,000	17,000
18	18,000	18,000	18,000	18,000	18,000	18,000	18,000	18,000	18,000	18,000	18,000	18,000
19	19,000	19,000	19,000	19,000	19,000	19,000	19,000	19,000	19,000	19,000	19,000	19,000
20	20,000	20,000	20,000	20,000	20,000	20,000	20,000	20,000	20,000	20,000	20,000	20,000
21	21,000	21,000	21,000	21,000	21,000	21,000	21,000	21,000	21,000	21,000	21,000	21,000
22	22,000	22,000	22,000	22,000	22,000	22,000	22,000	22,000	22,000	22,000	22,000	22,000
23	23,000	23,000	23,000	23,000	23,000	23,000	23,000	23,000	23,000	23,000	23,000	23,000
24	24,000	24,000	24,000	24,000	24,000	24,000	24,000	24,000	24,000	24,000	24,000	24,000
25	25,000	25,000	25,000	25,000	25,000	25,000	25,000	25,000	25,000	25,000	25,000	25,000
26	26,000	26,000	26,000	26,000	26,000	26,000	26,000	26,000	26,000	26,000	26,000	26,000
27	27,000	27,000	27,000	27,000	27,000	27,000	27,000	27,000	27,000	27,000	27,000	27,000
28	28,000	28,000	28,000	28,000	28,000	28,000	28,000	28,000	28,000	28,000	28,000	28,000
29	29,000		29,000	29,000	29,000	29,000	29,000	29,000	29,000	29,000	29,000	29,000
30	30,000		30,000	30,000	30,000	30,000	30,000	30,000	30,000	30,000	30,000	30,000
31	31,000		31,000		31,000		31,000	31,000		31,000		31,000

며, 밀려서 한꺼번에 몰아서 하거나 하지 못하는 날이 있어도 상관 없다. 또한 사정이 있어 잠시 중단했더라도 언제든지 다시 시작할 수 있다.

나는 참가자들의 경제 규모와 목표로 하는 상황에 맞게 맞춤별 표를 제공했다. 표 일부를 수정하여 한 달 최대 적립액이 496,000원이 아니라 196,000원, 142,000원 등으로 낮추어 만들어주기도 했다. 한 번은 아이에게 저축 습관을 들이고 경제교육을 하고 싶다는 엄마 애기를 듣고 키즈 버전으로 0을 세 개가 아닌 두 개만 붙여 한 달 적립액을 49,600원으로 만들어주기도 했다. 그런데 이렇게만 해도 1년이면 573,800원이 된다. 아이에게는 꽤 큰 금액이다.

'굳이 매일매일 저축을 해야 하나? 너무 귀찮은 일 아닌가?'라는 생각도 들 것이다. 그냥 한꺼번에 한 달 치 쓱 넣고, 어쨌거나 1년에 570만 원만 모으면 되는 거 아닌가 싶기도 할 것이다. 하지만 이렇게 굳이 귀찮은 방법으로 돈을 모으는 이유는 이 과정에서 저축하는 습관이 형성되고 일상의 작은 행동에서 행복감을 느낄 수 있다는 것이다.

나는 지금도 Dream Account에 캘린더 머니 저축법을 이용하여 돈을 적립하고 있다. 이 돈을 매일 넣을 때면 행복한 기분이 든다. 이 돈으로 할 수 있는 것을 상상하면 즐겁다. 여러분도 이 즐거움을 느꼈으면 하는 간절한 바람이다.

셋째, 성과급이나 연말정산 환급액 등 '공돈으로 여겨졌던 돈 모으기'다.

내 고객 중에서는 유독 S전자 직원들이 많은데 그곳은 1년에 두 차례 성과급을 주는 것으로 유명하다. 그해에 지급된 성과급의 규모가 신문지상에 실릴 정도이고 회사 근처 음식점들은 성과급이 지급되는 달과 아닌 달의 매출이 현저히 차이가 난다고 한다. 나는 고객들을 통해 매해 그 성과급의 규모를 알 수 있었고 그동안 받은 성과급을 어떻게 사용해왔는지도 물어보았다. 대부분은 갑자기 들어온 목돈이라 마치 공돈같이 느껴져 쉽게 써버리게 된다고 답했다. 차나 냉장고·에어컨·컴퓨터 등을 바꾸는 경우가 가장 많았고, 휴가비로 쓰는 경우도 많았다. 부채를 줄이는 데 사용하는 사람들도 있었다.

그런데 사실 따지고 보면 성과급도 열심히 일해 받은 노동의 대가다. 힘들게 일해 번 돈인데 너무 쉽게 써버린다는 생각이 들었다. 연말정산 환급액의 경우는 더 심했다. 이건 완전히 하늘에서 뚝 떨어진 돈으로 취급했다. 하지만 연말정산 환급액은 나한테서 더 떼간 세금을 정산해서 돌려주는 것이다. 즉, 원래 받았어야 할 돈을 뒤늦게 받는 것뿐이다.

그래서 나는 내 고객들에게 이렇게 공돈처럼 여기는 돈을 모두 Dream Account로 모으라고 조언했다. 여기에는 성과급과 연말정산 환급액만이 아니라 급여 인상분, 번외 수입 등도 있다. 일단

Dream Account에 들어온 돈은 오히려 소비가 통제된다는 점을 이용하기로 한 것이다. 실제로 이렇게 했더니 그동안 충동적으로 계획에 없던 소비를 하던 것이 서서히 통제되기 시작했다. 이렇게 급여 외에 들어오는 모든 수입을 모으는 것도 Dream Account의 적립액을 늘리는 하나의 방법이다.

이상의 방법들 이외에도 각자 나름대로 Dream Account의 돈을 불릴 방법이 있을 것이다. 현재의 행복을 위해 기꺼운 마음으로 이 계정을 살찌워보자.

그렇다면 이렇게 모은 Dream Account의 돈은 어떻게 활용하는 것이 좋을까? 앞에서 말한 것처럼 이 계정의 돈은 기본적으로 현재의 행복을 추구하는 것이 목적이다. 자신을 위해 써라. 갖고 싶었던 명품 백을 사도 좋다. 배우고 싶었던 드럼이나 춤을 배우러 가도 좋다. 기억에 남을 만한 굵직한 여행도 지르고 싶다면 질러라.

그런데 이건 어떤가? Dream Account의 돈이 돈을 벌어온다면? 내 몸이 일하지 않아도 내 돈이 돈을 벌어온다면 이 또한 굉장한 행복이 아닐까? Dream Account에서 일부의 돈을 떼어내 돈이 돈을 벌어오는 시스템을 만들어보자. 응용 방법은 여러 가지가 있다. Dream Account의 돈을 일부 떼어 이 시스템을 구축하는 데 활용해도 좋다.

나는 적립 과정에서부터 이 시스템을 위한 돈을 분리했다. 나는 앞서 말한 것처럼 Dream Account에 적립하는 돈은 캘린더 머니 저축법을 활용하여 모으고 있는데 한 달에 4~5일은 여기에 적립하지 않고 주식 매입자금으로 쓴다. 이때 사는 주식의 종목은 주로 장기적 관점에서 나한테 현금흐름을 줄 수 있는 배당주에 초점을 맞춘다. 지금 당장은 힘들겠지만 하나둘 쌓이면 언젠가는 여기에서 나오는 배당금도 내 자산에서 중요한 현금흐름 중 하나가 될 수 있을 것이다.

이 4~5일 치에 해당하는 금액을 보통은 이렇게 주식을 사는 데 활용하지만 때로는 책을 사거나 강연을 듣는 데 쓰기도 한다. 이를 통해서 얻는 아이디어가 나중에 몇십억이 될지 몇백억이 될지는 아무도 모르는 일이다.

4~5일에 해당하는 날짜는 각자가 지정하면 된다. 월급날로부터 5일간에 해당하는 금액을 따로 떼어낸다든가 하는 식으로 말이다. 그 돈을 쓰는 곳이 꼭 주식일 필요도 없다. 주식은 예로 든 것이고 '돈이 돈을 벌어올 수 있는 시스템'을 구축하는 것에 도움이 될 만한 곳이라면 어디라도 좋다. 투자처 성격에 따라 큰 금액이 필요하다면 별도의 투자 대기자금 계정을 만들어 이곳에 돈을 적립해놓고 때를 기다릴 수도 있을 것이다.

내가 직접 가지고 있고, 사람들에게 만들어준 Dream Account에 대해 가져본 사람들은 한결같이 말한다. 존재만으로도 힘이 되고 행복해진다고. 이 계정을 살찌우고자 할 때 여기 소개한 방법을 활용하면 큰 도움이 될 것이다. 그렇게 모인 Dream Account의 돈을 쓸 때도 비율을 나누어 사용해보면 어떨까. 일부는 현재 나의 행복을 위해, 일부는 미래에 돈이 돈을 벌어오는 시스템 구축을 위해 그리고 여기에서 한 걸음 더 나아가 일부는 어려운 이웃을 위해. 그렇게 한다면 Dream Account에 있는 돈은 말 그대로 나와 소중한 내 이웃의 꿈을 이루어주는 희망과 긍정의 돈이 될 수 있지 않을까.

펀드, 재주 부리는 곰 한 마리 들여놓 보실래요?

2008년 금융위기로 자산가치가 크게 하락하자 결혼마저 미루는 사태가 벌어졌다. 실제 2009년도 초 나를 찾아온 한 30대 여성도 결혼자금을 모두 펀드로 준비해두었는데 펀드 평가액이 폭락하면서 결혼자금을 준비하지 못해 곤란한 상황에 처했다.

이런 사태를 대비하기 위해 우리는 앞서 '목돈'과 '종잣돈'을 구분했다. 당장 눈앞에 예정된 이벤트성 자금이라면 그 이름이 붙여진 목돈을 안전하게 보관하는 데 주력해야 했다. 그런데 이 자금마저 조금이라도 굴려보겠다는 생각에 위험을 감당해가며 투자를 했다가 안타깝게도 이벤트 자체를 연기해야 하는 사태가 벌어진 것이다.

하지만 고스란히 보관해주는 은행에만 내 돈을 맡겨두기에는 만족스럽지가 않다. 앞서 은행 적금의 실질수익률에 대해 표로 확인했듯이 은행은 말 그대로 내 돈을 보관하는 곳이지 불려주는 곳이 아니다. 사실 이 보관이라는 것도 오래 하면 할수록 손해다. 물가상승률을 고려할 때 내 돈의 가치가 점점 떨어지기 때문이다. 은행에 가만히 돈을 넣어두면 10퍼센트씩 꼬박꼬박 이자를 붙여주던 시대는 이미 끝났다.

그렇다면 이제 결정해야 한다. 나의 종잣돈을 어디에 투자할 것인지 말이다.

우선 자신의 '손실 회피' 심리가 어느 정도인지부터 파악해야 한다. 사람들은 원래 본능적으로 손실을 피하려는 심리를 가지고 있다. 행동경제학에서의 연구 결과, 사람들은 손실로 인해 받는 심리적 고통이 똑같은 정도의 이익을 얻었을 때 느끼는 기쁨보다 두 배 정도 크다고 한다. 손실 회피 심리가 유독 강한 사람들도 있다. 이들은 지독히도 손해 보는 것을 싫어하고, 위험한 상황에선 몸을 사리며, 아주 조금의 피해라도 볼라치면 뒤통수를 치기도 한다. 그런데 조금의 위험과 손해도 감수하지 않으면서 이익만 취하고자 한다면 이는 욕심이다. 적어도 돈의 보관을 넘어선 투자를 한다는 것은 어느 정도 위험에 나의 돈을 노출해 손실도 감수하겠다는 각오가 필요하다. 이런 전제가 성립해야 더 큰 수익도 추구할 수 있다.

그렇다면 보통 사람들이 적은 돈으로도 쉽게 투자를 시작할 수 있는 것은 무엇이 있을까. 첫 시작은 펀드투자에서, 그리고 투자에 대한 학습이 된 상태에서는 주식투자를 추천한다(선물투자나 환테크는 지금 이 책을 읽고 있는 당신의 영역이 아니다).

어떤 전문가들은 개인은 절대 주식투자를 하지 말라고 하면서 그랬다가는 모두 망하는 것처럼 손사래를 치기도 하는데 나는 개인들도 주식투자를 해야 한다고 생각한다. 주식시장의 큰손은 외국인과 기관이지만 우리는 IMF 때 우리의 알짜 기업들이 헐값에 외국인들의 손에 넘어가는 모습을 목격하지 않았던가. 자국민이 국내 알짜 기업들의 주식을 보유함으로써 주주로서 권리를 행사하며 기업과 함께 성장한다는 것은 큰 의미가 있는 일이다. 또한 더 높은 수익률을 추구해볼 기회가 있는 시장이기에 개인들이 마냥 뒷짐 지고 구경만 할 수는 없는 노릇이다.

따라서 개인들도 시장에 함께 참가하여 경기를 해야 한다. 다윗과 골리앗의 싸움일 수 있다. 하지만 영리한 다윗이 자신만의 전략으로 거대한 골리앗을 상대할 수 있었듯이 개인들도 자신만의 투자 전략으로 좋은 기업의 주식을 얼마든지 소유할 수 있다. 그렇다 해도 무턱대고 주식시장으로 뛰어드는 것은 대단히 위험하다. 제대로 싸워보기도 전에 골리앗의 발에 밟히고 말 것이다. 주식시장으로 진출하기 전의 연습 겸 기본적인 투자의 밑바탕을 쌓기 위해 펀드투자로 시작하는 것이 안전하다.

펀드투자, 우리말로 집합투자의 정의를 살펴보면 펀드투자가 무엇인지 이해하는 데 도움이 될 것이다. 펀드투자는 다음과 같이 정의된다.

1. 2인 이상의 자에게 투자권유 할 것

2. 투자자로부터 모은 금전 등을 집합하여 운용할 것

3. 투자자로부터 일상적인 운용지시를 받지 않을 것(투자자총회를 통한 간접적인 관여만 허용)

4. 재산적 가치가 있는 투자 대상 자산을 취득, 처분 그 밖의 방법으로 운용할 것

5. 운영 결과를 투자자에게 배분하여 귀속할 것

이상의 내용을 해석해보면, 우선 펀드투자는 오로지 당신에게만 권유되는 금융상품이 아니라는 것이다. 적어도 당신을 포함한 두 명 이상에게 권유되며, 인기 있는 펀드에는 수십만 명의 참가자가 있다. 이들로부터 모은 금전 등의 규모는 개인마다 다르다. 당신이 한 달에 100만 원씩 이 펀드에 자금을 투입하고 있다면 어떤 사람은 10만 원씩, 또 어떤 사람은 1,000만 원 또는 1억 원씩도 할 수 있다.

이렇게 모은 자금을 운용하는 주체는 운용사의 펀드매니저다. 즉, 당신을 대신하여 당신이 투자한 돈을 굴려주는 사람이다. 그리고 펀드는 당신이 돈을 투자했다고 해서 펀드매니저에게 전화해 "오늘은 이렇게 운용해주세요"라고 주문할 수 없다. 일단 펀드매니저에게 운용을 맡겼다면 당신은 그의 운용 방침에 따라야 한다. 그

래서 믿을 만한 펀드매니저에게 맡기는 것이 중요하다.

펀드매니저는 당신을 포함한 다양한 사람들로부터 모은 자금을 가지고 재산적 가치가 있는 투자 대상에 투자한다. 그것이 주로 어떤 것들인지는 펀드의 명칭에서 드러난다. 그래서 명칭만 봐도 투자되는 대상 지역, 종류, 성격 등을 한눈에 파악할 수 있다. 예를 들어 명품 소비재 관련 회사들을 투자 대상으로 하는 펀드라면 이름에 '럭셔리' 등의 단어가 들어 있고, 배당 성향이 높은 회사들에 투자하는 경우는 '배당주'라는 단어가 들어가 있을 것이다. 펀드의 이름을 주의 깊게 보고 단어 하나하나를 해석해보는 것도 펀드의 내용을 파악하는 데 많은 도움이 된다.

마지막으로 운용의 결과를 투자한 금액에 상응하여 투자자들에게 배분해주는데, 이때 수익만이 아니라 손실도 배분된다는 점을 잊지 말자. 당연한 것 아니겠는가. 결과 배분은 투자한 금액의 비율에 따라 이루어진다. 100만 원 투자한 사람과 1,000만 원 투자한 사람은 수익과 손실의 금액이 규모에 따라 다르다는 얘기다.

펀드투자를 할 때에는 '기준가'와 '좌수'에 대한 개념을 가지고 있어야 하는데 이는 주식에서 가격과 수량에 해당한다. 기준가는 현재 시점에 가입한 펀드의 실제 가치를 나타내며, 다음과 같이 산정된다.

기준가 = (전날 펀드 순자산총액÷전날 펀드 잔존 수익증권 수량)×1,000

여기서 1,000을 곱해주는 이유는 펀드에서는 1,000좌를 기본 단위로 하기 때문이다. 예를 들어 기준가가 1,000원인 펀드에 100만 원을 투자한다면 투자금 100만 원을 기준가로 나누어 [(100만 원÷1,000원)×1,000] 총 100만 좌를 살 수 있다.

펀드투자를 계속하다 보면, 연말에 재투자 분배금이 입금되는 것을 볼 수 있다. 이는 펀드가 매년 결산을 통해 그 수익이 재평가되기 때문이다. 대체로 펀드는 결산 시 그 기준가를 1,000좌당 1,000원으로 맞추는 방식을 취하는데, 기준가를 1,000원으로 맞추는 대신 초과분에 대해 분배금으로 입금되고, 분배금은 펀드에 재투자된다. 예를 들어 기준가가 1,000원인 펀드에 100만 원을 투자하여 총 100만 좌를 보유하고 있었는데 결산 시점에 이 펀드의 기준가가 1,300원으로 올랐다고 하자. 그러면 투자자의 보유좌수가 130만 좌로 늘어나고, 기준가는 1,000원으로 맞춰진 후 다시 시작한다. 그런데 펀드의 기준가가 1,100원으로 올라 투자자가 이에 대한 수익을 실현하고자 환매를 결정한다고 해보자. 이때는 보유하고 있는 130만 좌에 현재의 기준가 1,100원이 적용되어 195만 원[(1,100원×130만 좌)÷1,000]을 회수할 수 있다. 투자원금 100만 원에 대한 수익이 43만 원이 되는 것이다.

펀드투자는 한 펀드 안에 다양한 기업이 포함되어 있으므로 상대적으로 위험이 분산되는 효과가 있다. 따라서 투자 초보들도 투자 연습을 하는 첫 단계로 적극 활용할 수 있는 투자처다. 펀드로 어느 정도 투자 연습이 됐고 시장에 대한 감각을 익혔다면 직접 개별 주식을 거래하는 것도 시도해볼 만하다.

하지만 이때에도 당신이 직접 매매에 참가하라는 것은 아니다. 접속이 쉽고 간편해서 많은 사람이 업무 시간 중 모바일을 이용해서 투자하는 모습을 보이기도 하는데, 이는 지양해야 할 대표적인 투자 형태다. 본업에 집중하지 않고 하는 투자는 두 마리 토끼를 쫓으려다 둘 다를 잃는 결과를 낳을 것이다. 직접투자를 하며 본인이 직접 주문까지 넣는 것은 본인이 주식거래 시간인 오전 9시부터 오후 3시까지 꼬박 주식시장에 매달려 차트를 볼 수 있거나 누구의 눈치도 보지 않고 증권사 HTS^Home Trading System 프로그램을 띄워놓고 자유롭게 거래할 수 있는 사람에 국한한다. 점심시간에 잠깐 거래 주문을 넣는다는 것도 마찬가지다. 점심시간에 넣은 주문이 당신의 오후 업무를 망쳐버리는 것은 순식간일 것이다.

그렇다면 본업에도 집중해야 하는 입장에서 직접투자를 하고 싶을 때는 어떻게 해야 할까?

답은 간단하다. 나 대신 재주를 부려줄 사람을 고용하는 것이다. 펀드를 운용하는 펀드매니저가 있듯이 직접투자를 하는 데서도 증권사의 투자자산운용사를 고용할 수 있다. 큰 규모의 펀드를 운용하는 펀드매니저에게는 일개 투자자로서 내가 직접적인 운용지시를 할 수 없다(당신이 투자한 100만 원은 당신에게는 큰돈이지만 그들이 굴리는 수천억 원의 돈에서는 아주 일부에 지나지 않는다). 하지만 내가 고용한 증권사의 투자자산운용사에게는 나의 운용 철학과 스타일에 맞게 운용해달라고 지시할 수 있다.

운용사를 선택하는 것 역시 사람과의 호흡이기 때문에 여러 시행착오를 거치고서야 매끄러워질 것이다. 이러한 과정은 하다못해 연애하는 과정에서도 필요한 일 아닌가. 운용사마다 투자하는 데 강점을 나타내는 분야가 모두 다르므로 자신의 투자 철학과 맞는 사람을 만나는 것도 어찌 보면 큰 행운이다. 이를 위해서는 결국 자신이 어떤 투자 철학과 스타일로 갈지를 설정해놓는 것이 첫 번째라 할 수 있겠다. 투자 철학과 스타일은 하루아침에 만들어지지 않으므로 다양한 시도와 경험이 필요하다. 금융기관들은 고객을 유치하기 위해 당신에게 너무도 친절하게 손을 내밀 것이다. 그들의 조언을 골고루 들어보며 당신에게 맞는 기관과 사람을 찾는 것도 하나의 방법이 될 수 있다.

어떤 사람들은 그들에게 지급하는 수수료가 아까워 직접투자를 한다고도 하는데, 당신이 직접 들여야 하는 시간과 노력을 덜 수 있다면 수수료는 그에 상응하는 당연한 대가가 아닐까. 당신은 돈을 벌기 위해 시간을 쓰는 반면, 부자들은 시간을 벌기 위해 돈을 쓴다는 점을 생각해보자. 당신의 펀드와 주식은 당신이 당신의 본업에 몰두에 있는 사이에도, 휴가를 떠나 있을 때에도 돈을 벌어다 줄 것이다. 재주는 펀드매니저와 자산운용사가 부리고 수익은 당신이 취하는 것이다.

다시 한 번 손실 회피 심리로 돌아가 보자. 우리는 각종 투자자산의 구성을 분산하여 포트폴리오를 구성한다. 그런데 많은 투자자가 포트폴리오에 들어가 있는 개별 투자처들에서 모두 이익이 나길 바란다. 다시 말하지만, 이것은 지나친 욕심이다. 포트폴리오를 구성하는 목적은 각종 투자자산의 구성을 분산함으로써 리스크를 헤지하는 것이다. 그런데 개별 항목들이 모두 수익을 내길 바란 나머지 손실이 나 있는 펀드나 주식까지도 꽉 움켜쥐고 있다가 손실을 더 키우는 상황을 맞이하곤 한다. 그러고는 큰 손실을 보고 상처받은 마음으로 '다시는 펀드투자 안 해!', '주식투자 안 해!'라고 다짐한다. 투자는 수익과 손실을 반복하기 마련이다. 포트폴리오 안에는 플러스(+)도 있고 마이너스(-)도 있지만, 종합해보면 플러스가 될 수 있도록 하는 것을 목표로 매진하는 것이 좋다.

투자는 어렵다. 기본적인 개념조차 모른 채 투자시장에 뛰어드는 것은 대단히 위험한 일이어서 여러 곤란한 상황에 처하게 될 것이다. 큰 손실을 보고 피를 철철 흘리며 퇴장하게 될 수도 있다. 그런데 한편으로는 이런 생각을 해보자. 외국에 나가 그 나라 말로 의사소통을 해야 하는 상황을 가정해보자. 국내에서 그 나라 말을 모두 완벽하게 배우고 나가겠다고 한다면 어떤 일이 생길까? 아마 끝내 나가지 못하거나 나가기까지 수년이 걸릴 것이다. 그렇다고 아주 기초적인 문장도 모른 채 나갔다가는 미아가 되어버릴 수도 있다. 그 나라 말을 가장 빠르게 배우는 것은 어느 정도 기초적인 것은 배우고 가서 현지 사람들과 부딪혀가며 익히는 것이다. 투자도 마찬가지다. 아주 기본적인 지식과 역사, 개념 정도는 알고 시작해야 한다. 자신이 감당할 수 있는 수준의 자금으로, 다 잃어도 좋다는 각오로 부딪혀보면 배우는 속도가 빨라진다. 이때 나를 도와줄 코치가 있으면 금상첨화가 될 것이다.

공식적인 자리든 사적인 자리든 여유자금이 얼마 있는데 어디에 투자할지 고민이라는 사람들을 자주 만난다. 종목 하나 찍어달라는 말도 서슴지 않는다. 그런데 이 말은 "나한테 꼭 맞는 결혼 상대자를 네가 보고 다 검증한 후 내 앞에 데려다 놓으면 난 결혼만 할게"처럼 들린다. 그래도 그나마 그들이 내 안목을 믿는가 보다 하는 심정에 어울릴 만한 상대를 앞에 대령해주기도 한다. 하지만 그들은 선택을 하염없이 미룬다. 그만큼 행동하기는 두려운 것이다.

재주부리는 곰을 두고 싶다면 재주를 잘 부릴 만한 곰을 고를 수 있는 안목을 먼저 갖춰야 한다. 그러고도 먹이를 줘가며 키울 수 있는 능력, 곰에 대한 믿음과 확신, 함께하는 호흡 등 모든 것이 조화를 이루어야 멋진 쇼를 완성할 수 있다. 당신은 재주부리는 곰을 둘 준비가 되었는가.

감정을 이기는
적립식 주식투자법

본업에도 바쁜 당신이 다양한 경제시장 여건까지 고려해가며 재테크까지 신경 쓰기란 여간 어려운 일이 아니다. 만약 쉽고 간단하면서 남들이 거두는 정도의 수익률을 얻을 방법을 고민하고 있다면, 지금부터 소개하는 두 가지 투자 전략을 주목해보기 바란다.

우리는 날마다 오르내리는 시장의 움직임에 대해 추측만 할 뿐이고 모두 지나가 버린 후에야 아쉬움을 토로한다. 실제로 상담을 해보면 주식시장의 상승 국면에서는 많은 투자자가 들뜬 마음에 투자를 시작하고자 문의를 많이 하는 반면, 하강 국면에서는 불안한 마음에 보유하고 있는 투자자산을 시장에 내다 팔려고 한다. 시대와 장소를 불문하고 통용되는 장사의 기본 원리, 즉 '쌀 때 사서 비쌀 때 팔아야 한다'는 원칙은 온데간데없이 도저히 믿기지 않는 행동을 하는 것이다. 투자 타이밍을 100퍼센트 맞추는 전략은 없지만 결국 투자라는 것이 시장과 투자자의 비이성적인 감정과의 싸움이라고 봤을 때, 감정을 배제하고 기계적으로 투자 안내를 해줄 수 있는 미리 정해진 계획이 있다면 어떨까?

투자자들의 이러한 고민을 해소해주는 방법으로 정액적립매수 전략Dollar Cost Averaging, DCA과 가치분할매수 전략Dollar Value Averaging, DVA이 있다. 투자 타이밍을 잡는 데 개입하기 쉬운 감정적 요소를 배제해주고 적절한 수익이 나게 해주는 투자 생존 전략들이다.

이 두 전략을 실행하기에 가장 적절한 투자 종목은 시장 전체를 포괄하고 거래비용이 낮은 인덱스펀드나 상장지수펀드ETF 등이다. 그렇지만 여기에서는 이해를 쉽게 하기 위하여 개별 주식 종목의 주가 변동을 아주 단순화하여 설명하겠다.

첫째로 정액적립매수 전략(DCA)에 대해 살펴보자.

정액적립매수 전략은 주식의 가격과 상관없이 정기적으로 일정한 금액을 투자하는 방법이다. 보통 많은 투자자가 매월 같은 금액을 해당 투자처로 자동이체되도록 설정해놓는 것이 이에 해당한다. 이렇게 하면 다양한 가격으로 주식을 사들이기 때문에, 주가가 높을 때는 주식을 적게 사고 주가가 낮을 때에는 주식을 많이 사게 된다. 이는 주식시장의 상승 국면에서 사람들이 시장에 뛰어들려고 하는 충동적 구매 행위와는 반대되는 행동으로, 감정을 배제하고 이성적인 투자를 할 수 있도록 도와준다.

도표 10에서와 같이 매월 100만 원씩을 투자하여 주식을 사들이는 동안 주가가 1만 원에서 5,000원으로 하락한 적도 있고 16,000원으로 상승한 적도 있다고 가정해보자. 주가가 1만 원인 경우에는 100주를 살 수 있고 5,000원이었을 때는 두 배인 200주를, 16,000원인 경우에는 63주를 사게 된다. 이처럼 주가가 낮으면 주식을 많이 사들이고, 높으면 적게 사들이는 방식으로 적립매수하면 1주당

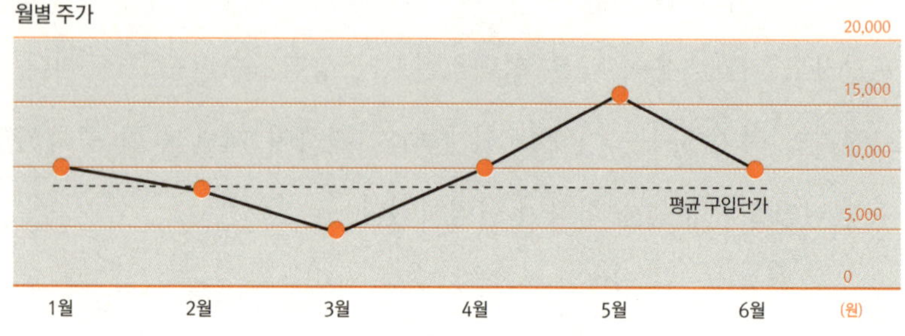

투자월	투자금액(만 원)	주 가	구입 주식수(주)
1월	100	10,000	100
2월	100	8,000	125
3월	100	5,000	200
4월	100	10,000	100
5월	100	16,000	63
6월	100	10,000	100
합계	총 600만 원	평균 8,720원	총 688주

평균 구입비용이 8,720원이 된다. 다시 말해 6개월 동안의 주가 평균(9,833원)보다 낮다. 이를 평균 매입단가 하락의 효과라고도 한다. 이 전략의 가장 큰 장점은 간단해서 적용하기 편리하고 주식을 사들이는 데 드는 평균 비용을 낮춰 투자수익률을 높여준다는 점을 꼽을 수 있다.

이 전략은 투자 기간이 단기 또는 중기일 때, 주식시장에서 높은 수익률을 제공한다. 하지만 매월 같은 금액을 투자하므로 인플레이션을 반영하고 있지 않고, 주식을 매도하는 데 대한 가이드라인을 제시하고 있지 않아 장기적으로는 효과가 떨어진다. 이를 보완하기 위해서는 주식시장의 성장을 반영하여 투자금액을 조정할 필요가 있다.

둘째로 가치분할매수 전략(DVA)에 대해 살펴보자.

가치분할매수 전략은 정액적립매수 전략에 비해 좀 더 유연한 투자 전략이다. 매월 100만 원씩 고정적으로 투자하는 대신 보유주식 평가가치를 매월 100만 원씩 올려가는 원칙을 적용한다. 즉, 투자비용보다는 결과적인 가치에 더 중점을 둔다는 것이 핵심적인 차이점이다. 그래서 주가가 낮을 때에는 주식을 많이 사들이고 주가가 높을 때에는 주식을 적게 사들이도록 한다는 점에서는 정액적립매수 전략과 같지만, 주가가 아주 높을 때에는 주식을 팔도록 안내해준다는 차이가 있다.

정액적립매수 전략의 예에서와 같이 주가가 1만 원에서 5,000원으로 하락한 적도 있고 16,000원으로 상승한 적도 있다고 가정해보자. 매월 보유하는 주식의 가치를 100만 원씩 올려 6개월 후에는 최종적으로 600만 원을 만드는 게 목표라 하자.

두 번째 달에는 주가가 10,000원에서 8,000원으로 하락하여 기존에 보유하고 있던 주식의 가치가 80만 원으로 떨어졌다. 그러므로 투자금액을 120만 원으로 늘려 150주를 사야 이달의 목표인 200만

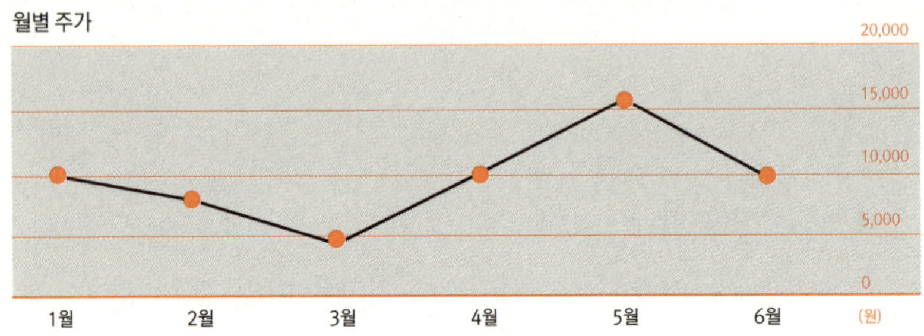

투자월	목표 평가가치(만 원)	주 가(원)	투자 불입금액(만 원)	구입주식수(주)	부유주식 수(주)
1월	100	10,000	100	100	100
2월	200	8,000	120	150	250
3월	300	5,000	175	350	600
4월	400	10,000	200 환매	(200)	400
5월	500	16,000	140 환매	(87)	313
6월	600	10,000	287	287	600
최종목표 600만 원			총순비용 342만 원		총 600주

원의 평가가치가 될 수 있다. 즉, 주가가 하락하면 떨어진 가치를 회복하기 위해서 100만 원 이상을 매입해야 한다는 얘기다. 하지만 네 번째 달의 경우, 주가가 다시 회복되어 보유주식 평가금액이 해당 월의 목표금액인 400만 원을 넘어갔다. 이때는 주식을 사들이는 대신에 팔아야 하는 상황이 되었다. 여기에서 더 나아가, 이어진 다섯 번째 달에도 주가가 급등하여 보유주식 평가금액도 크게 올랐다. 해당 월의 목표금액인 500만 원을 훌쩍 넘어 최종 목표인 600만 원도 넘어선 상황이다. 이때 조기 목표 달성으로 투자를 종결할 수도 있

288

지만 여기서는 6개월까지 지속해보자. 여섯 번째 달에는 다시 주가가 하락하여 1만 원으로 돌아왔다. 그러면 보유주식 평가금액도 함께 하락하게 되므로 투자 마지막 달에 비교적 큰 금액인 287만 원어치를 사야 한다. 하지만 앞서 2개월간 거두어들인 자본이득이 340만 원이므로 그것으로 충당된다.

투자자들이 이 전략에서 가장 재미있어하고 만족스러워하는 부분이 바로 가끔 주식을 팔도록 한다는 점이다. 이 전략을 따르면 적어도 시장의 정점에서 주식을 많이 사들이거나, 바닥에서 주식을 파는 상황은 피할 수 있다. 물론 지속적으로 상승하는 시장에서는 주식을 계속해서 팔게 되는 문제가 생기고, 이에 따라 발생하는 수수료 등의 거래비용은 단점으로 지적된다. 또 반대로 주가가 많이 하락했을 때에는 납입액이 너무 커지는 문제도 있는데 이는 최대 납입금액의 한도를 정함으로써 극복해야 할 것이다. 또한 투자 목표를 거의 달성해갈 때 2008년 금융위기와 같이 시장 상황이 급격하게 나빠지면, 투자자들의 경제적 여건도 함께 어려워져 투자를 지속하기가 몹시 곤란한 상황에 놓이게 된다. 따라서 이러한 리스크 상황에 대비하여 투자 목표를 초과 달성하더라도 발생한 자본소득을 여윳돈으로 생각하여 소비해버리는 대신 CMA나 MMF(머니마켓펀드) 등의 별도 계좌에 보관해두어야 한다. 이렇게 하면 투자금액의 대부분이 이 전략에 따라 얻은 자본소득분에서 충당되므로 주가가 내려갔을 때 새로 투자해야 하는 금액에 대한 부담을 덜 수 있다. 투자 목표가 조기 달성되었을 때는 최종 투자 목표를 더 높게 잡는 것도 투자를 지속할 수 있는 하나의 방법이다.

고정된 금액을 투자하는 정액적립매수 전략에 비하여 가치분할매수 전략은 투자금액이 매번 다르므로 조금 더 복잡한 면이 있다. 그래서 본업에 충실해야 하는 사람들에게는 분기별로 한 번씩, 즉 1년에 4회 가치분할매수 전략을 실시하고, 1~2년에 한 번 포트폴리오를 점검하여 투자 목표를 재점검할 것을 추천한다.

이상의 두 가지 투자 전략은 투자 목표를 달성하는 다양한 방법 중 일부에 지나지 않는다. 이 전략들은 단기간에 큰 수익을 올릴 수 있도록 해주는 것은 아니지만, 시장의 오르내림에 휘둘리지 않으면서 신경을 덜 쓰고 감정에 치우치지 않는 투자를 하는 데는 큰 도움이 된다. 음식과 옷도 자신에게 맞는 것이 있듯이 투자에도 자신의 스타일이 있으며, 이는 다양한 시도 끝에 찾아진다. 자신의 스타일을 찾아 냉정하고 합리적으로 투자를 실천하는 당신의 모습을 기대해본다.

베짱이 생존 전략,
다양한 머니 풀을 개발하라

여름에 유쾌하게 놀았던 베짱이가 겨우내 개미에게 빌어먹지 않고 따뜻한 나라에서 보내기 위해서는 마르지 않는 '현금흐름'이 중요하다. 이때 현금흐름의 물줄기가 다양한 곳에서 흘러들어 온다면 어떨까? 여러 곳으로부터 흘러드는 물줄기는 한데 모여 보다 큰 강을 만들 수 있을 것이고, 설령 한쪽이 막힌다 해도 강을 이루는 데에는 지장이 없을 것이다.

베짱이들은 생존을 위해 다양한 현금흐름의 머니 풀 money pool 을 개발할 필요가 있다. 다양한 머니 풀을 개발하는 방법과 이때 반드시 탑재해야 할 ROI Return on Investment 개념에 대해 알아보자.

ROI는 우리말로 투자수익률을 뜻한다. 기업에서 가장 많이 사용되는 경영성과 측정기준 중 하나로 기업의 순이익을 투자액으로 나누어 구한다. 쉽게 말하면 어떤 목적을 위해 투입된 돈이 얼마만큼의 성과를 냈는지를 따져보는 것이다. 투자 Investment 한 것에 대해 돌아오는 반대급부 Return 라는 뜻이다.

나는 ROI의 개념을 내 삶에 적용했다. 나 자신이라는, 유기적으로 살아 움직이는 경제 주체를 부도가 나지 않도록 잘 운영해 나가야 하는 입장에서 기업에서 가장 많이 사용하는 성과 측정기준을 도입한 것이다. 물론 단순히 돈을 투자하는 것에서 수익률을 따져보는 것이 아니므로 측정에는 시간도 오래 걸리고 명확하게 수치로 산출할 수 없는 부분도 많다. 예를 들어 운동으로 내 몸이 튼튼해졌다면 이는 분명 나의 생산성을 높이는 투자 행위지만, 건강이라는 것을 수치로 측정해내기란 어려운 부분이 있다. 하지만 꼭 수치로 측정할 수 없는 것들이라 할지라도 나는 단지 인생에 이 개념을 도입해 넣었을 뿐인데도 많은 것이 변했다. 일을 대할 때 마음가짐이 달라지고 태도와 행동이 진지해졌다.

나는 무언가를 새롭게 배울 때면 수첩의 새로운 페이지를 펴서

반으로 접은 후 왼쪽에는 그와 관련하여 지불한 비용을 쭉 적고, 오른쪽에는 그로 인해 회수되는 가치를 적는다. 여기에 'ROI 머니 다이어리'라는 이름도 붙여줬다. 가계부는 1년 단위로 구분하는 반면 ROI 머니 다이어리는 수년을 누적해서 기록한다.

그런데 혹시 자신은 지불한 비용이 없다고? 한번 잘 생각해보기 바란다. 시간이 곧 돈이다. 실질적으로 지불한 금전적 대가는 없을지언정 당신은 돈보다 더 소중한 당신의 시간과 노력을 투자했을 것이다. 이 때에는 그 일에 투입한 시간을 기재하도록 한다. 투입한 시간에 당신의 시간당 몸값을 곱하면 금액이 산출될 것이다. 이 금액이 바로 회수해야 할 금전적 목표값이 되는 것이다.

잠시 시간당 몸값에 대해 생각해보자. 사람마다 천차만별이지만 자신의 몸값 또한 상황마다 다르다. 휴일에 집에서 아무 일도 하지 않고 잠만 잔다면 그 시간의 몸값은 0이다. 한 시간에 수백만 원의 강의료를 받는 강사가 있다면, 그의 시간당 몸값은 강의를 하는 그 시간에 대단히 높을 것이다.

나는 시간당 몸값을 최고 목표액과 최저 가동액으로 구분한다. 먼저 최고 목표액은 각자가 지향하는 목표금액이다. 현재 수입을 1억 원이라고 가정하자. 한 달에 20일 수입생산활동을 하고, 하루에 10시간을 근무한다면 그 사람의 시간당 몸값은 다음과 같다.

$$1억 원 \div 12월 \div 20일 \div 10시간 = 약\ 41,600원$$

중요한 것은, 자신의 현재 몸값을 가늠해보고, 현실을 직시하는 동시에 그 가치를 점차 높일 수 있도록 목표를 세우는 것이다.

최저 가동액이란 내가 가만히 집에서 잠자며 쉬는 것을 대체할 금액이다. 솔직히 나는 지금도 누가 시간당 5만 원이라도 준다면 집에서 쉬기보다는 일하러 나간다. 그런데 그것이 만약 1만 원이라면? 잠자는 것이 주는 행복지수와 1만 원을 두고 고민할 것이다.

시간당 몸값이라는 개념은 직장에서 연봉을 받을 때에는 잘 생각해보지 않게 된다. 나도 이 개념을 탑재한 때는 내가 강의를 하고 강의료를 받기 시작하면서였다. 강사는 시간당 강의료가 대략 정해져 있다. 두루뭉슬하게 "알아서 주세요."라고 했다가는 제대로 챙겨 받지 못하는 상황이 발생한다. 스스로 자신의 시간당 몸값을 책정할 줄도 알아야 하고 책정된 몸값이 시장에서 합리적인 수준인지도 고려해야 한다. 하지만 자신이 목표로 하는 몸값은 있어야 한다. 그리고 그 목표를 달성하기 위해 계속해서 스스로를 발전시키는 것이다. 이런 의미에서 직장에서 연봉을 받는 사람이라도 자신의 시간당 몸값을 계산해보는 것은 의미가 있다.

새로운 머니 풀의 개발은 지금까지 나를 거쳐 갔던 요가나 골프를 포함한 다양한 운동들, 수강했던 각종 강연들, 외국어 수업, 앱 개발, 주식투자 등에서 시작되었다. 이 중 내가 가장 최근에 관심을 갖고 투자하여 개발한 새로운 머니 풀이자 높은 ROI 수익률을 보인

필록싱Piloxing이라는 운동은 대표적인 성공사례로 꼽을 수 있다.

필록싱은 필라테스와 복싱, 댄스가 결합된 새로운 운동으로 작년에 우리나라에 처음 소개되었다. 나는 직감적으로 내가 잘할 수 있는 것이라는 생각이 들었다. 20대 초반부터 시작했던 춤, 작년에 기분전환상 시작해본 킥복싱, 전문 라이선스까지 보유한 요가, 이 세 가지 경력이면 필록싱이라는 새로운 운동도 어렵지 않을 것이라 판단했다. 곧바로 필록싱 강사자격증을 취득할 수 있는 방법을 알아보았고, 시범 수업에 참가하여 나의 막연한 확신을 검증해보았다. 마침 우리 나라에 소개된 지 얼마 되지 않았기 때문에 강사가 부족한 상태였고, 강사 자격증 취득도 국내에서 할 수 있었다. 나는 즉시 행동개시에 들어가 강사자격증을 취득했고, 필록싱 정식 강사가 되었다. 정식 강사 자격증 취득 후 얼마 지나지 않아 수업을 할 수 있게 되었음은 물론이다. 이 말은 여기에서 또다시 새로운 수업이 발생했다는 것을 의미한다.

불과 몇 개월 전까지만 해도 필록싱이라는 운동이 내 인생에 들어올 것이라고는 생각도 못했다. 그런데 기분전환이나 할 요량으로 배운 킥복싱을 시작할 때 작성했던 ROI 표의 회수Return 란을 필록싱 강의로 채울 수 있다니, 흥미로웠다. 매사에 습관적으로 ROI를 생각하고 유념해두는 것이 머니 풀 개발에 있어서 얼마나 중요한지 다시금 깨닫는 순간이었다.

물론 투자Investment에 대한 회수Return가 필록싱 수업과 같이 바로 이루어지는 것은 아니다. 몇 년 후에 일어날 수도, 어떤 것들은 평생에 걸쳐 회수를 해야 할 수도 있다. 하지만 이렇게 해보면 본전 심리 때문에 배울 때 나의 태도가 매우 진지해짐을 느낄 수 있다. 내가 지금 투자하는 금액은 나중에 일정한 수익률을 덧붙여 회수되어야 하기 때문에 허투루 배울 수 없었고, 중도에 포기하는 일도 적었다.

더 나아가 무언가를 소비하는 모든 순간에 ROI를 습관적으로 따져보게 됨으로써 자연스럽게 '현명한 소비'를 하고 있는 나 자신을 발견했다. 원래 나는 새로 나온 기계라면 일단 사고 보자는 욕심이 있는 편인데 ROI를 염두에 두고 소비를 한 이후부터는 한 번 더 생각하게 됐다. '이 기계가 과연 나에게 꼭 필요한가?', '나는 이 기계로 무엇을 할 수 있을까?', '내가 기존에 가지고 있는 것으로는 할 수 없는 것인가?' 등을 따져본 후 구입을 결정한다.

만족할 만한 가치를 돌려주지 못하는, 즉 ROI가 현저히 떨어지는 소비나 투자에 나서는 일이 현저히 줄었다. 영어학원만 봐도 대학생 때는 남들이 다 하니까 나도 해야지 하는 마음으로 다녔는데 ROI 머니 다이어리를 기록한 이후로는 훨씬 진지하고 열심히 배우게 되었다. 덕분에 실력도 부쩍 향상되었다. 요가는 요가 강사를 하기에 이르렀다. 책을 발간하기 위하여 책 쓰기와 관련된 많은 책을 구입해서 읽었고, 글쓰기와 책 쓰기 강좌를 여러 개 수강했다. 그렇게 투자한 내 시간과 돈에 대한 반대급부로서의 결과물이 바로 지금 이렇게 이 책을 쓰고 있는 것이다.

물론 모든 것이 회수된 것은 아니다. 대표적인 것이 골프인데 이것은 아마 평생에 걸쳐 회수해야 할 것 같다. 그래도 투자한 본전이 아까워 절대 포기하진 않는다. 비록 늦을지언정 내가 포기만 하지 않으면 언젠가 다양한 형태로 회수될 것임을 믿고 있다. 실제로 내가 포기하지 않은 덕에 최근 한 사장님으로부터 골프 비즈니스를 함께 해보자는 제안을 받았다. 골프를 잘 치지는 못하더라도 골프에 대한 룰을 알고 경험이 있으므로 비즈니스를 이해하는 데에는 전혀 무리가 없다. 내가 골프를 시작하여 끈을 놓지 않았기 때문에 들어올 수 있었던 제안이고, 나는 이 기회 또한 나의 머니 풀을 늘릴 수 있는 것이라는 판단하에 꼭 붙잡았다.

백만장자 사업가 엠제이 드마코는 《부의 추월차선》에서 빠르게 부자가 되는 사업 씨앗으로 다음의 다섯 가지 영역을 꼽았다.

1. 부동산, 특허 사용료 등의 임대 시스템

2. 컴퓨터·소프트웨어 시스템

3. 조앤 롤링의 해리포터 시리즈와 같은 콘텐츠 시스템

4. 프랜차이즈나 체인점 운영 등의 유통 시스템

5. 인적 자원 시스템

ROI 머니 다이어리를 쓰다 보면 다양한 머니 풀이 개발된다. 그리고 머니 풀이 다양하게 개발될수록 더욱 빠르게 돈을 벌 수 있다.

나는 반대급부가 금전으로 환산되는 것이기만 하면 지금 당장은 아니더라도 언젠가는 새로운 수입원이 될 수 있다는 생각에 무조건 시도한다. 노는 것에 대해서조차 ROI를 생각하는데, 다양한 경험을 하며 실속 있게 노는 것은 필요하다고 믿는다. 잘 노는 사람이 일도 잘한다고 하지 않던가.

다양한 머니 풀을 가진 사람들은 시간관리의 달인이기도 하다. 시간은 돈이라는 말은 곧 돈은 시간이라는 말이므로 이들은 시간을 돈으로 환산하여 귀하게 사용한다. 나는 어렸을 때부터 스케줄러를 사용해왔고 최근에는 3P 바인더를 사용하고 있다. 얼마 전, 책장을 정리하며 우연히 고등학교 시절 썼던 학습계획표(도표 12)를 발견했다. 점심시간과 쉬는 시간에 무엇을 할지까지 적혀 있는 그 종이를 보며 웃음이 나왔다. 그런데 어찌 보면 시간관리는 그처럼 오랜 시간 연습해야 습관으로 자리 잡히고, 앞으로도 평생 해야 하는 것이 아닌가 싶다.

시간과 관련하여 지금까지 내가 보고 들은 바 중 가장 충격적인 것은 2011년 개봉한 〈인타임〉이라는 영화다. 전개와 결말은 다소 실망스럽지만 소재만큼은 매우 충격적이었다. 커피 1잔 4분, 권총 1정 3년, 스포츠카 1대 59년. 모든 비용이 시간으로 계산된다. 시간은 팔뚝에 새겨진 '카운트 바디 시계'에 표시된다. 시간을 많이 가진 부자는 영원히 살 수도 있지만 시간이 없는 가난한 사람들은 길을 걸어가다가도 쓰러져 죽는다. 주인공 윌 살라스(저스틴 팀버레이크

도표 12 고등학교 때 학습계획표

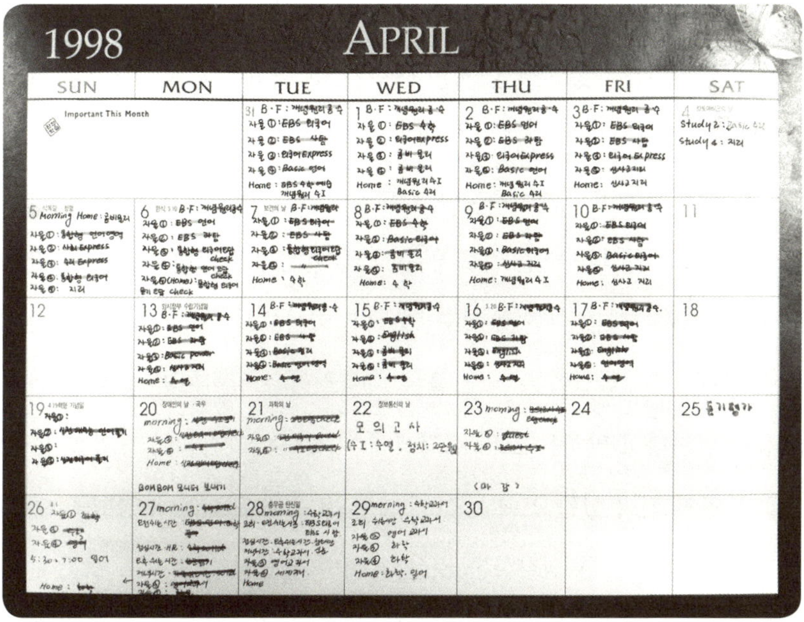

분)의 엄마가 시간이 모자라 버스를 타지 못하고 아들을 만나기 위해 뛰어가던 중 아들이 보는 앞에서 시간이 다해 그 자리에서 꼬꾸라지며 죽는 모습은 가히 충격적이었다. 이 영화를 보면 결코 영원히 살 것처럼 시간을 낭비할 수 없게 된다.

모든 것에 대해 수익률로 회수될 것을 생각하고 살면 피곤하지 않느냐는 사람도 있다. 그럼 생각 없이 돈을 쓰는 것은 과연 행복한 것일까? 마음에 불편함이 전혀 없을까? 국내 유명 대기업 직원으로 직장생활 15년 차인 한 고객이 이런 얘기를 한 적이 있다. 입사 이후로 지금까지 받은 연봉만 해도 몇억이 되는데 자기에게 자산 형태로 남아 있는 것은 얼마 되지 않는다는 것이다. INPUT은 명확했으니 남아 있는 것을 뺀 금액은 15년간 다 써버렸다는 얘기밖에 되지 않는데 자신은 그렇게 기억에 남을 만한 의미 있는 소비를 한 적도 없다는 것이다. 무엇 하나 끈덕지게 물고 늘어지며 배운 게 없기에 퇴직 후 써먹을 만한 것도 없고, 남들한테 자랑스럽게 얘기할 만한 굵직한 여행을 다녀온 적도 없단다. 일상에서 그냥 그렇게 순간순간 잘 먹고 잘살아온 것도 물론 다행스러운 일이지만, 진한 아쉬움이 남는다고 말하는 그의 표정에서 나조차 안타까움이 느껴졌다.

무언가 의미 있는 곳에 당신이 애써 번 돈과 시간을 투입했을 때, 그에 대한 회수를 생각하는 것은 어쩌면 당연한 것인지도 모른다. 이때, ROI 머니 다이어리는 당신의 삶을 대하는 마음과 태도를 조금이나마 변화시키는 데 도움이 될 것이다.

나도 나를 못 믿을 때 필요한 행동장치

픽사의 애니메이션 〈업〉의 도입 부분에 주인공 칼 할아버지와 아내 엘리 할머니의 일대기를 아무런 대사 없이 보여주는 장면이 있다. 시간은 약 5분 정도이지만 이 안에는 두 사람이 결혼 후 함께 겪은 기쁨과 고

난, 먼저 떠난 이에 대한 슬픔 등이 매우 잘 묘사되어 있어서 이 부분을 볼 때마다 마음이 짠해지곤 했다.

그중에는 칼과 엘리가 어렸을 적 두 사람의 꿈이었던 남미의 폭포에 가기 위해 유리병에 돈을 모으는 장면이 있다. 유리병에는 목표로 한 남미의 폭포 그림까지 붙어 있다. 하지만 타이어가 펑크 나고, 갑작스러운 사고로 다리를 다치고, 천재지변으로 집이 훼손되는 등 예기치 못한 리스크가 발생하면서 그때마다 유리병이 깨지고 만다.

결국 두 사람이 늙을 때까지 유리병은 세월 속에 묻힌 채 책장 한쪽 구석에서 먼지만 쌓여갔다. 그러다가 어느 날 문득 다시 발견한 어렸을 적 두 사람의 꿈. 그제야 칼은 엘리와 꿈의 여행을 실행하기로 마음먹고 비행기 티켓까지 샀지만, 엘리는 먼저 세상을 떠나고 만다.

만약 칼과 엘리가 두 사람의 꿈을 위해 모으는 돈을 쉽게 깰 수 있는 유리병이 아니라 매우 단단해서 한번 넣으면 여간해서는 뺄 수 없는 곳에 모았다면 어땠을까? 또 만약 예기치 못한 위험의 상황을 대비하여 꿈을 위한 유리병 외에 비상금을 마련해두었더라면 어땠을까? 두 사람이 유리병에 목표를 뚜렷하게 이미지화한 그림을 붙여놓은 것까지는 매우 잘한 일이지만 이를 위한 강제성 있는 저축 수단이 따라주지 못했다는 점이 못내 아쉽다.

하노 벡의 행동경제학을 다룬 책《부자들의 생각법》에서는 '행동 장치'에 대해 이렇게 설명했다. '원하는 결과를 얻기 위해 스스로 행동에 제약을 가하는 것', 즉 미래에 자신의 의지가 약해질 것을 알고 그에 대한 대책을 미리 마련하는 것을 말한다.

베짱이들이야말로 행동장치가 절실히 필요한 이들이다. 현재를 즐기고 싶은 충동과 선천적 게으름을 방지하기 위해서다. 행동장치의 사례는 앞에서도 몇 차례 등장했다. 신용카드 사용을 줄이기 위해 신용카드 앞에 소비를 제어할 수 있는 특정 문구를 써놓는 행동은 대표적인 행동장치로, 소비를 하기 전 한 차례 더 경각심을 부여하는 작은 팁으로 소개했다. 컴퓨터와 휴대폰으로 얼마든지 볼 수 있는 신문기사를 여전히 매월 구독료를 내가며 집으로 배달받아 보는 것도 일종의 행동장치다. 원할 때 얼마든지 찾아볼 수 있는 신문은 뭔가 강제성이 없어 보인다.

이를 저축에 대입한 유명한 사례가 있다. 지금부터 내가 금융상품을 하나 소개할 테니, 잘 듣고 가입 여부를 결정해보길 바란다. 조건은 다음과 같다.

1. 1년 중 11월 단 한 달만 계좌 개설이 가능하다. 그리고 개설 시, 매주 일정 금액을 저축하기로 약정한다. 만기는 다음 해 크리스마스 직전이다.
2. 입금한 돈은 1년 동안은 인출할 수 없다.
3. 이 상품의 이자는 0퍼센트, 무이자다.

과연 당신이라면 이런 금융상품에 가입하겠는가? 어떤 수익도 추구할 수 없는 제약 덩어리로만 보이지 않는가? 그런데 이 상품이 과거 수년 동안 미국에서 큰 인기를 끌었던 '크리스마스 저축 클럽Christmas Saving Club'이다. 이 저축에 가입하면 이자로 인한 추가 수익을 기대할 수는 없지만, 적어도 넣어둔 돈을 인출해서 다른 일에 써버리는 일은 막을 수 있다는 점이 큰 인기의 비결이었다.

때로 본능은 생각과 의지보다 더 강력한 힘을 발휘한다. 이럴 때 애초에 본능을 억제할 수 있도록 행동장치를 미리 마련해둔다면 나중에 후회하는 일이 적어질 것이다. 본능은 끊임없이 저항할 테지만 강력한 행동장치가 그 저항을 막아내며 베짱이 재테크를 완성해나갈 것이다. 당신의 습관적 일상에도 행동장치를 세팅해보자.

작심 3일, 이렇게 다스려라

당신이 연초에 세웠던 계획들을 떠올려보라. 지금 계획대로 실행하고 있는 것은 과연 몇 가지나 되는가? 독일의 심리학자 헤르만 에빙하우스Hermann Ebbinghaus는 16년간의 실험과 연구 끝에 망각곡선이라는 것을 발표했다.

그의 망각곡선에 따르면 우리는 무언가를 듣거나 배운 후 한 시간만 지나도 벌써 반은 잊어버린다고 한다. 하루가 지나면 70퍼센

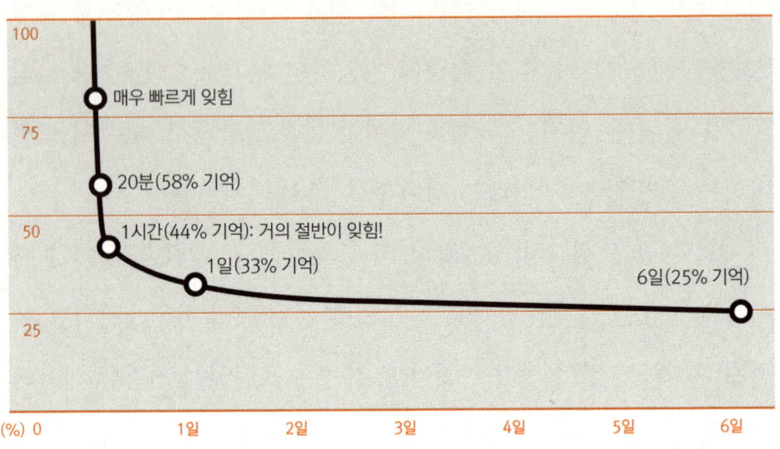

트가량이 날아간다. 아무리 인간이 망각의 동물이라고 하지만 너무 아깝다는 생각이 든다.

그래서 여기에서 착안하여 망각곡선 학습법이라는 것이 등장했다. 강연이나 수업이 끝나고 나서 2분이든 3분이든, 몇 분 안 되는 짧은 시간 동안 강의 때 필기한 노트나 책을 다시 넘겨보는 공부 방식이다. 놀랍게도, 이렇게만 해도 기억이 90퍼센트 이상 남아 있게 된다고 한다. 흔히 천재들이 공부하는 방법이라고 소개되기도 한다. 또한 교육학에서도 배운 내용을 주기적으로 반복해서 학습하는 시간이 무엇보다 중요하다고 강조한다. 한 시간을 배우면 세 시간은 스스로 배운 내용을 복습해서 온전히 자기 것으로 만들라는 것이다.

그래서 같은 내용을 배운 사람들끼리 스터디 그룹을 만들어 함께 반복하고 토론하는 것은 매우 효과적인 방법이라 볼 수 있다.

그런데 우리가 연초의 계획을 실천하지 않는 것은 반드시 망각만의 문제는 아니다. 행동에 옮기느냐 아니냐, 행동이 습관으로 자리 잡았느냐 아니냐의 문제도 있다. 예컨대 서점에 들어서는 사람을 이렇게 분류할 수 있다고 한다. 첫째 서점에서 선 채 책을 집어 들고 읽는 사람 30퍼센트, 둘째 책을 구입해 끝까지 읽는 사람 3퍼센트, 셋째 책의 내용을 실천하는 사람 0.3퍼센트.

이 책을 예로 들면 지금 당신이 이 책을 들고 읽고 있다는 것은 서점에 들어가는 천 명 중 300명에 속하고, 이 책을 구매했다면 30명에 속한다. 그리고 이 책에서 제시하는 여러 행동 지침 중 하나라도 실천하고 있다면, 당신은 3명 안에 드는 사람이라는 얘기다. 그만큼 행동은 어려운 것이고 천 명 중 단 세 사람만이 행동으로 자신을 변화시킨다. 저자로서의 나는 당신이 0.3퍼센트의 행동하는 사람이 되길 바라는 간절한 마음을 담아 이 글을 쓰고 있다.

'새해 결심'이라는 말과 거의 연관검색어 격으로 함께 쓰이는 말이 '작심삼일'이다. 이 말이 주는 부정적인 뉘앙스에 반기를 드는 혹자는 3일마다 결심을 다시 하면 된다고 하기도 했다. 나는 이 말에서 착안하여 내가 진행하는 모든 세미나를 '작심 in 3일 카드'를 작성하는 것으로 마무리한다.

'작심 in 3일 카드'는 3일마다 계속에서 '작심'하고 이를 상기하도록 도와주는 카드다. 작성 요령은 다음과 같다.

1. 참가자들에게 두 장의 카드를 나눠준다.

2. 참가자들은 세미나나 강연에서 들은 내용 중 3일(72시간) 내로 실천할 수 있는 것들을 '작심'하고 이 작심에 따른 실천 항목들을 두 장의 카드에 똑같이 적는다. 될 수 있으면 이미 완성된 것처럼 과거형으로 쓸 것을 주문한다. 이는 말이 가지는 힘에 기반을 둔 것이다. 긍정적인 말과 확신에 찬 말투는 더욱 빠르고 효과적인 변화를 일으킨다는 것은 여러 실험을 통해 입증된 바 있다.

예를 들면 앞에서 추천했던 것 중에서 실천할 수 있는 것을 이렇게 기재한다.

- 나의 인터넷 홈 화면은 경제신문사 홈페이지로 지정되어 있다.

- 나는 초간편 베짱이 가계부를 활용하여 정확한 나의 지출을 기록하고 있고, 이를 통해 소비를 잘 통제하고 있다.

- 나는 끊임없는 자기계발로 올해 수입을 작년보다 20퍼센트 신장시켰다.

그리고 하단에 오늘 날짜를 기재하고 이름을 쓰고 서명까지 하게 한다. 이는 선언문을 쓰는 것처럼 자기 확신을 결연하게 다지는 행동이다.

3. 작성한 두 장의 카드 중 한 장은 나에게 제출하도록 하고, 한 장은 자신이 매일 보는 장소에 붙이라고 말한다. 매일 눈길이 닿는 곳은 당신이 가장 잘 찾아낼 수 있다. 누군가는 화장대 거울이 될 수도 있고, 사무실 책상 앞이나 심지어 화장실 변기에 앉았을 때 바로 시선이 가는 벽이 될 수도 있다.

4. 나는 내가 진행한 세미나에 대한 사후관리의 하나로, 나에게 제출된 카드

작심 in 3일 카드

....

....

....

날짜
이름   (서명)

를 가지고 3일 후 문자나 이메일을 통해 그날의 작심을 상기시켜준다. 3일이면 작심이 흐트러지고 잊히기에 충분한 시간이므로 그때 다시 작심하도록 하는 것이다.

5. 또한 작심의 날로부터 3개월이 지난 날짜를 미리 체크하여 다시 한 번 알람을 해줌으로써 나의 사후관리는 종료된다. 내가 이렇게 할 수 있는 것은 참가자들의 행동 변화에 조금이라도 도움이 되었으면 하는 간절한 마음이 있기 때문이다. 아울러 꼼꼼한 기록과 스마트한 기기들의 도움이 있기에 가능한 것이기도 하다.

지금 이 책을 읽고 있는 당신도 0.3퍼센트의 행동하는 사람이 되고 싶다면, 3일(72시간) 내로 실천할 수 있는 것들을 꼽아 당신만의

'작심 in 3일 카드'를 작성해보라. 지금으로부터 3개월이 되는 날짜를 체크하여 당신의 작심을 다시 상기시켜줄 수 있도록 알람을 설정해놓으라. 그리고 당신의 카드를 가장 눈에 잘 띄는 곳에 붙여놓는다.

3일 내에 작심이 흐트러진다면? 다시 작심하면 되는 것이다! 그렇게 일곱 번만 작심을 반복하면 어느덧 21일이 경과한다. 21일이면 하나의 습관이 자리를 잡는다는 점은 수많은 연구를 통해 충분히 증명되었다. 그럼 지금 당장 작심부터 시작해보자.

●
지인과의 돈거래, 최소한의 안전장치는 마련하자

살다 보면 좋든 싫든 지인들과 돈거래를 하게 되는 일도 발생한다. 사람이 좋아서, 부탁을 잘 거절하지 못하는 사람이라서 거래를 하게 되는 일이 많다고들 하는데 나의 경우는 어느 쪽에도 해당하지 않았음에도 어느 순간부터 이런 일들이 생기기 시작했다. 꽤 오랜 기간, 지인과의 돈거래는 될 수 있는 한 피해왔었다. 돈거래는 잘해도 본전이고 잘못되면 관계가 완전히 틀어져버릴 수도 있다. 그것을 염려하여 애초에 딱 잘라 거절하기도 했고, 나에게 크게 부담이 되지 않는 범위에서는 그냥 준다는 마음으로 돌려받을 생각을 하지 않고 빌려주었다. 실제로 이런 마음으로 빌려주면 돈이 꼭 회수되지 않아도 크게 마음이 안 좋거나 신경이 쓰이지 않았다.

그런데 피해 다니는 것도 한계에 달했는지 나이를 먹을수록 지인들로부터 돈거래 요청이 거듭되었고 그 금액 또한 커졌다. 더는 거절이 능사는 아니라는 판단을 하게 되었다. 이왕 도와줄 것이라면, 그 사람이 정말 힘들 때 도와주자는 심정도 들었고, 사람도리를 하고 싶어졌는지도 모르겠다.

주변에서는 지인과의 돈거래가 비일비재했다. 어떤 사람은 대출까지 받아 빌려줬다가 빌려준 사람과 연락이 안 되고 관계도 끊겨 그 대출금을 대신 갚고 있기도 했다. 아주 가까운 지인들과 돈거래를 한 결과 돈을 빌려주고도 좋은 소리는 못 듣고 마음고생만 하는 모습을 보기도 했다. 어쩌지도 못해 속상해하고 있는 그들의 모습에서 스스로를 보호하는 일에 조금이라도 관심을 가지고 대비해두었더라면 적어도 피해를 줄이거나 해결책을 찾을 수 있는 지점이 있지 않았을까 하는 생각이 들었다.

명색이 돈과 관련된 직업을 가지고 있는 내가 어디에서 돈 떼먹혔다는 말은 죽어도 듣기 싫었다. 그건 자존심의 문제니까 말이다. 그래서 지인과 돈거래를 할 때 나름의 원칙을 정해두기로 했다. 피할 수 없는 일이라면 최소한의 안전장치라도 해놓자는 것이다.

내 원칙은 다음과 같다. 내 원칙을 똑같이 따라 하라는 말은 아니다. 스스로 정한 룰을 따르는 것이 더 좋겠지만, 처음부터 그 룰을 만들기는 어려우니 참고해볼 수는 있을 것이다.

　첫째, 일단 돈이 필요한 이유를 묻는다. 하지만 이때 상대의 기분이 나빠질 정도로 꼬치꼬치 캐묻지는 말아야 한다. 당신에게 돈을 빌려달라고 말하기까지 상대는 오랜 시간 고민했을 것이고 그런 말을 꺼낸다는 것만으로도 이미 자존심이 많이 상해 있을 것이다. 이유를 묻는 것은 단지 도박이나 과소비 등 부적절한 용도로 필요한 것은 아닌지를 파악하기 위함이지 상대를 혼내거나 우월적 지위를 과시하기 위함이 아님을 유념하자.

　둘째, 언제까지 얼마가 필요한지를 묻고 내가 감당할 수 있는 범위의 금액인지를 재빨리 판단한다. 이 판단이 즉시 이루어질 만한 것이면 대답은 3초를 넘기지 않는다. 잔고도 좀 확인해봐야 하고 앞으로 돈이 들어갈 계획이 임박해 있는지 등도 점검해봐야 한다면 언제까지 대답해주겠다고 기한을 정해주고 대답을 유보한다. 'Yes' 또는 'No'라는 답은 빠르면 빠를수록 좋다. 괜히 거절하지 못하겠다는 이유로 시간을 끌지 말자. 내가 안 되면 빨리 다른 사람이라도 찾을 수 있도록 해줘야 한다. 그게 거절의 의사표시를 할 때 상대방에 대한 최소한의 배려다.

　셋째, 돈을 빌려주기로 하여 금액과 상환 날짜가 명확히 정해졌다면 이번에는 이자율을 결정한다. 빌리는 입장에서도 적당한 이자를 지급하는 것이 오히려 자존심이 덜 상하는 일일 수 있다. 시중 은행권의 신용대출 금리와 카드 현금서비스 이용 시 적용되는 금리 사이 정도로 정한다. 연체 시, 가산이자에 대해서도 기재한다. 만약 그 돈을 빌려주지 않고 내가 투자를 하던 곳에 계속한다면 얻을 수 있을 것으로 예상되는 기대수익률을 적용할 수도 있겠지만, 상대가 지인인 만큼 서로 이해할 만한 적당한 수준에서 결정하는 것이 좋다. 당신은 고리대금업자가 아니니까 말이다.

한편으로, 대출이자를 받겠다고 하면 상대가 서운해하지 않을까 걱정도 될 것이다. 당연히 서운해한다. 독하다는 얘기를 들을 수도 있다. 하지만 빌려주는 입장에서 보면 맡겨둔 돈을 주는 것은 아니지 않은가. 또한 이자는 나중에 안 받으면 그만이다. 나도 처음 대출이자까지 설정해놓을 때는 많이 꺼려졌다. 단지 형식을 맞추자는 것이었을 뿐 원금만 회수되면 충분하고 이자는 받지 않을 생각이었다. 하지만 약속을 지키지 않고 연락이 끊기는 등의 신뢰를 저버리는 사람들을 몇 번 경험하고서는 이들한테는 반드시 이자를 받는다. 연체에 대한 가산이자를 받지 않는 것만으로도 다행으로 여겨야 할 것이다.

넷째, 금전거래에 대한 기록을 남긴다. 이때 사용할 수 있는 것이 차용증이나 금전소비대차계약서 등의 문서다(도표 15, 16 참고). 우리나라 정서상 이런 문서상의 계약을 하는 것은 많이 꺼려지는 일이다. 더군다나 상대가 지인이다 보니 더욱 그러할 것이다. 하지만 돈을 빌린 상대의 입장에서도 갚을 의사가 분명하다면 괜히 사정해가

차용증

대주　　이 름 : 진분홍
　　　　주 소 :
　　　　연락처 :

차주　　이 름 : 진노랑
　　　　주 소 :
　　　　연락처 :

1. 차주 진노랑은 20○○년 ○○월 ○○일 대주 진분홍으로부터 일금 ______
   원(일금 ______만 원)을 연 이율 ○○%, 변제기일 20○○년 ○○월 ○○일로
   각 정하여 차용하였음.

2. 이자는 원금과 함께 지급함을 각서함(또는 이자는 매월 ○○일 지급할 것임
   을 각서함).

3. (이자를 매월 지급하는 것으로 정하였을 경우) 2개월 이상의 이자 지급을 연
   체하였을 경우, 차주는 기한의 이익을 상실하며 그 이후부터는 아래 제4항이
   적용됨.

4. 변제기일까지 원리금을 변제하지 못할 경우 그때까지의 원리금에 익일부터
   다 갚는 날까지 연 이율 ○○%의 지연손해금을 더하여 지급함.

20○○년 ○○월 ○○일
차주 진노랑　　(인)

(첨부서류 : 차주의 인감증명서)

금전소비대차계약서

채권자 진분홍을 갑으로 하고, 채무자 진노랑을 을로 하여 갑과 을 간에 다음과 같은 금전소비대차계약을 체결한다.

채권자　이　름 : 진분홍
갑　　　주 소 :
　　　　연락처 :

채 무 자 이　름 : 진노랑
을　　　주 소 :
　　　　연락처 :

제1조 [채무금액] 갑은 을에게 일금 ______원(일금 ____만 원)을 대여하고 을은 이를 차용한다.

제2조 [이율] 위 대여금에 대한 이자는 연 OO%의 이율로 정하며, 연체 시 가산 이자는 연 OO%로 한다.

제3조 [변제기일 및 방법] 변제기일은 20OO년 OO월 OO일로 하며, 원리금을 일시에 갑이 지정한 계좌로 지급하기로 한다. (변제기에 원금만 지급하는 것으로 정할 경우, 이자는 매월 OO일 지급한다).

제4조 [기한이익의 상실] 다음 각호의 1에 해당하는 경우에 을은 채무액에 대해 일시에 청구받게 되어도 아무런 이의가 없는 것으로 한다.
(1) 을이 본 계약에 위배되는 행위를 한 때
(2) 을이 강제집행, 보전처분 등을 당하거나 파산의 신청을 한 때

제5조 [기타 특약] 을이 원리금의 변제를 지체한 경우 을이 소유하고 있는 자동차 [차량번호 : ______]의 소유권을 갑에게 변제기일 익일까지 이전하기로 하며, 을은 이에 대하여 어떠한 이의를 제기하지 않기로 한다.

20OO년 OO월 OO일
채권자　진분홍 (인)
채무자　진노랑 (인)

(첨부서류 : 을의 인감증명서)

며 아쉬운 소리를 하는 것보다는 정확히 해두는 것이 서로에게 좋다는 것을 인정할 것이다.

차용증은 개인이 각서를 써주는 것이니 굳이 채권자까지 날인할 필요는 없지만, 채무자는 인감을 날인하고 인감증명서를 첨부해야 한다. 금전소비대차계약서는 계약서이므로 당연히 계약 당사자의 인감날인과 채무자의 인감증명서 첨부가 요구된다.

금액이 크거나 보다 확실한 안전장치가 필요할 때는 채권자와 채무자가 함께 공증사무실을 방문하여 강제집행을 허락한다는 공증을 받아놓는 것이 좋다. 공증은 특정한 사실 또는 법률관계의 존재를 공적으로 증명하는 행정행위로, 공증을 받아놓으면 나중에 따로 소송할 필요가 없으므로 불필요한 소모전을 치르지 않아도 된다. 공증에는 어음공정증서와 금전소비대차 공증이 있는데, 둘 다 차용액수에 따라 비용이 다르다. 어음공정증서는 비용이 저렴하고 소멸시효 기한이 3년이라 짧은 편인 반면, 금전소비대차 공증은 소멸시효 기한은 어음공정증서보다 길지만 비용이 상대적으로 더 많이 들어간다(참고: 법률자문 법무법인 이담 이희진 변호사).

다섯째, 약속한 기일에 지인이 빌려 간 돈을 갚는다면 아무런 문제도 발생하지 않는다. 실제로 나는 위와 같은 절차를 거친 후 약속한 상환 날짜가 되자마자 아무런 잡음 없이 유쾌하게 상환받은 거래들도 꽤 있었다. 그럴 때면 서로에 대한 신뢰는 더 깊어진다. 앞으로 또 필요한 일이 있으면 괜히 다른 사람한테 아쉬운 소리 하지 말고 나한테 말하라고도 한다. 이자까지는 굳이 받을 생각은 없었지만 알아서 챙겨주는 경우 그 돈으로 함께 맛있는 것을 먹으며 그동안의 힘들었던 사정도 듣고 위로도 해준다. 돈거래를 하기 이전보다 부쩍 더 친해진 느낌이 든다.

하지만 문제는 항상 예정대로 그리고 예상대로 되지 않을 때 발생한다. 아무 문제가 발생하지 않았을 때는 괜히 내가 심하게 하는 것 같고 이상한 사람이 된 것도 같지만, 막상 문제가 발생하면 번거로웠을지라도 조치를 취해놓은 것이 다행이었다는 생각이 들 것이다. 다시 한 번 강조하지만 스스로의 돈을 지켜내고 보호하기 위한 최소한의 장치조차 해놓지 않고 떠나보낸 당신의 돈은 나중에 스스로 알아서 돌아오지 않는다. 일단 이 과정에서 마음이 상처받고 신뢰가 무너지면서 오는 실망감은 차치하고라도, 당신의 돈을 회수하는 것이 목적이라면 이제 행동해야 할 때다.

금전거래에 대한 문서를 작성하고, 그 문서상에 연체 시 가산이자까지 기재되어 있다면 이것만으로도 돈을 빌린 상대는 하루하루 시간이 흐를수록 압박감을 느낄 것이다. 따라서 가장 좋은 것은 다시 한 번 상환을 요청하는 의사표시를 함으로써 기회를 주는 것이다. 하지만 대화로 문제를 해결하고자 했는데도 상대가 연락을 끊고 아예 신뢰를 저버리는 경우라면, 이때는 내용증명을 보내고 소송이나 강제집행을 준비해야 할 것이다.

내용증명에 대해서 추가로 살펴보자.

　채무자와 수차례 연락을 시도했는데도 연락이 되지 않는다면 단호한 의사표시를 상대에게 보여줄 필요가 있다. 이때 사용할 수 있는 것이 내용증명으로, 우편물의 내용인 문서를 등본으로 증명하는 제도다.

　'언제까지 돈을 갚으라고 말을 했다. 아니다, 하지 않았다. 몰랐다.' 이런 승강이를 벌이지 않아도 되도록 도움을 받을 수 있는 것이 내용증명이다. 내용증명을 이용하면, 당사자들끼리 서로 우기며 굳이 여러 증거를 들지 않아도 어떤 내용의 것을 언제 누가 누구에게 발송했는가 하는 사실을 누구의 편도 아닌 우체국장이 공적인 입장에서 증명해준다.

　정해진 양식은 따로 없으므로 너무 부담스럽게 생각하지 않아도 된다. 채무자에게 전달하고 싶은 내용을 상대가 알기 쉽도록 자유롭게 적으면 충분하다. 사실 내용증명에 적은 내용 자체가 법적인 효과가 있는 것은 아니다. 하지만 내용증명이 도착했다는 이유만으로도 상대는 충분히 심리적 압박을 느낀다. 피해 액수가 크거나 법적 분쟁으로까지 번질 것으로 예상된다면 내용증명 작성 과정에서부터 전문가의 도움을 받는 것이 좋다. 나중에 재판으로 이어졌을 때에는 내용증명도 증거로 활용될 수 있기 때문이다. 자칫 억울함을 호소하기 위하여 본인에게 불리한 내용을 기재했다가는 나중에 재판에서 불리하게 작용할 수도 있다(참고: www.jowoosung.com/1206 조우성 변호사의 디지털 서재).

내용증명은 똑같은 내용의 서류를 일단 3부 준비한다. 그리고 우체국을 방문하여 내용증명을 보내러 왔다고 하면 절차를 안내해준다. 1통은 수취인에게 등기우편으로 우송하고, 1통은 우체국이, 나머지 1통은 발송인이 보관한다. 인터넷 우체국을 통하면 인터넷상으로도 내용증명을 보낼 수 있다.

우체국에 보관된 내용증명 우편물은 발송한 날로부터 3년 이내에 발송 우체국에서 재차 증명을 받거나 열람을 청구할 수 있다. 이때는 발송 시 받은 특수우편물 수령증을 제시해야 하므로 수령증을 잘 보관해둔다.

나만의 머니 스토리를 기록하자

돈에는 모두 저마다의 스토리가 있다. 돈을 벌고, 쓰고, 모으고, 불리는 각각의 과정에도 다양한 스토리가 있다. 열심히 번 돈을 한순간의 실수로 모두 잃기도 하고, 의외의 기회를 붙잡아 갑작스럽게 불리기도 한다. 일상이 모여 인생이 되듯이 돈에 대해서도 크고 작은 스토리들이 모여 자신만의 머니 스토리가 된다. 그리고 그 스토리들은 이 세상 곳곳에서 누군가에 의해 반복된다.

나는 러브 스토리만큼이나 흥미진진한 것이 바로 머니 스토리라고 생각한다. 돈에 대해 공부하고, 대놓고 돈에 대해서 이야기할 수 있는 직업이다 보니 아무래도 사람들이 돈과 맺고 있는 관계와 그들의 인생에서 돈이 갖는 의미, 돈과 관련하여 겪었던 일 등은 나의 주요한 관찰 대상이자 글의 소재가 된다. 때론 따뜻한 봄날 공부하기 싫은 여고생들이 짓궂게 선생님의 첫사랑 얘기를 조르듯이 사람들이 가지고 있는 돈에 대한 최초의 기억에 대해 묻기도 한다. 대부분 돈에 대한 최초의 기억은 현재 그 사람이 돈과 맺고 있는 관계에 큰 영향을 미친다.

나에게도 어렸을 적 돈과 관련된 에피소드가 있고, 그날을 나는 정확히 알고 있다. 바로 88 서울 올림픽 개막식 날이었다.

우리 반에 개막식을 직접 보러 간다는 아이가 한 명 있어서 모두들 부러운 눈으로 쳐다봤던 기억도 난다. 그 아이의 부모님은 역사에 길이 남을 이벤트라며 아이를 데려가야 한다고 선생님께 얘기했고, 아이는 우리의 부러워하는 시선을 의식하며 자랑스레 교실을 나갔다. 그 아이가 수업을 빠지는 것도 부러웠지만, 더 부러웠던 것은 그 아이의 부모가 가진 교육관이었다. 당시는 '체험학습'이라는 단어가 없었다. 학습은 오로지 학교에서 선생님을 통해서만 이루어진다고 믿던 시절이다. 그런데 올림픽 개막식을 관전하기 위해서 수업을 빠진다니, 보통의 집에서는 상상도 할 수 없는 일이었다.

같은 날 나에게도 한 사건이 일어났다. 우리 집에 아버지의 친구분이 오셨다. 그분은 나를 부르시더니 동생이랑 과자 사 먹으라며

2,000원을 내 손에 쥐여주셨다. 냉큼 달려나가 친구들을 다 모아댔다. 당시에는 10원짜리 과자도 있었고 내가 좋아하는 콩알 모양의 쫀득쫀득 달콤한 초콜릿이 50원이었으니, 지금 기억하기로도 과자를 엄청 많이 샀던 것 같다. 친구들이 먹고 싶다는 것까지 다 사주는 내가 걱정스러웠는지 동생은 "누나, 돈 남겨서 엄마 갖다 주자"라며 내 소매를 끌어당겼다. 그렇지만 나는 "아저씨가 과자 사 먹으라고 나한테 준 거란 말이야"라면서 동생 손을 뿌리치고는 2,000원을 몽땅 다 썼다. 집에 들어오니 아저씨는 이미 가셨고 엄마는 나를 보자마자 아저씨한테 받은 2,000원을 내놓으라고 손을 내미셨다. 그때 내 손에는 동전 몇 개가 겨우 남아 있었다.

엄마는 노발대발하시며 대번에 몽둥이를 찾으셨다. TV에서는 〈손에 손잡고〉란 노래가 흘러나왔다. 내 친구는 저 노래를 라이브로 듣고 있을 텐데 난 집에서 엄마 몽둥이를 피해 온 집 안을 도망 다녀야 한다는 게 너무나 서러웠다. 아저씨가 나한테 준 거고 과자 사 먹으라 그래서 과자 사 먹었는데, 도대체 뭘 잘못했다는 건지 알 수가 없었다. 그때 엄마가 이런 말씀을 하셨다. "어린 것이 겁도 없지. 어떻게 그 큰돈을 한 번에 다 써버릴 수가 있어. 그렇게 손이 커서 앞으로 어쩌려고 그래."

하긴 친구들한테 다 뿌릴 만큼 많은 과자를 살 정도였으니 어렴풋이 2,000원은 큰돈이구나 하는 생각이 들기는 했다. 그리고 큰돈을 한 번에 다 써버리면 처절한 응징을 받는다는 것도 역사적인 올림픽의 개막식과 함께 깨달았다.

첫사랑이 가슴을 아리게 하듯이 돈과 관련된 내 어렸을 적 기억도 슬픔으로 점철되어 있다. 하지만 괜찮다. 이를 통해 어렸을 때 본능적으로 가지고 있던 나의 소비 성향에 대해 알았으니 고쳐나가면 되는 문제다. 어렸을 적의 사건 이후 수십 년에 걸쳐 써온 머니 스토리 중에는 유쾌한 것들도 꽤 있고 말이다. 이러한 것들이 모이고 쌓인 상태에서 앞으로 쓰게 될 머니 스토리는 어떠할지 기대가 크다.

자신만의 스토리를 단지 기억하는 것에 그치지 않고 기록해보는 것은 중요한 의미를 가진다. 기록해보면 단지 기억 속에 머물러 있을 때와는 달리 전혀 생각하지 못했던 자신의 성격과 습관이 포착되기 때문이다. 많은 전문가가 투자 노트나 일지를 써볼 것을 추천하는 것도 이러한 이유에서다. 과거의 경험으로부터 배우고 익혀 실수는 줄이고 앞으로 더 잘 나아가기 위함이다. 투자 노트나 일지와 마찬가지로 머니 스토리북이나 파이낸스 노트 등도 별도로 장만하여 기록해볼 것을 권한다. 머니 스토리북은 특정한 형식에 구애받지 않고 자신의 머니 스토리를 써나가는 것이고, 파이낸스 노트는 수치화된 기록이 주를 이루는데 이에 대해서는 바로 다음 페이지에서 자세히 이야기하겠다. 이렇게 기록으로 남겨진 것은 자신만의 데이터가 되어 축적된다. 그리고 자신만의 데이터는 미래를 계획할 때 자연스럽게 기준 지표가 되어준다.

천천히 그리고 꾸준히 써보자. 우리의 목표는 스스로 자신만의 데이터를 축적하는 것에 있지 남의 것과 비교하는 것에 있지 않다. 자산이 축적되듯이 그 과정에서 경험도 축적되어야 한다. 무엇인가를 묵묵히 꾸준히 해나가는 사람은 누구도 당해낼 수 없다. 토끼와 거북이의 경주에서 거북이가 이길 수 있었던 것은 토끼와 비교하지 않고 오로지 멀리 있는 목표 지점만 응시하며 천천히 그리고 꾸준히 갔기 때문이다. 비교하기 시작하면 조급해진다. 가치의 기준이 내가 아니라 남이 된다. 처음부터 천천히 그리고 꾸준히 가겠다고 결심하면 그 과정 또한 즐길 수 있을 것이다. 당신이 멈추지 않는 이상 레이스는 끝나지 않을 것이기 때문이다.

일 년에 한 번은 파이낸스 데이

파이낸스 데이란 자신의 재무 상황 전반을 점검하는 날을 말한다. 1년 중 하루의 날을 잡아서 하면 되는데, 이때 준비해야 하는 것이 파이낸스 노트다. 앞으로 이 노트에는 당신의 돈과 관련된 모든 기록이 쌓일 것이다. 여기저기 흩어져 있는 정보들을 모아놓는다는 것 자체가 중요한 의미가 있는 일이며 아날로그 수첩이든, 디지털 파일이든 형태는 상관없다. 당신에게 편리한 방식이면 된다.

굳이 하루를 빼서까지 정리를 할 필요가 있나 싶겠지만 당신의 소중한 돈을 제대로 관리하기 위함이라는 점에서 건강검진을 받는 것과 같다고 보면 된다. 심지어 건강검진은 전날부터 금식을 해야 하고 하루 중 상당 시간을 이 검사 저 검사로 시달려야 하지 않는가. 인생에서 당신의 건강만큼이나 중요한 돈에게도 그만큼의 시간을 주어야 공평하지 않을까?

파이낸스 데이의 재무검진에서는 일단 현재를 정확히 파악하고 기존의 포트폴리오를 그대로 유지할지 조정할지를 판단한다. 아프 거나 검진이 필요할 때 의사를 찾아가듯이 파이낸스 데이에는 재무 주치의인 재무 전문가의 도움이 필요할 것이다. 그런데 제대로 된 재무 전문가가 누구인지를 알고 그중에서 나에게 맞는 자문을 해줄 사람을 만나기란 쉬운 일이 아니다.

당신의 소중한 돈에 대해 함께 이야기를 나눌 자문가가 있다는 것은 반드시 높은 수익률로 당신의 돈을 불려준다는 것이 아니라 당신을 대신하여 당신의 돈을 위해 시간과 노력을 들여줄 수 있는 사람을 곁에 둔다는 의미를 가진다. 앞에서 강조하길, 드라마틱한 수익률을 제안하는 사람은 경계하라고 한 바 있다. 돈을 다루는 것 이 직업인 사람은 다양한 경험을 통해 누구보다 돈이 가진 양면적 모습을 잘 알고 있다. 마치 돈 벌기가 마냥 쉬운 것처럼 유창한 말로 떠벌이는 사람은 경계 대상 1호다.

자문가를 찾는 가장 좋은 방법은 주변 사람의 추천을 통하는 것이다. 그러면 이미 한차례 검증이 되었으므로 당신이 새롭게 검증해야 하는 수고를 덜 수 있다. 하지만 자문가와는 단지 한두 해 인연을 맺었다가 끊을 것이 아니므로 함께하는 호흡이 중요하다. 호흡이 맞아야 앞으로 긴 인생의 항로를 무탈하게 함께 갈 수 있다. 자문가와 반드시 성격이나 투자 성향이 맞아야 하는 것은 아니다. 당신은 보수적인 성향인데 자문가도 보수적인 성향의 사람이라면 함께 말하기 좋고 마음은 편할 수 있어도 당신의 포트폴리오는 균형이 깨질 수 있다. 자문가를 처음 만났을 때 적어도 다음의 세 가지는 기본적으로 점검하자.

첫째, 관련 업계에서 몇 년이나 종사했는가?

근속 연수가 낮은 사람을 자문가로 두었다가는 당신이 실험 대상이 될 확률이 높다. 특히나 입사한 지 1년도 되지 않은 사람은 언제 이직할지 모른다고 봐야 한다. 자문가의 인생을 당신이 저당잡고 있는 것은 아니지만(이렇게 하려면 엄청난 수수료를 지불해야 할 것이다), 자문가가 당신의 인생의 과정을 함께 거칠 사람이면 좋다. 이러한 맥락에서 당신과 나이 차이가 너무 많지 않은 자문가를 두는 것도 나름의 전략이 된다. 아무래도 자문가 스스로도 자신과 비슷한 연령대가 겪는 인생의 이벤트와 재무 상황을 더 잘 알 것이기 때문이다. 또한 자문가 본인이 시간적·심리적·경제적으로 여유가 있는 사람인지를 파악하는 것도 필요하다. 자기 코가 석 자인 사람한테서 제대로 된 조언을 얻기란 힘든 법 아니겠는가.

둘째, 보유하고 있는 라이선스는 어떤 것들이 있는가?

저축 및 투자 상품들의 경우 자문가가 보유하고 있는 라이선스의 종류에 따라 권유할 수 있는 종류가 구분된다. 예를 들면 펀드투자상담사 자격증만 가지고 있는 사람은 주식에 대한 투자권유를 할 수 없다. 그런데 이 경우 자신은 관련된 자격증이 없으므로 주식을 권할 수 없다고 솔직하게 말하는 사람은 드물다. 자신이 권할 수 있는 상품의 장점만을 부각하여 어떻게든 그쪽을 선택하게끔 유도할 것이다. 그래서 자칫 잘못하면 그 사람이 다룰 수 있는 상품 안에 갇혀 포트폴리오가 한쪽으로 치중될 수가 있다. 나는 금융업계 입사 초년생들이 그렇게 하는 모습을 많이 봤다. 고객의 돈은 한정되어 있고 더 좋은 투자처를 알려줘야 하는 것이 이들의 의무인데 자신에게만 유리한 조언을 하는 것은 기본 자질이 의심되는 행동이다.

셋째, 기존의 고객들을 관리하는 시스템을 가지고 있는가?

관계는 상대적이다. 내 고객들이 종종 분노하는 것 중 대표적인 것이 바로 이 점이다. 금융권에 신규 계좌를 개설하러 갈 때는 간이고 쓸개고 다 빼줄 것처럼 하더니 정작 대출을 하러 가면 무슨 신용불량자라도 대하는 것처럼 까다롭게 굴어 기분이 몹시 상했다는 것이다. 그래서 시간이 지나도, 사람이 바뀌어도 변하지 않는 관리 시스템이 있는지를 확인하는 것은 매우 중요하다. 하지만 대개 관리라는 것은 서비스의 형태로 제공되고, 제공하는 서비스의 역량은 개인마다 큰 차이를 보인다. 그럼에도 기본적으로 원칙적인 관리 시스템을 갖춘 회사나 자문가는 그만큼 책임감이 강하다고도 볼 수 있다. 꾸준히 원칙을 고수하며 한자리를 지킨다는 것은 말처럼 쉬운 일이 아니기 때문이다.

다음은 파이낸스 데이에 꼭 체크해야 하는 리스트다. 파이낸스 데이가 되면 체크 박스 안에 ×표를 하면서 점검해나가면 된다.

□ 1년간의 각종 수입을 모두 조회해본다.

근로소득자라면 관련 부서에 원천징수 영수증을 떼달라고 하면 쉽게 확인할 수 있다. 수입통장의 내역을 확인하여 파악할 수도 있다. 1년 동안 초간편 베짱이 가계부를 잘 기록했다면 파악하기가 훨씬 쉬울 것이다.

□ 저축 및 투자 지출, 고정지출, 변동지출 내역들을 파악한다.

통장, 증서, 증권, 계약서, 가계부 등을 모두 꺼내야 할 것이다. 웬만한 것들은 전산상으로 조회가 되지만 각각의 기관을 일일이 조회하려고 하면 시간이 꽤 걸린다. 또한 업무 시간이 종료되면 조회가 되지 않는 것들도 있으니 이러한 조회는 해당 기관의 업무 시간 내에 하도록 한다.

□ **모든 자산과 부채의 잔고를 파악한다.**

특히 부채의 경우 적용 금리가 변동되었는지 대출 만기가 되어 연장이 필요한지 아닌지를 꼼꼼히 체크해야 한다. 거주하고 있는 주택의 현황도 빼놓지 않는다. 전·월세 거주의 경우, 임대차계약서를 꺼내 계약 갱신 일자가 어떻게 되는지 숙지한다. 중요한 계약서 등은 파이낸스 노트와 함께 파일에 한꺼번에 보관해두면 편리하다.

□ **이제 재무 현황표를 작성한다.**

상기 내용이 모두 파악되었다면 쉽게 작성해볼 수 있을 것이다. 항목은 자신에게 맞게 변경하여 사용한다.

□ **작성된 재무 현황표를 분석한다.**

수입 대비 저축 및 투자 지출·고정지출·변동지출의 비율을 따져보고, 특히 저축 및 투자는 단기·중기·장기로 구분하여서도 비율을 따져본다. 너무 한쪽에 치우쳐 있지는 않은지 주의 깊게 살펴본다.

□ **리스크관리에 해당하는 비상금과 보험을 점검한다.**

리스크관리는 특히 중요하므로 비상금이 떨어졌다면 빠른 시일 내에 채울 방법을 강구하고, 가입된 보험 내용이 위험을 적절하게 대비하고 있는지 관련 전문가의 도움을 받아 점검한다.

□ **현재의 저축·투자 포트폴리오의 수익률을 점검한다.**

현재의 시장 상황과 자신의 투자 성향 등을 고려해보았을 때 현재의 포트폴리오를 그대로 유지하는 것이 옳은지 판단한다. 지금까지 영 신통치 않았다면 개선이 필요하다.

도표 17 재무 현황표 예시

수입

항목		월금액	연간금액
소득	근로소득		–
	인센티브		
	이자·배당 소득		
	임대소득		
	사업소득		
	기타소득		
총수입계		–	–
– 수입은 세금과 공과금 공제 후를 말합니다.			

지출

항목			월금액	연간금액
저축 및 투자 지출	단기 (1~3년)			–
				–
				–
	%	소계	–	–
	중기 (3~10년)			–
				–
	%	소계	–	–
	장기 (10년 이상)			–
				–
	%	소계	–	–
%	계		–	–
고정지출	부채상환 원리금			–
	기부금			
	보험료			–
%	계		–	–
변동지출	공과금			–
	통신비			
	교통비			
	의료비			
	자기계발			–
	소셜			–
	생활비			
	기타			
%	계		–	–
총지출계			–	–
평균보유잔액			–	–

자산

항목			금액(시세)
자산	단기 현금성 자금	수시입출금통장	
		비상금통장	
		소계	
	목적성 자금	결혼자금	
		교육자금	
		창업자금	
		Dream Account	
		소계	–
	투자자산	보유 주식	
		부동산	
		소계	–
	은퇴자산	국민 연금 / 퇴직 연금	
		개인 연금	
		소계	–
	사용자산	보증금	
		소계	–
자산총계			–

부채

항목		상환기간 및 적용금리	금액
부채	단기부채	학자금 대출	
		신용 대출	
		소계	–
	장기부채	주택담보대출	
		소계	–
	기타부채	지인 차입금	
	계		–
자본 (순자산)	자본		–
	계		–
부채와자본총계			–

□ **앞으로 예상되는 인생의 계획과 재무계획을 결합한다.**

작성한 재무 현황표를 옆에 두고 파이낸스 노트에 앞으로 벌어질 것으로 예상되는 인생의 각종 이벤트와 가지고 있는 계획들, 이에 따라 필요한 예상 비용을 적어본다. 혼자서 예상 비용을 산정하기가 어렵다면 인터넷에서 객관화된 데이터를 조회해볼 수도 있고 자문가에게 도움을 청할 수도 있을 것이다.

□ **예상 비용을 어떻게 준비할지 방안을 세워본다.**

기존의 자산으로 충당할 수 있을지, 부족하다면 얼마를 더 준비해야 하는지, 이를 위해 가장 최적화된 투자처는 어디가 될지 조사하고 포트폴리오를 재편한다.

□ **파이낸스 노트를 깔끔하게 정리한다.**

파기해야 할 문서들은 버리고 여기저기 흩어져 있는 서류들을 간추려 모은다. 건강검사 결과지나 각종 계약서 등의 중요 문서들과 함께 보관한다. 이렇게 정리된 파이낸스 노트를 가정 경제를 함께 이끄는 가족 구성원들과 공유하면 재무목표를 이루는 데 큰 도움을 받을 수 있다. 해마다 1년에 한 번씩 파이낸스 노트를 두고 가족과 대화도 하고 전문가에게 주기적인 점검을 받으며 관리해나간다.

왜 걱정하세요?

'걱정인형'은 과테말라 인디언들이 만들어낸 민속인형으로 걱정이 많아 잠을 이룰 수 없는 사람들이 잠들기 전 자신의 걱정을 이 인형에게 이야기하고 그들의 베개 밑에 넣어두고 자는 것에서 유래했다.

:: 〈아시아경제〉, 2011년 10월 26일 자

비록 인형일지언정 자신의 걱정을 털어놓음으로써 일단 마음의 짐을 한차례 덜 수 있고, 잠을 자며 최소한 몇 시간 동안은 걱정이 뚜껑이 덮인 채 숙성되도록 시간을 벌 수 있다는 점에서 걱정인형은 효과가 있어 보인다.

돈과 관련된 상담을 하다 보면 사람들에게 걱정이 참 많다는 것을 실감한다. 세상 종말을 걱정하는 사람도 있었고 현재 사귀고 있는 애인도 딱히 없는데 결혼자금부터 걱정하는 사람이 있는가 하면, 전세 보증금이 오를 걱정, 아이들 양육비 걱정, 수입이 끊기면 어떻게 하나 하는 걱정 등 그야말로 걱정투성이인 사람들이 참 많다. 걱정은 계속해서 걱정을 몰고 오고, 더 큰 걱정으로 번져간다. 걱정하는 것이 습관은 아닌지 의심스러운 사람들도 봤다.

이런 사람들은 결국 자신이 한 걱정에 잠식되어버려 아무것도 시도하지 못한다. 아직 일어나지 않은 일을 미리 걱정하고 우려해서 몸부터 사리는 것이다. 저축 및 투자 계획을 잡고 함께 얘기해보면 별의별 걱정이 다 등장한다.

"제가 앞으로 직장을 그만두면 어떻게 하죠?", "제가 이렇게 계획하고 했다가 만나게 될 배우자도 똑같은 상품을 가지고 있으면 어떻게 하죠?", "이사를 하게 되면요?", "갑작스럽게 유학을 갈 수도 있잖아요." 이런 걱정이 끝도 없이 등장하다가 급기야는 "지구가 멸망할 수도 있잖아요"에 이른다. 너무 비약이 심하다고 생각하는가? 당신은 그렇지 않다고? 제발 그러지 않길 바란다.

걱정은 불안을 낳고 불안은 자신감을 잃게 한다. 걱정을 걱정인형에게 전가하면 마음이라도 잠시 편해지듯이 걱정이 되는 결정을 누군가 대신 해주기를 바라기도 한다. 그래서 본인의 소중한 돈과 관련된 계획인데도 타인에게 무조건 의존하는 사람도 있고, 유학이나 결혼 등 자기 인생의 중요한 이벤트를 다른 사람의 말에 따라 결정하는 사람도 있다. 그래서 연말 연초에 점집들이 그토록 문전성시를 이루는 것 아니겠는가.

나도 물론 걱정 많이 했었다. 당장 오늘 있을 일이 잘 풀릴지 걱정되기도 하고, 미래가 걱정되어 불안하기도 했다. 그런데 어느 순간, 걱정은 걱정인형에게 맡기고 편하게 잠들어버리길 바라듯 우연히 만난 하나의 그림이 걱정에 대한 내 생각을 정리해주었다. 이것으로 내 삶이 굉장히 편해졌음을 경험했기에 당신에게도 추천해주고 싶은 마음에 이렇게 소개해본다. 도표 18을 보라.

어떤가? 나는 이 걱정 해결 프로세스를 만난 후 내 인생에 어떤 문제가 생겼을 때, 딱 한 가지만 중점적으로 생각한다. 보통은 종이 한 장을 눈앞에 두고 그려본다. '이 문제에 대해 내가 할 수 있는 것이 무엇인가.' 내가 할 수 있는 것이 없다면 걱정할 필요조차 없다. 그 때문에 마음은 아프고 속상할 수는 있지만 어쩌겠는가, 내가 할 수 있는 게 없는 것을. 다행히도 내가 할 수 있는 것이 있을 땐 그것이 어떤 것들인지를 적어본다. 그리고 거기서부터 하나씩 풀기 위해 움직이기 시작한다.

무슨 일을 시도할 때 걱정이 앞서면 행동을 주저하게 된다. 걱정해서 해결될 일이 아닌데도 걱정만 하고 있다가는 얻을 게 없다. 당신 얼굴에 주름만 늘 뿐이다. 걱정은 걱정인형에게 맡기고 편안하게 잠들길.